求卓越

郭慕孙传

20年	1939年	1952年	1956年	1980年	1989年	2012年
出生于湖北汉阳	考入上海沪江大学化学系	成为美国化学工程师学会会员	被聘为中国科学院化工冶金研究所研究员	当选中国科学院学部委员	获中科院自然科学一等奖	11月逝世于北京

老科学家学术成长资料采集工程
中国科学院院士传记丛书

追求卓越

郭慕孙传

《追求卓越 郭慕孙传》编写组 ◎ 著

中国科学技术出版社
上海交通大学出版社

图书在版编目（CIP）数据

追求卓越：郭慕孙传/《追求卓越：郭慕孙传》编写组著.
—北京：中国科学技术出版社，2015.11
（老科学家学术成长资料采集工程　中国科学院院士传记丛书）
ISBN 978-7-5046-7014-4

Ⅰ.①追… Ⅱ.①郭… Ⅲ.①郭慕孙（1920—2012）
－传记　Ⅳ.①K826.13

中国版本图书馆 CIP 数据核字（2015）第 253598 号

出 版 人	秦德继　韩建民
责任编辑	李　红　许　慧
责任校对	刘洪岩
责任印制	张建农
版式设计	中文天地

出　　版	中国科学技术出版社　上海交通大学出版社
发　　行	科学普及出版社发行部
地　　址	北京市海淀区中关村南大街16号
邮　　编	100081
发行电话	010-62173130
传　　真	010-62179148
网　　址	http://www.cspbooks.com.cn

开　　本	787mm×1092mm　1/16
字　　数	342千字
印　　张	23
彩　　插	26
版　　次	2015年11月第1版
印　　次	2015年11月第1次印刷
印　　刷	北京华联印刷有限公司
书　　号	ISBN 978-7-5046-7014-4 / K·179
定　　价	75.00元

（凡购买本社图书，如有缺页、倒页、脱页者，本社发行部负责调换）

老科学家学术成长资料采集工程领导小组专家委员会

主　任：杜祥琬

委　员：（以姓氏拼音为序）

　　　　巴德年　陈佳洱　胡启恒　李振声
　　　　王礼恒　王春法　张　勤

老科学家学术成长资料采集工程丛书组织机构

特邀顾问（以姓氏拼音为序）

　　　　樊洪业　方　新　齐　让　谢克昌

编委会

主　编：王春法　张　藜

编　委：（以姓氏拼音为序）

　　　　艾素珍　董庆九　胡化凯　黄竞跃　韩建民
　　　　廖育群　吕瑞花　刘晓勘　林兆谦　秦德继
　　　　任福君　苏　青　王扬宗　夏　强　杨建荣
　　　　张柏春　张大庆　张　剑　张九辰　周德进

编委会办公室

主　任：许向阳　张利洁

副主任：许　慧　刘佩英

成　员：（以姓氏拼音为序）

　　　　崔宇红　董亚峥　冯　勤　何素兴　韩　颖
　　　　李　梅　罗兴波　刘　洋　刘如溪　沈林邑
　　　　王晓琴　王传超　徐　婕　肖　潇　言　挺
　　　　余　君　张海新　张佳静

老科学家学术成长资料采集工程简介

老科学家学术成长资料采集工程（以下简称"采集工程"）是根据国务院领导同志的指示精神，由国家科教领导小组于2010年正式启动，中国科协牵头，联合中组部、教育部、科技部、工信部、财政部、文化部、国资委、解放军总政治部、中国科学院、中国工程院、国家自然科学基金委员会等11部委共同实施的一项抢救性工程，旨在通过实物采集、口述访谈、录音录像等方法，把反映老科学家学术成长历程的关键事件、重要节点、师承关系等各方面的资料保存下来，为深入研究科技人才成长规律，宣传优秀科技人物提供第一手资料和原始素材。按照国务院批准的《老科学家学术成长资料采集工程实施方案》，采集工程一期拟完成300位老科学家学术成长资料的采集工作。

采集工程是一项开创性工作。为确保采集工作规范科学，启动之初即成立了由中国科协主要领导任组长、12个部委分管领导任成员的领导小组，负责采集工程的宏观指导和重要政策措施制定，同时成立领导小组专家委员会负责采集原则确定、采集名单审定和学术咨询，委托中国科学技术史学会承担具体组织和业务指导工作，建立专门的馆藏基地确保采集资料的永久性收藏和提供使用，并研究制定了《采集工作流程》《采集工作规范》等一系列基础文件，作为采集人员的工作指南。截止2014年底，已启动 304 位老科学家的学术成长资料采集工作，获得手稿、书信等实物原件资料 52093 件，数字化资料 137471 件，视频资料 183878 分钟，音频资料 224825 分钟，具有重要的史料价值。

采集工程的成果目前主要有三种体现形式，一是建设一套系统的"老科学家学术成长资料数据库"（本丛书简称"采集工程数据库"），提供学术研究和弘扬科学精神、宣传科学家之用；二是编辑制作科学家专题资料片系列，以视频形式播出；三是研究撰写客观反映老科学家学术成长经历的研究报告，以学术传记的形式，与中国科学院、中国工程院联合出版。随着采集工程的不断拓展和深入，将有更多形式的采集成果问世，为社会公众了解老科学家的感人事迹，探索科技人才成长规律，研究中国科技事业的发展历程提供客观翔实的史料支撑。

总序一

中国科学技术协会主席 韩启德

老科学家是共和国建设的重要参与者，也是新中国科技发展历史的亲历者和见证者，他们的学术成长历程生动反映了近现代中国科技事业与科技教育的进展，本身就是新中国科技发展历史的重要组成部分。针对近年来老科学家相继辞世、学术成长资料大量散失的突出问题，中国科协于2009年向国务院提出抢救老科学家学术成长资料的建议，受到国务院领导同志的高度重视和充分肯定，并明确责成中国科协牵头，联合相关部门共同组织实施。根据国务院批复的《老科学家学术成长资料采集工程实施方案》，中国科协联合中组部、教育部、科技部、工业和信息化部、财政部、文化部、国资委、解放军总政治部、中国科学院、中国工程院、国家自然科学基金委员会等11部委共同组成领导小组，从2010年开始组织实施老科学家学术成长资料采集工程。

老科学家学术成长资料采集是一项系统工程，通过文献与口述资料的搜集和整理、录音录像、实物采集等形式，把反映老科学家求学历程、师承关系、科研活动、学术成就等学术成长中关键节点和重要事件的口述资料、实物资料和音像资料完整系统地保存下来，对于充实新中国科技发展的历史文献，理清我国科技界学术传承脉络，探索我国科技发展规律和科技人才成长规律，弘扬我国科技工作者求真务实、无私奉献的精神，在全社会营造爱科学、学科学、用科学的良好氛围,是一件很有意义的事情。采集工程把重点放在年龄在80岁以上、学术成长经历丰富的两院院士,以及虽然不是两院院士、但在我国科技事业发展中作出突出贡献的老科技工作者,充分体现了党和国家对老科学家的关心和爱护。

自2010年启动实施以来,采集工程以对历史负责、对国家负责、对科技事业负责的精神,开展了一系列工作,获得大量反映老科学家学术成长历程的文字资料、实物资料和音视频资料,其中有一些资料具有很高的史料价值和学术价值,弥足珍贵。

以传记丛书的形式把采集工程的成果展现给社会公众,是采集工程的目标之一,也是社会各界的共同期待。在我看来,这些传记丛书大都是在充分挖掘档案和书信等各种文献资料、与口述访谈相互印证校核、严密考证的基础之上形成的,内中还有许多很有价值的照片、手稿影印件等珍贵图片,基本做到了图文并茂,语言生动,既体现了历史的鲜活,又立体化地刻画了人物,较好地实现了真实性、专业性、可读性的有机统一。通过这套传记丛书,学者能够获得更加丰富扎实的文献依据,公众能够更加系统深入地了解老一辈科学家的成就、贡献、经历和品格,青少年可以更真实地了解科学家、了解科技活动,进而充分激发对科学家职业的浓厚兴趣。

借此机会,向所有接受采集的老科学家及其亲属朋友,向参与采集工程的工作人员和单位,表示衷心感谢。真诚希望这套丛书能够得到学术界的认可和读者的喜爱,希望采集工程能够得到更广泛的关注和支持。我期待并相信,随着时间的流逝,采集工程的成果将以更加丰富多样的形式呈现给社会公众,采集工程的意义也将越来越彰显于天下。

是为序。

总序二

中国科学院院长　白春礼

由国家科教领导小组直接启动，中国科学技术协会和中国科学院等12个部门和单位共同组织实施的老科学家学术成长资料采集工程，是国务院交办的一项重要任务，也是中国科技界的一件大事。值此采集工程传记丛书出版之际，我向采集工程的顺利实施表示热烈祝贺，向参与采集工程的老科学家和工作人员表示衷心感谢！

按照国务院批准实施的《老科学家学术成长资料采集工程实施方案》，开展这一工作的主要目的就是要通过录音录像、实物采集等多种方式，把反映老科学家学术成长历史的重要资料保存下来，丰富新中国科技发展的历史资料，推动形成新中国的学术传统，激发科技工作者的创新热情和创造活力，在全社会营造爱科学、学科学、用科学的良好氛围。通过实施采集工程，系统搜集、整理反映这些老科学家学术成长历程的关键事件、重要节点、学术传承关系等的各类文献、实物和音视频资料，并结合不同时期的社会发展和国际相关学科领域的发展背景加以梳理和研究，不仅有利于深入了解新中国科学发展的进程特别是老科学家所在学科的发展脉络，而且有利于发现老科学家成长成才中的关键人物、关键事件、关键因素，探索和把握高层次人才培养规律和创新人才成长规律，更有利于理清我国科技界学术传承脉络，深入了解我国科学传统的形成过程，在全社会范围内宣传弘扬老科学家的科学思想、卓越贡献和高尚品质，推动社会主义科学文化和创新文化建设。从这个意义上说，采集工程不仅是一项文化工程，更是一项严肃认真的学术建设工作。

中国科学院是科技事业的国家队，也是凝聚和团结广大院士的大家庭。早在1955年，中国科学院选举产生了第一批学部委员，1993年国务院决定中国科学院学部委员改称中国科学院院士。半个多世纪以来，从学部委员到院士，经历了一个艰难的制度化进程，在我国科学事业发展史上书写了浓墨重彩的一笔。在目前已接受采集的老科学家中，有很大一部分即是上个世纪80、90年代当选的中国科学院学部委员、院士，其中既有学科领域的奠基人和开拓者，也有作出过重大科学成就的著名科学家，更有毕生在专门学科领域默默耕耘的一流学者。作为声誉卓著的学术带头人，他们以发展科技、服务国家、造福人民为己任，求真务实、开拓创新，为我国经济建设、社会发展、科技进步和国家安全作出了重要贡献；作为杰出的科学教育家，他们着力培养、大力提携青年人才，在弘扬科学精神、倡树科学理念方面书写了可歌可泣的光辉篇章。他们的学术成就和成长经历既是新中国科技发展的一个缩影，也是国家和社会的宝贵财富。通过采集工程为老科学家树碑立传，不仅对老科学家们的成就和贡献是一份肯定和安慰，也使我们多年的夙愿得偿！

鲁迅说过，"跨过那站着的前人"。过去的辉煌历史是老一辈科学家铸就的，新的历史篇章需要我们来谱写。衷心希望广大科技工作者能够通过"采集工程"的这套老科学家传记丛书和院士丛书等类似著作，深入具体地了解和学习老一辈科学家学术成长历程中的感人事迹和优秀品质；继承和弘扬老一辈科学家求真务实、勇于创新的科学精神，不畏艰险、勇攀高峰的探索精神，团结协作、淡泊名利的团队精神，报效祖国、服务社会的奉献精神，在推动科技发展和创新型国家建设的广阔道路上取得更辉煌的成绩。

总序三

中国工程院院长 周 济

由中国科协联合相关部门共同组织实施的老科学家学术成长资料采集工程，是一项经国务院批准开展的弘扬老一辈科技专家崇高精神、加强科学道德建设的重要工作，也是我国科技界的共同责任。中国工程院作为采集工程领导小组的成员单位，能够直接参与此项工作，深感责任重大、意义非凡。

在新的历史时期，科学技术作为第一生产力，已经日益成为经济社会发展的主要驱动力。科技工作者作为先进生产力的开拓者和先进文化的传播者，在推动科学技术进步和科技事业发展方面发挥着关键的决定的作用。

新中国成立以来，特别是改革开放30多年来，我们国家的工程科技取得了伟大的历史性成就，为祖国的现代化事业作出了巨大的历史性贡献。两弹一星、三峡工程、高速铁路、载人航天、杂交水稻、载人深潜、超级计算机……一项项重大工程为社会主义事业的蓬勃发展和祖国富强书写了浓墨重彩的篇章。

这些伟大的重大工程成就，凝聚和倾注了以钱学森、朱光亚、周光召、侯祥麟、袁隆平等为代表的一代又一代科技专家们的心血和智慧。他们克服重重困难，攻克无数技术难关，潜心开展科技研究，致力推动创新发展，为实现我国工程科技水平大幅提升和国家综合实力显著增强作出了杰出贡献。他们热爱祖国，忠于人民，自觉把个人事业融入到国家建设大局之中，为实现国家富强而不断奋斗；他们求真务实，勇于创新，用科技为中华民族的伟大复兴铸就了辉煌；他们治学严谨，鞠躬尽瘁，具有崇高的科学精神和科学道德，是我们后代学习的楷模。科学家们的一生是一本珍贵的教科书，他们坚定的理想信念和淡泊名利的崇高品格是中华民族自强不息精神的宝贵财富，永远值得后人铭记和敬仰。

通过实施采集工程，把反映老科学家学术成长经历的重要文字资料、实物资料和音像资料保存下来，把他们卓越的技术成就和可贵的精神品质记录下来，并编辑出版他们的学术传记，对于进一步宣传他们为我国科技发展和民族进步作出的不朽功勋，引导青年科技工作者学习继承他们的可贵精神和优秀品质，不断攀登世界科技高峰，推动在全社会弘扬科学精神，营造爱科学、讲科学、学科学、用科学的良好氛围，无疑有着十分重要的意义。

中国工程院是我国工程科技界的最高荣誉性、咨询性学术机构，集中了一大批成就卓著、德高望重的老科技专家。以各种形式把他们的学术成长经历留存下来，为后人提供启迪，为社会提供借鉴，为共和国的科技发展留下一份珍贵资料。这是我们的愿望和责任，也是科技界和全社会的共同期待。

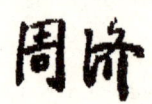

周济

科学风范　为人楷模（代序）

中国科学院过程工程研究所

世界著名化学工程学家、中国科学院资深院士、流态化科学技术的奠基人之一、中国共产党优秀党员、中国科学院过程工程研究所名誉所长郭慕孙，于 2012 年 11 月 20 日 0 时 55 分在北京逝世，享年 92 岁。

郭慕孙 1920 年 6 月 24 日生于湖北汉阳，祖籍广东潮州。1939 年考入上海沪江大学化学系，1943 年大学毕业后相继在上海汉堡化工厂和生化药厂任化学师。1945 年赴美国普林斯顿大学化工系学习，师从 Wilhelm 教授，1946 年 10 月获得硕士学位后，在美国碳氢研究公司和可口可乐公司任工程师。1956 年回国，辅佐叶渚沛所长筹建中国科学院化工冶金研究所（现中国科学院过程工程研究所），创建了中国第一个流态化研究室，任室主任、研究员。1978 年至 1986 年先后任研究所负责人、代所长、所长，1986 年起任名誉所长。他长期担任中国化工学会副理事长兼化学工程专业委员会理事长、中国颗粒学会理事长、国家科委化学工程学科组副组长及国家科技进步奖化工行业组副组长、中国金属学会常务理事等职。1979 年被授予全国劳动模范，1980 年当选为中国科学院学部委员（院士），历任第四、五、六、七届全国政协委员。

郭慕孙是享誉世界的化学工程学家，他的科学研究具有独创见解，并自成学术体系，为化学工程领域特别是流态化科学技术的研究和发展提供了大量宝贵的知识财富。1989年获"国际流态化成就奖",1994年获"何梁何利基金科学与技术进步奖",1997年获"美国化工学会流态化讲演奖",同年当选瑞士工程科学院外籍院士,2008年入选美国化学工程师协会"化学工程百年开创时代"50位杰出化工科学家,也是50位之中唯一获奖的亚洲学者。

郭慕孙1948年发表在美国权威学术期刊 Chemical Engineering Progress（《化工进展》）上的论文 "Fluidization of Solid Particles"（《固体颗粒的流态化》）,首次提出了"散式"和"聚式"流态化的新概念,建立了颗粒与流体相互作用的流动参数统一关联式,是国际学术界公认的流态化经典文献,至今仍被广泛引用。

20世纪60年代初,郭慕孙将在美国所做的"散式流态化"研究扩展到颗粒有进有出的流态化体系,提出了"广义流态化"理论。相关研究成果"化工冶金中的散式流态化"1978年获全国科学大会奖,1982年获中国科学院自然科学奖一等奖和国家自然科学奖二等奖。

郭慕孙针对气固流化床中气泡对相际接触和传递的不良影响,独辟蹊径,开创了稀相流态化、快速流态化、浅床流态化、漂浮和震荡流态化等无气泡气固接触新领域,其中快速流态化的研究成果在学术界产生了重大反响。他带领研究团队,通过大量实验数据归纳绘制了"流态化状态图",成为广为采用的经典之作。他建立的"无气泡气固接触"理论,形成了一个完整的理论与技术体系。该理论于1989年获中国科学院自然科学奖一等奖,1990年获国家自然科学奖二等奖。

郭慕孙指导他的学生从国家应用需求出发,完成了能量最小多尺度（EMMS）方法的研究和气固流态化的散式化理论与方法等研究。EMMS方法首次建立了流态化系统中非均匀结构的稳定性条件,提出了两相流能量最小多尺度作用模型,突破了对两相流系统进行量化模拟计算的瓶颈,由过去单纯靠经验回归上升为理论分析,逐步形成了综合两相流各种现象的较为完整的统一理论。"颗粒流体两相流结构和区划模拟"研究于1993年获中国科学院自然科学奖一等奖,1995年获国家自然科学奖三等奖。目前EMMS方法在气固系统中广泛应用,并被扩展至气液、湍流和其他系统。"气固流态化的散式化理论与方法"有效抑制了气固流化床中的气泡和颗粒聚团,强化了气固接触,在工业中获得成功应用,1999年获中国科学院自然科学奖一等奖。

郭慕孙不仅精于基础研究,还非常重视应用研究及科技成果的转化。早在美国工作期间,他就提出了添加惰性物料氧化粉煤,用低温丙酮吸收二氧化碳,用三周期蓄冷器低温空分,用有规则波纹条形内构件进行流态化气体炼铁等方法。

郭慕孙1956年回国直到去世的几十年中,一直致力于将流态化技术应用于我国不同矿产资源的综合利用过程。他认为工程师不应满足于现有的工艺和传统设备的翻版,而要通过自己的原始创新,为国家的经济建设创造更好的工艺方法和设备。他提出的波纹条形内构件几经改进,成功用于吉林化工公司硝基苯加氢制苯胺流化床反应器。他与企业合作,将实验室成果扩大至中间试验,对我国低品位与复杂矿的资源综合利用做了大量工作。如贵州万山汞矿尾矿的焙烧生产汞和该省低品位硫铁矿的焙烧制硫酸,湖北大冶含铜、钴难选氧化铁矿的硫酸化焙烧提取铜、钴和铁精矿,鞍山赤铁矿,南京凤凰山赤铁矿,酒泉菱铁矿、镜铁矿,河北宣化鲕状铁矿,包头白云鄂博矿等难选铁矿磁化焙烧生产铁精矿,攀枝花钒钛磁铁矿直接还原等。特别是在马鞍山完成了100吨/日规模的低品位铁矿两相流态化磁化焙烧贫铁矿的中试,该装置后来搬迁到上海冶炼厂,又进行了阿尔巴尼亚红土矿的流态化还原焙烧,继以氨水浸取提镍。此中试成果"两相流态化磁化焙烧贫铁矿"1978年获全国科学大会奖,并获中国科学院重大科技成果奖。

2000年已80岁高龄的郭慕孙壮志满怀,开始筹划主编巨著《流态化手册》,他亲自编写详细的写作提纲,组织国内外64位学者参与撰写,历经八年的不懈努力,2008年316万字的《流态化手册》由化学工业出版社出版。该书在流态化领域具有里程碑式的意义,当年被评为国家新闻出版总署"三个一百"原创图书。2009年荣获中国石油和化学工业协会科学技术奖一等奖,2011年又获第二届中国出版政府奖图书奖。

郭慕孙曾三次参加我国化学工程全局性规划。1978年他提出了传递过程、化学反应工程、生物化工和颗粒学四个科研方向，对当时中国化学工程的前沿性研究具有指导意义。早在1959年，他与杨纪柯一起编写的《过程工程研究》就显示出他对学科前沿趋势的深刻洞悉，彰显出他对国家过程工业发展科技需求的高瞻远瞩，为2001年研究所正式更名为"过程工程研究所"、从"化工冶金"向"过程工程"的跨越式发展提供了科学依据。

郭慕孙一直非常重视交叉学科建设。1984年他在研究所筹备建立了颗粒学实验室，在国内率先开展了颗粒形态表征的科研工作，并派出科研骨干到国外学习，以此带动了我国这一交叉学科迅速成长，培养了许多从事此项科研工作的人才。1986年9月组织成立了中国颗粒学会，亲自担任理事长，至今已发展成颗粒测试、颗粒制备与处理、流态化、气溶胶、超微颗粒、生物颗粒、能源颗粒材料七个专业委员会。郭慕孙十分重视国内外学术交流，多次主办国际流态化会议、国际循环流化床会议、中日美颗粒学学术会议、中日流态化学术会议、全国流态化会议，培养带领他的学生和同事们走出国门、步入国际，通过积极卓有成效的学术交流合作，推动了流态化和颗粒学等相关学科的发展，进一步提升了研究所的国际影响力。

为促进中国颗粒学研究的发展，更好地开展国际学术交流，郭慕孙于2003年创办了 *PARTICUOLOGY*（《颗粒学报》）并亲任主编。由于他率先垂范，严把质量关，该刊已成为SCI源刊，2014年SCI影响因子达到2.11，在173种中国大陆被SCI收录的期刊中排名第24位。作为享誉世界的科学家，他在化工著名期刊 *Chemical Engineering Science* 编委的岗位上辛勤耕耘了十余载，为中国学者的文章走向世界发挥了重要作用，经他处理的稿件，有的修改达十几稿，这在国际期刊编委中是很罕见的，为国际同行所称道。

作为一名科研人员，郭慕孙开拓创新、勤勉敬业，他对自己的构思总是先行演算和推导，再进行实验，从实践中完善设想和理论。他把自己的一生与国家科技事业的发展紧紧地联系在一起，郭慕孙在耄耋之年并没有减慢自己创新的思维与学术研究的步伐，他积极为国家能源资源高效清洁利用、科技队伍建设和人才培养教育等建言献策，80年代率先提出快速流态化煤拔头新工艺，积极倡导煤的资源化高值化利用，得到国家、中国科学院、地方政府的高度重视。

作为一位导师，他严谨治学、为人楷模，非常注重在科研实践中指导和培养新生力量，亲自讲授流态化课程，指导刚毕业的大学生开展科研工作。现在，他的学生不少已成为流态化领域的学术带头人或重要科研骨干。他常常告诫学生和同事，研究工作不是知识的传播，而是知识的创造，不要跟在别人后面走，要有所创新、有所发现、有所发明。他对学生的学术研究要求特别严格，包括对论文的撰写。虽年事已高，但仍连续多年为研究生开设科技英语写作辅导课程，并出版了《怎样写好科技英文论文》的教材，听过他授课的研究生深感获益匪浅。

他热爱生活、兴趣广泛，亲自设计计算、动手制作几何动艺，实现了科学与艺术的完美融合。他常为青少年作科普报告，在北京二中建立了"郭慕孙几何动艺实验室"，对于启迪、激发青少年科学探索精神具有特殊意义。直至去世当天，他还在修改文稿和进行科普宣讲。

郭慕孙 90 岁之际，他婉言谢绝研究所为他庆祝生日，而是将自己一生的科研生涯进行了总结，出版了《思索　实践　创新》一书。该书是郭慕孙为祖国科技事业不懈奋斗的结晶，为后人留下的不仅是科学思想和创新成果，更为重要的是体现了他的人生追求和价值理念。

郭慕孙把自己的一生毫无保留地献给了祖国的科学事业，对流态化、颗粒学、过程工程学的发展做出了杰出贡献。郭慕孙热爱祖国、热爱科学的高尚情操，勇于创新、追求卓越的科学精神，谦虚谨慎、求真务实的优秀品质，严谨治学、悉心育人的学者风范，赢得了大家的敬重和爱戴，将激励大家为科学技术的发展、为祖国科学事业的繁荣昌盛做出新的贡献。

Dedication to Prof. Mooson Kwauk

Jinghai Li, James Wei

此文是郭慕孙先生 2010 年 90 岁生日时 Chem. Eng. Sci.（Vol.66, 2011: 4270–4271）为他出版的纪念专刊中前言。

Few chemical engineers are like Prof. Mooson Kwauk who still works as usual at the age of ninety. He was responsible for the creation of the journal Particuology at the age of eighty three, and has been acting as the Editor-in-Chief in a very special way — by checking nearly every word of every issue. In 2008, he was honored as one of the fifty eminent chemical engineers of the "Foundation Age" of AIChE. These are some of the reasons for editing this special issue in his name.

Mooson was born in Hanyang, Hubei Province, China, on May 9, 1920. He graduated from the University of Shanghai in 1943, and studied at Princeton University from 1945 to 1946 for the Master's degree under the supervision of the late Prof. Richard H. Wilhelm, where he showed exemplary capability in research, leading to the classical paper, "Fluidization of Solids Particles" (Chem. Eng. Prog., vol. 44, 1948, p.201), in which *aggregative* fluidization and *particulate* fluidization were distinguished for the first time. Leaving Princeton, he joined Hydrocarbon Research in New York, working on process development for coal gasification, air separation, gas purification, gaseous reduction of iron ores, etc. Except for a 4-year interlude of employment by the Coca-Cola

Export Corp., during which he received the Chesterman Award in 1950, built the first bottling plant in India, and quickly rose to head the Export Corp. Lab in New York City. Mooson returned to and continued his career at Hydrocarbon Research until he returned to his motherland in 1956. Mooson started his research and was subsequently a founder of the Institute of Chemical Metallurgy (ICM) (renamed Institute of Process Engineering in 2001), Chinese Academy of Sciences where you can find him today. As an extension of his research in the US, he proposed *generalized fluidization* for calculating fluidization of various combinations of solids and fluid flows, and applied this theory to the projects he was engaged in, such as upgrading low-grade iron ores and separating nonferrous metals. This was the first of its kind in the field of fluidization, unfortunately not much is known to the international community due to the isolated environment in China at that time. To summarize his work in this period, he wrote two books in Chinese, one on theory and the other on application. This was a very productive decade for him and won him the *National Natural Science Award* and title of *Excellent Scientific Researcher* from the Chinese government.

His research was interrupted in 1966 due to the onset of the so-called Cultural Revolution from which he and his family suffered, and he lost his right to conduct laboratory studies. During this chaotic period with frequent political disturbances, he continued his study at home, analyzing experimental data, writing notes and planning for future research. The concept of *bubbleless gas–solid contacting* and various other ideas were developed during this period. Research at ICM was partially restored in 1972, giving him the opportunity to begin testing his *bubbleless contacting* concept by studying heat transfer in dilute phase, multi-stage shallow fluidized beds, fast fluidization, etc. Meanwhile, he gradually shifted his research from industrial experiments to fundamental studies. Mooson was appointed by the Chinese Academy of Sciences (CAS) as the director of the Institute of Chemical Metallurgy at this pivotal time to reestablish and reinvigorate research of the institute.

Under his guidance, ICM began to focus on basic and innovative research and development in response to the needs of industry in the context of unique Chinese resources, energy, and environmental requirements, opening up a new era for ICM in a relatively short time. New research areas were initiated including biochemical engineering, particle technology, metallurgical physical chemistry, and multi–phase reaction engineering. Such changes won the support of the United Nations Development Program, leading to the establishment of the Multi–Phase Reaction (MPR) Lab in 1986, which was later upgraded to the State Key Lab of Multi–Phase Complex Systems in 2006.

Mooson retired as the Institute director at the age 66. Then he initiated the *Chinese Society of Particuology*. He was invited to work for *Chemical Engineering Science* as a regional editor, for which he served for 11 years and put forth tremendous efforts in editing the journal. Instead of sending submissions directly to reviewers as usual, he first revised every paper to ensure that both the technical contents and the language were qualified. Most manuscripts shuttled between author and editor, for, as he told us, as many as ten times. This contributed not only to the journal, but also benefited the authors. Meanwhile, he supervised and carried out research on what evolved into the Energy–Minimization Multi–Scale (EMMS) method, which is now widely used in computational fluid mechanics (CFD) and has been extended to other systems. With his young colleagues, he was awarded for the second time the *National Natural Science Award* in 1989. In 1992, he published a book summarizing the work over the past decades: *FLUIDIZATION: Idealized and Bubbleless*, Science Press (Beijing) and Ellis Horwood (U.K.). In recognition of his contributions, he was given the *International Fluidization Award of Achievement* at FLUIDIZATION VI in Banff, Canada, in 1989.

In recent years, in addition to his duty as an Editor–in–Chief of the journal *Particuology*, he has been training young students to improve their scientific English, and published a book *"Scientific Technical Writing"*. Moreover, he still works with young colleagues to understand the critical importance of various meso-scale phenomena, to look for possibilities of using solar energy as a heat source for fluidized roasting, to utilize coal more efficiently by *topping* to recover the native volatiles before combustion.

As a researcher, Mooson is creative, rigorous and assiduous; and as a person, he is moderate, courteous (though fired by insatiable curiosity), magnanimous and an accessible mentor. He still continues his endeavors to explore new ideas and helps young people in developing their skills, often working long hours, as he always wanted to do. He tries to do everything in a scientific way — even in his hobby, of making *mobiles*, he derives equations for all the mobiles he makes, and summarized the art and science of mobiles in a recent book, **Geometric Mobiles**, published in bilingual text (English and Chinese) by Chemical Industry Press, Beijing, 1998, and reprinted by Science Press with addenda in 2008.

Last, but not the least, we would be remiss should we not note how much Huichun, his wife, now 91, has contributed to his accomplishments in various ways, in particular, encouraging him to carry out world-class research under straitened conditions. Mooson and Huichun are really a model pair to support each other with a colorful life, to contribute to society jointly and to win naturally the respect from the community. We wish this noble and respected couple a happy and healthy life.

Jinghai Li, James Wei

郭慕孙先生逝世三周年之际
谨献上此书以弘扬和学习他一生坚持的
科学精神与价值理念

严谨治学
求真务实
追求卓越

《追求卓越：郭慕孙传》编写组

编　　写：艾　菁　赵兰英　刘　伟
策划与组长：李静海　谢裕生　李洪钟
副 组 长：刘淑娟　李佑楚　张和忠　罗保林
成　　员：郭　铨　甘耀昆　夏麟培　刘大陆
　　　　　王永安　陈丙瑜　欧阳藩　黄长雄
　　　　　宋宝珍　邵曼君　姚建中　马兴华
　　　　　朱庆山　葛　蔚

郭慕孙（1920—2012）

20世纪30年代郭慕孙（第二排右三）与父亲郭承恩（第二排右一）、母亲周石南（第四排右一）、祖母（第四排左二）及郭家人合影

1946年郭慕孙在美国普林斯顿大学

1950年在印度工作的郭慕孙

1950年新婚不久的郭慕孙、桂慧君夫妇

1951 年在美国初为人父的郭慕孙

1954 年郭慕孙、桂慧君夫妇及子女在美国

1961年郭慕孙（左二）在捷克斯洛伐克参加国际流态化技术会（布拉格交通运输文化宫）

1967年郭慕孙全家福

"文化大革命"期间郭慕孙(左二)下放劳动

中年的郭慕孙

20 世纪 70 年代郭慕孙夫妇拜访好友著名数学家林家翘教授（右一和右二）于清华大学

20 世纪 70 年代郭慕孙（右二）与苏绍礼教授夫妇（左一和左二）、范良士教授（右一）在美国合影

1975年郭慕孙（左一）作为中国化工学会代表团成员赴伊朗参加第二届国际化工会议
（德黑兰）

1975年11月11日中国科学技术协会代表团访问日本
（左二：严济慈院长，左四：郭慕孙）

1986年7月，周光召为团长（左二）郭慕孙为副团长（右一）在加拿大渥太华出席CODAT第十届国际学术会议

20世纪80年代郭慕孙作学术报告

20世纪80年代郭慕孙在女儿家与朋友交流

20世纪80年代郭慕孙夫妇与姐夫胡焕庸先生（右一）

1988年郭慕孙在中、日、美颗粒技术大会上与外宾交流（北京）

1990年郭慕孙在中国科学院化学部全体委员会议上发言

1991年作为全国政协委员的郭慕孙（左一）在首钢作专题调研

1991年郭慕孙在全国化工大会上作报告

1991/1992 政协科技委员会"科技如何在国营大中型企业发挥作用"
专题调研工作组成员合影（右二：郭慕孙）

1993年郭慕孙（前排右五）陪同周光召院长（前排右四）视察化工冶金研究所

1996年郭慕孙在中日颗粒技术会议上致词

1997年郭慕孙被选为瑞士工程科学院院士时夫妻二人在瑞士合影留念

1998年10月化工冶金研究所所庆40周年郭慕孙与历届所领导合影
(前排左起:李洪钟、欧阳藩、钱麟、谢裕生、郭慕孙、陈家镛、许志宏、杨玉璞、毛铭华;后排左起:韩光发、杨守志、王大光、崔培荣、范绍国、李静海、罗世民、刘会洲)

2002年郭慕孙在香港出席第17届国际化学反应工程会议时在香港回归纪念碑前留影

2002年11月25日郭慕孙（右二）陪同中科院院长路甬祥（右三）视察过程工程研究所

2002年郭慕孙与侯祥麟院士亲切交谈

郭慕孙（右一）在家接待联合国同声翻译唐笙（右三）

2007年郭慕孙、桂慧君夫妇（前排左二和左三）与《颗粒学报》工作人员在家中合影

2007年郭慕孙和夫人桂慧君与姐夫丁光训（右一）先生交谈

2009年郭慕孙夫妇三代同堂

爱好摄影的郭慕孙

2010年6月24日郭慕孙90岁生日

郭慕孙在工作

2011年春节前夕中国科学院院长白春礼到家中看望郭慕孙

21世纪初郭慕孙、桂慧君夫妇（右三和右二）在上海与郭家的亲友们聚会

郭慕孙参加"走近科学家"活动

2011年11月10日郭慕孙（前排左一）在北京二中给学生讲几何动艺

郭慕孙在家中给学生们讲解几何动艺

庆建所五十周年

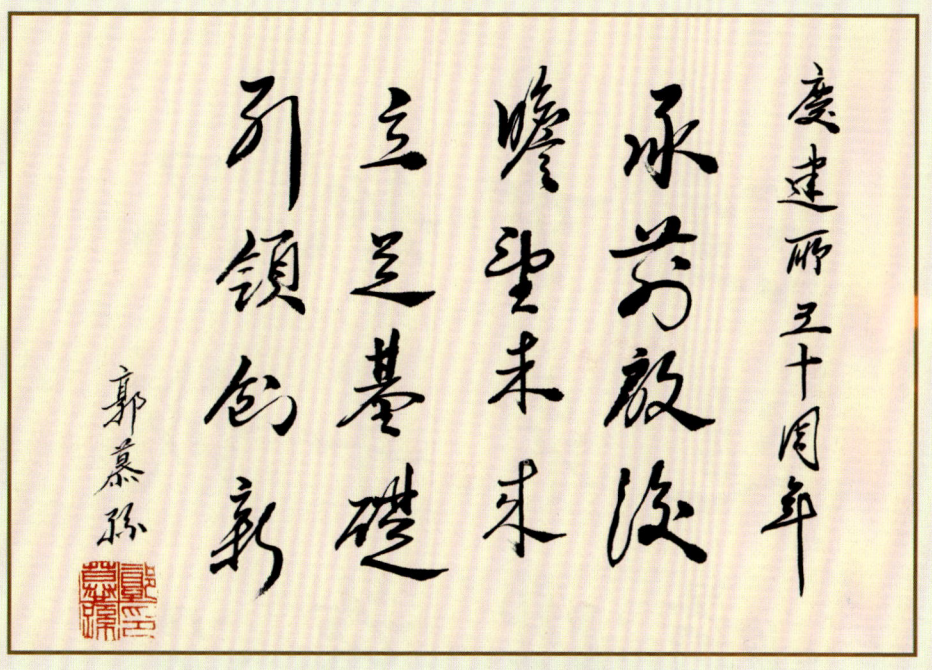

承苏敬波
瞻望未来
立足基础
引领创新

郭慕孙

郭慕孙院士于2008年给中国科学院过程工程研究所所庆50周年题词

思想注重追踪

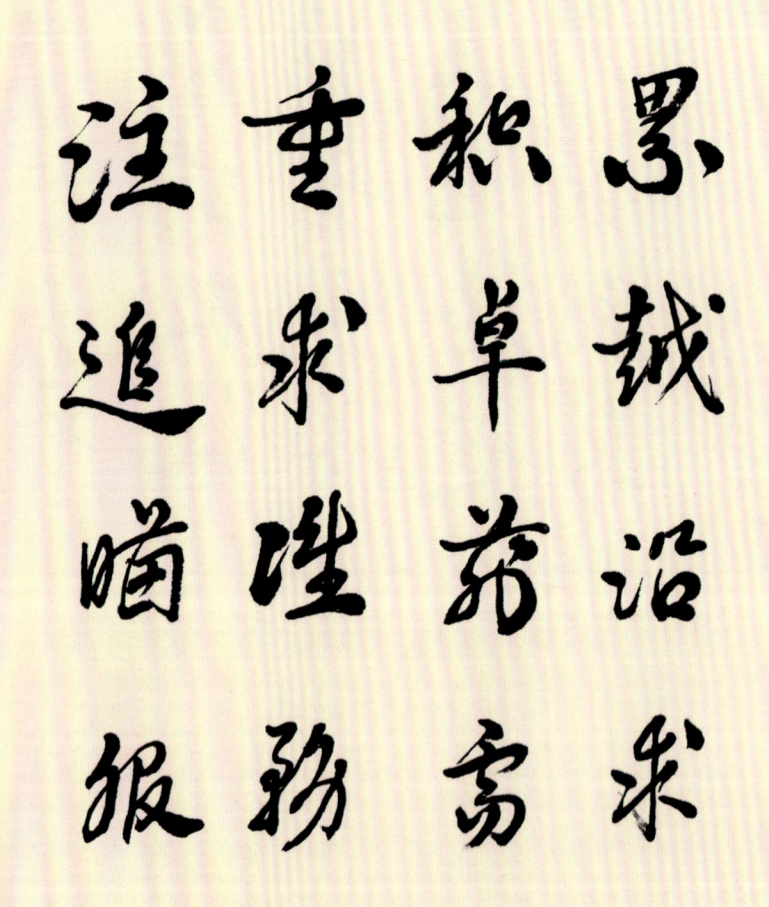

战略积累求实

话草哇勤需

求报

郭慕孙院士于 2009 年为多相复杂系统国家重点实验室题词

目 录

老科学家学术成长资料采集工程简介

总序一 ·· 韩启德

总序二 ·· 白春礼

总序三 ·· 周　济

科学风范　为人楷模（代序） ················ 中国科学院过程工程研究所

Dedication to Prof. Mooson Kwauk（英文代序）····· Jinghai Li, James Wei

导　言 ·· 1

|**第一章**|**少年立志　勤勉好学** ······································ 5

　　　　铭记父训 ·· 5

	勤奋好学 …………………………………………… 11
第二章	风华正茂　才华出众 …………………………… 13
	沪江大学 …………………………………………… 13
	大学结缘 …………………………………………… 18
	准备出国 …………………………………………… 20
第三章	留学美国　创造经典 …………………………… 22
	普林斯顿大学 ……………………………………… 22
	创造经典 …………………………………………… 25
	圆梦工程师 ………………………………………… 29
	喜结良缘 …………………………………………… 32
第四章	奠基立业　报效祖国 …………………………… 39
	义无反顾 …………………………………………… 39
	辅佐建所 …………………………………………… 40
	利用稀土 …………………………………………… 44
	服务需求 …………………………………………… 48
	广义流态化 ………………………………………… 50
	流态化应用 ………………………………………… 53
	流态化会议 ………………………………………… 55
	普及流态化 ………………………………………… 59
第五章	乱中求索　矢志不渝 …………………………… 62
	逆境中坚持 ………………………………………… 62
	援阿任务 …………………………………………… 68
	气体炼铁 …………………………………………… 72

云开月明 ………………………………………… 73

| 第六章 | 科学春天　大展宏图 ………………………… 79

　　担任所长 ………………………………………… 79
　　独树一帜 ………………………………………… 86
　　发展学科 ………………………………………… 96
　　学术交流 ………………………………………… 103

| 第七章 | 春华秋实　硕果累累 ………………………… 111

　　潜心论著 ………………………………………… 111
　　情系颗粒学 ……………………………………… 115
　　不懈追求 ………………………………………… 123
　　悉心育人 ………………………………………… 132
　　贡献卓越 ………………………………………… 134

| 第八章 | 老骥伏枥　学高为师 ………………………… 137

　　科学总结 ………………………………………… 137
　　为国献智 ………………………………………… 142
　　科普教育 ………………………………………… 150
　　教授英语 ………………………………………… 155

| 第九章 | 为人楷模　风骨永存 ………………………… 160

　　构思未来 ………………………………………… 160
　　热心公益 ………………………………………… 169
　　为人师表 ………………………………………… 170
　　永久财富 ………………………………………… 178
　　风骨永存 ………………………………………… 180

结　语	追求卓越的一生	183
附录一	郭慕孙年表	185
附录二	郭慕孙工作经历和社会兼职	232
附录三	郭慕孙获奖项目	235
附录四	郭慕孙主要论著目录	239
附录五	缅怀郭慕孙先生	253
参考文献		305
后　记		309

图片目录

图 1-1　郭承恩（1884—1946 年）……………………………………6
图 1-2　郭慕孙与姐姐郭秀梅和弟弟郭敬孙……………………………7
图 1-3　童年的郭慕孙……………………………………………………7
图 1-4　郭慕孙童年时期的作品…………………………………………9
图 1-5　1960 年郭慕孙与大哥郭星孙、弟弟郭敬孙、姐姐郭秀梅、妹妹
　　　　郭重梅……………………………………………………………10
图 2-1　沪江大学校门……………………………………………………14
图 2-2　青年时期的郭慕孙………………………………………………14
图 2-3　郭慕孙沪江大学的成绩册………………………………………15
图 2-4　化学学会执行委员合影…………………………………………16
图 2-5　郭慕孙在沪江大学的论文中的蒸馏过程工艺图………………17
图 2-6　1943 年郭慕孙在沪江大学获得理学学士………………………17
图 3-1　1947 年郭慕孙获普林斯顿大学硕士学位………………………27
图 3-2　郭慕孙硕士毕业证书……………………………………………28
图 3-3　1947 年郭慕孙成为美国荣誉学术组织 Sigma Xi 学会会员……30
图 3-4　1952 年郭慕孙加入美国化学工程师协会………………………31
图 3-5　1947 年桂慧君赴美国读研究生…………………………………32
图 3-6　1947 年梁守渠、桂慧君和谢希德在普林斯顿大学校园………32
图 3-7　1949 年桂慧君获硕士学位………………………………………33
图 3-8　1948 年郭慕孙与桂慧君订婚……………………………………33
图 3-9　1950 年印度工业部颁发给郭慕孙的奖项………………………34
图 3-10　1948 年桂慧君为郭慕孙准备的 30 岁生日礼物………………34
图 3-11　1950 年 12 月 9 日郭慕孙和桂慧君的婚礼现场………………35
图 3-12　2004 年郭慕孙与桂慧君在沪江大学旧址前合影……………36

图 3-13	1950 年郭慕孙获美国汽水行业的契斯特曼奖	36
图 3-14	2010 年 12 月 5 日沪江大学北京校友会为郭慕孙颁发杰出校友纪念牌	37
图 4-1	1956 年郭慕孙一家回国途经夏威夷	40
图 4-2	1965 年陈家镛、王力方、叶渚沛、郭慕孙与部分职工合影	43
图 4-3	叶渚沛、郭慕孙、陈家镛、桂慧君等在联欢会上表演节目	45
图 4-4	1958 年郭慕孙撰写的从大冶矿中提取铜的手稿	48
图 4-5	郭慕孙 1958 年出版的著作《流态化技术在冶金中之应用》	50
图 4-6	1965 年郭慕孙撰写的稀相换热讲稿	52
图 4-7	1964 年出版的第一届《全国流态化会议报告选集》	56
图 4-8	《光明日报》关于全国流态化会议在京举行的报道	57
图 4-9	1964 年郭慕孙提出的流态化发展方向和建议	58
图 4-10	1965 年郭慕孙聚式流态化讨论会笔记	59
图 4-11	郭慕孙 1963 年出版的著作《流态化垂直系统中均匀球体和流体的运动》	60
图 4-12	1959 年郭慕孙参加全国群英会发言稿	60
图 5-1	马鞍山日处理 100 吨流态化磁化焙烧中试工厂	63
图 5-2	1967 年郭慕孙对三室的一些工作设想	64
图 5-3	1969 年郭慕孙在西北戈壁滩上的金川镍矿区	67
图 5-4	郭慕孙关于阿尔巴尼亚红土矿还原焙烧方案的手稿	69
图 5-5	1973 年郭慕孙撰写的从氧化镍矿中提镍的手稿	69
图 5-6	郭慕孙撰写的关于洗涤柱的手稿	70
图 5-7	1979 年郭慕孙陪同方毅院长视察化工冶金研究所	70
图 5-8	1979 年"流态气体还原铁鳞制铁粉"获中国科学院科技成果奖一等奖的奖状	72
图 5-9	1975 年中国科学技术协会代表团访问日本	75
图 5-10	郭慕孙关于白云鄂博矿综合利用的意见	75
图 5-11	郭慕孙关于白银多金属硫化矿综合利用的一些设想手稿	75
图 5-12	1978 年 1 月郭慕孙撰写的攀枝花钢铁冶炼新流程——流态化还原法手稿	76
图 5-13	1977 年 5 月郭慕孙在上海冶炼厂讲课的手稿	77
图 5-14	1977 年 11 月郭慕孙在北师大讲学的讲稿	78

图 6-1	1978 年郭慕孙的两项研究获全国科学大会奖	80
图 6-2	1978 年"两相流态化磁化焙烧贫铁矿"获中国科学院重大科技成果奖	81
图 6-3	1978 年"从低品位铜钴氧化铁矿中提取铜钴"获中国科学院重大科技成果奖	81
图 6-4	化工冶金研究所第二任所长郭慕孙院士	81
图 6-5	1979 年郭慕孙被全国总工会授予"全国劳动模范"称号	82
图 6-6	郭慕孙提出的化工冶金研究所的研究方向、任务、科技创新蓝图	84
图 6-7	1983 年中国科学院化学部组织专家对化工冶金研究所学科方向进行评议	86
图 6-8	1989 年"无气泡气固接触"获国家自然科学奖二等奖	87
图 6-9	1982 年"化工冶金中的散式流态化"获国家科委二等奖	92
图 6-10	郭慕孙撰写的《流态化浸取和洗涤》	93
图 6-11	1979 年郭慕孙在气控式多层床净化二氯乙烷废气鉴定会上讲课	95
图 6-12	1987 年 12 月郭慕孙在 CREEM 会上致开幕词	99
图 6-13	1987 年 12 月 7 日参加亚太地区提取冶金中的化学反应工程学术会议的专家和代表合影	100
图 6-14	1993 年 10 月 7 日郭慕孙在第六届全国流态化学术会议上作报告	104
图 6-15	第一届《中日流态化学术会议论文集》	105
图 6-16	1982 年在杭州召开的第一届中日流态化学术会议上郭慕孙致开幕词	106
图 6-17	1988 年第三届中日流态化学术会议郭慕孙给日本国井大藏教授颁发奖状和证书	106
图 6-18	1996 年郭慕孙主编的《第五届国际循环流化床会议论文集》	108
图 6-19	1979 年郭慕孙出访美国时与国外同行合影	109
图 6-20	1982 年第一次中美化工会议上郭慕孙与美国老朋友 Squires 教授的合影	109
图 7-1	2008 年《理想和无气泡流态化》由科学出版社再版	112
图 7-2	郭慕孙 1992 年出版的著作 *Fluidization Idealized and bubbleless, with applications*	113
图 7-3	*Advances in Chemical Engineering* Vol.20, 1944. Academic Press	113

图 7-4	李静海和郭慕孙合著的 Particle-Fluid Two-Phase Flow	114
图 7-5	1986 年 11 月郭慕孙在中国颗粒学会第一届会员代表大会上致词	117
图 7-6	1986 年 11 月郭慕孙主持召开中国颗粒学会第一届会员代表大会全体会员合影	117
图 7-7	1988 年 9 月郭慕孙在中日美颗粒学术会上致开幕词	118
图 7-8	1988 年 9 月中日美颗粒会议上郭慕孙与外宾交流	118
图 7-9	2003 年《中国颗粒学报》创刊号	119
图 7-10	2003 年郭慕孙对《颗粒学报》稿件的修改稿	120
图 7-11	2010 年在西安颗粒学年会上郭慕孙颁发"青年颗粒学奖"	122
图 7-12	郭慕孙与汪家鼎院士亲切交谈	124
图 7-13	1990 年 8 月郭慕孙与参加"炼厂科技进步讲座"人员合影	126
图 7-14	郭慕孙任 Chemical Engineering Science 杂志编委时，从收稿到发表修改十稿的档案	127
图 7-15	1999 年由郭慕孙和同事主编的 CES 专刊	127
图 7-16	煤拔头工艺中试装置	130
图 7-17	广州磁性材料化工厂 500 吨／年磁记录粉生产线的流态化装置	131
图 7-18	2001 年郭慕孙参加走近科学家科普活动	133
图 7-19	1989 年郭慕孙荣获"国际流态化成就奖"的奖状	135
图 7-20	1989 年获国际流态化成就奖的四人合影	135
图 8-1	2008 年郭慕孙组织编写的《流态化手册》	139
图 8-2	政协五届二次会上郭慕孙"关于软科学"提案手稿	147
图 8-3	郭慕孙在政协第七届会上"关于科技进步税"提案手稿	148
图 8-4	政协五届二次会上郭慕孙关于"科学院的精兵简缩"提案手稿	148
图 8-5	郭慕孙在六届四次政协会上"关于发展我国自己的钢铁新工艺"提案手稿	149
图 8-6	郭慕孙撰写的《几何动艺》一书再版	152
图 8-7	2003 年郭慕孙向来访外宾介绍自己制作的几何动艺作品	154
图 8-8	郭慕孙制作的几何动艺图形	154
图 8-9	郭慕孙为科技英语写作讲习班学员做的论文修改稿	156
图 8-10	2006 年郭慕孙在第五期英文写作班上指导侯超峰	157
图 8-11	2006 年郭慕孙与第五期科技英文写作班学员合影	157

图 8-12	《怎样写好科技英文论文》一书	158
图 9-1	2010 年 5 月郭慕孙的《思索 实践 创新——我的一些专著、论文和手稿》由科学出版社出版	161
图 9-2	2010 年 6 月 24 日郭慕孙在文集首发式上致词	161
图 9-3	构思未来的郭慕孙	163
图 9-4	1959 年郭慕孙与杨纪珂撰文"过程工程研究"	166
图 9-5	过程研究所组织编写，郭慕孙担任顾问的《过程工程：物质·能源·智慧》	167
图 9-6	2009 年 10 月 16 日郭慕孙及夫人桂慧君与老朋友们聚会	171
图 9-7	2010 年 3 月郭慕孙在两院资深院士联谊会上有关"三农"的专题报告	171
图 9-8	2012 年 10 月 21 日郭慕孙出席世界资源论坛会时与 Prof. Lothar Reh 合影	172
图 9-9	2012 年 9 月 27 日郭慕孙出席多尺度结构与系统国际会议	172
图 9-10	2012 年 10 月 28 日郭慕孙和夫人桂慧君与流态化研究室和多相室老同志聚会合影	173
图 9-11	2008 年郭慕孙入选美国化学工程师协会"化学工程百年开创时代"50 位杰出化工科学家	182

导 言

郭慕孙简介

郭慕孙，祖籍广东潮州，中国共产党党员，化学工程学家，中国科学院院士（当时称学部委员），瑞士工程科学院外籍院士。1978年起历任中国科学院化工冶金研究所（2001年更名为过程工程研究所）负责人、代所长、所长，1986年后任名誉所长。郭慕孙长期担任中国化工学会副理事长兼化学工程专业委员会理事长、国家科委化学工程学科组副组长及国家科技进步奖化工行业组副组长等职，1980年被授予全国劳动模范，历任第四、五、六、七届全国政协委员。

郭慕孙1943年毕业于上海沪江大学化学系，1946年获美国普林斯顿大学化工系硕士学位，先后在美国碳氢研究公司和可口可乐公司任工程师。1956年携家人返回祖国，辅佐叶渚沛所长筹建中国科学院化工冶金研究所，建立了中国第一个流态化研究室，任室主任、研究员。

郭慕孙1948年发表在美国权威学术期刊 *Chemical Engineering Progress* 的论文 "Fluidization of Solid Particles" 是流态化领域的经典。他在研究中首次观测到液—固和气—固两种截然不同的流态化现象，分别命名为"散式"和"聚式"流态化，建立了相应的数学模型，作为流态化的奠基性工作至今仍广为引用；提出了"广义流态化"理论模型，成功预测了快速流态化和下行流态化的操作状态，分析了很多工程技术问题，为两种操作状态的广泛应用提供了理论基础；建立了稀相流态化、多层浅床流态化、快速流态化等无气泡气固接触的理论体系；建立的快速流态化分相流动的特性模型受到国际学术界的认同和赞赏；通过大量实验数据绘制的"流态化状态图"成为国内外广为采用的经典之作；上述理论已广泛应用于化工、冶金、能源等领域。1982年和1990年两次获国家自然科学奖二等奖。

1986年，郭慕孙与同行们共同创建了中国颗粒学会并出任首任理事长。2003年创办了 *PARTICUOLOGY*（《颗粒学报》），亲自担任主编，使该刊快速成为最有影响的中国英文 SCI 源刊之一。他培养的研究生大多已成为化学工程领域的领军人物及科研骨干。在国内外发表学术论文近150篇，出版专著、编著13部，其中《流态化手册》荣获"中国出版政府奖"图书奖。长期担任 *Chemical Engineering Science* 等著名学术期刊编委，为中国学者的文章步入国际发挥了重要作用。

郭慕孙是享誉世界的著名化学工程学家，他的科学理论具有独到见解并自成学术体系，为化学工程领域特别是流态化科学技术的发展提供了大量的知识财富，对流态化、颗粒学和过程工程学的发展做出了杰出贡献。1989年获国际流态化成就奖，1994年获何梁何利基金科学与技术进步奖，1997年获美国化学工程师协会流态化讲席奖，2008年入选美国化学工程师协会"化学工程百年开创时代50位杰出化工科学家"，是50位之中唯一获奖的亚洲学者。

采集过程与成果

2010年，国家正式启动"老科学家学术成长资料采集工程"项目，由中国科学技术协会牵头组织实施。当时年届90高龄的中国科学院过程工程研究所名誉所长、中国颗粒学会名誉理事长、中国科学院院士郭慕孙入选中国科协确定的首批采集名单，项目承担单位过程工程研究所和"多相复杂系统国家重点实验室"给予了大力支持，决定郭慕孙院士学术成长资料采集小组（简称采集小组）由赵兰英、艾菁、刘伟等相关人员组成，将采集工作分为资料采集和报告撰写两部分。郭慕孙一生严谨治学，有写工作日记的良好习惯，科研资料按专题归档，社会活动材料分类建卷宗，各种参加学术会议重要资料都存放有序，这为采集工作提供了基础。赵兰英从海量资料中挑选，进行整理和编目，有不清楚的地方就到郭慕孙家详细询问，一一标注清晰。艾菁、刘伟先后10余次采访郭慕孙，请他回忆自己的学术成长经历，将采集的11个小时录音全部整理成文字资料，并搜集了大量相关写作素材，撰写了研究报告。经过两年多的不懈努力，将采集的资料按不同主题分类编目后，于2012年3月27日向"老科学家学术成长资料采集工程"馆藏基地（北京理工大学图书馆）移交了768件实物资料，489件电子版资料，共计1257件珍贵资料，其中包括口述资料10件、证书55份、信件385封、手稿138件、著作20部、报道28次、学术评价3份、照片355张、视频、音频和其他电子资料及档案等10余类。资料之多、价值之高令专家赞叹，馆藏验收时整整花费了一天的时间。同时，采集小组还向中国科学技术史学会提交了约15万字的研究报告。项目顺利通过结题验收。

编写思路与框架

2014年4月，经中国科学院推荐与批准，正式启动《郭慕孙传》的编写工作。由长期跟随郭慕孙从事科研工作的同事和他培养的学生所组成的《郭慕孙传》编写组，在以上采集工程的基础上，以郭慕孙撰写的论文、著作、报告、手稿和珍贵照片、科研及社会活动、录音录像等史料为依据，研究了他从少年立志做一名工程师到留美成才、创造经典的成长过程和原因；追忆了他回国奠基立业，致力于流态化在化工冶金中的应用，攻坚克难，在祖国各地所留下的科研足迹与贡献；以广义流态化、无气泡气固接触、多尺度法、煤拔头技术、颗粒学等研究为例，探究了郭慕孙学术思想的萌生、形成、发展、实践与应用的创新历程及国内外影响；回顾了他始终站在化工前沿的高度，辛勤耕耘几十载，推动和引领流态化、颗粒学、过程工程学的发展所做的功绩；从郭慕孙成长、成才、成名、成家到学高为师、身正为范的视角，总结了他一生坚持严谨治学、求真务实、追求卓越的科学精神和价值理念。以时间为序，按照九章和五个附录的框架串联起来，形成了以"追求卓越"为主线的郭慕孙科研生涯传记。他的创新思想和科学精神将永远激励后人向前进！

第一章
少年立志　勤勉好学

1920年6月24日（农历五月初九），郭慕孙出生在湖北汉阳的一个书香门第。父亲郭承恩是一位留学英国的机电工程师，对他人生理想的树立起到了至关重要的作用。郭慕孙从小立志要像父亲一样成为一名工程师。从少年时期入读杭州明敏小学，到发奋学习考取著名的上海雷士德中学，再到以优异成绩被上海沪江大学录取，直至后来一生的科研生涯，父亲的言传身教深深影响了他的一生。

铭 记 父 训

郭慕孙的父亲郭承恩，字伯良，祖籍广东省潮州市，留学英国，1915年毕业于英国谢菲尔德大学（University of Sheffield），曾在汉冶萍煤铁厂矿有限公司、沪杭甬铁路管理局、上海兵工厂、中央造币厂等处供职。郭承恩的第一任妻子因病去世，留下三个孩子，也就是郭慕孙的大哥郭星孙、二哥郭美孙和姐姐郭秀梅。郭慕孙的母亲周石南是他父亲的第二任妻子，婚后育有两子一女，即郭慕孙和弟弟郭敬孙、妹妹郭重梅。周石南是

图1-1 郭承恩（1884—1946年）

一位小学教师，他们一家人在汉阳时就住在学校里。她是一位令人敬重的贤妻良母，为了更好地教育子女，周石南便辞去工作在家操持家务。

郭承恩早年毕业于圣约翰大学[①]，留校执教数年后，到汉阳铁厂工作。1910年，郭承恩被派往英国谢菲尔德大学留学，目的是为了学习当时西方先进的钢铁冶炼技术。如今，在湖北省档案馆仍藏有郭承恩亲笔签名的派遣合同以及两封亲笔书信，主要记述的是工厂希望他搞清楚英国是如何冶炼钢铁的。但到了英国才知道，大学里也没有专门的钢铁冶炼专业，于是工厂同意郭承恩学习机械和电气类专业，因为这些知识学成后也能派上用场，1915年郭承恩完成学业回国，回到汉阳铁厂工作[②]。

郭承恩供职的汉阳铁厂隶属于汉冶萍煤铁厂矿有限公司（以下简称"汉冶萍公司"），公司还包括大冶铁矿和萍乡煤矿，是中国乃至亚洲最早的集原材料供应与钢铁冶炼于一体的钢铁煤联营企业。汉阳铁厂是我国近代唯一的钢轨制造企业，也是我国近代引进现代钢铁技术实现重工业化的早期代表。那时的汉阳铁厂所在地既没有铁矿也没有煤矿，而且缺乏统一的钢轨技术标准，使得生产与运输成本偏高，自己生产的钢铁比从国外进口的还要贵，导致盈余不足，加之没有国家的关税保护，造成与进口产品的市场竞争力不足，因此于1922年炼钢炉被迫全部停产[③]。

[①] 圣约翰大学，上海教会大学，前身是创建于1879年的圣约翰书院，1905年升格为圣约翰大学，中国近代最著名的大学之一，也是在华办学时间最长的一所教会学校。该校的校友影响甚至改变了中国乃至世界近现代的政治、外交、金融、商业、法学、建筑、医学等无数领域的历史。1949年圣约翰大学（新闻系）并入国立复旦大学，现发展为复旦大学；1951年圣约翰大学（土建系科组）并入同济大学；1952年，圣约翰大学被分拆至上海各大名校后解散。原校址位于现在的华东政法大学长宁校区所在地。

[②] 郭慕孙访谈，采访人艾菁，2010年12月22日，北京过程大厦五楼贵宾室。

[③] 方一兵、潜伟：汉阳铁厂与中国早期铁路建设——兼论中国钢铁工业化早期的若干特征。《中国科技史杂志》，2005年第26卷第4期，第312—322页。

工厂停产后，郭承恩携妻子儿女迁往上海。由于一开始没有找到合适的工作，他们一家人便借宿在郭慕孙的二叔父家里，年幼的郭慕孙和弟弟住在楼下的一个房间，那时不能经常见到在外奔波的父亲。过了一年多，母亲带着郭慕孙兄弟二人才找到一处弄堂租住，一家人的生活总算稳定下来。

1928年，郭承恩凭借着在英国留学深造的专业背景，机缘巧合地被国民政府聘用，负责沪杭甬铁路的管理（宁波简称"甬"）。这条铁路以上海为起点，将杭州、宁波等长江三角洲地区的重要工商业城市串联起来，是当时铁路系统中最繁忙和最重要的路段之一。郭承恩主要负责铁路上一些技术性的事务。那时的中国饱经战乱、积贫积弱，懂工程技术的人才凤毛麟角，铁路工程师更是稀缺人才，负责上海—杭州铁路段的美国工程师回国后，这一职位由拥有留洋经历的郭承恩接任也是理所当然。于是，郭承恩一家从上海搬到了杭州，郭慕孙入读杭州明敏小学二年级。

图1-2　郭慕孙（左）与姐姐郭秀梅和弟弟郭敬孙

1930年，郭承恩因职务调动全家又迁回上海，次年8月被任命为两路局（沪宁沪杭甬铁路管理局）局长，郭慕孙也转到上海协进小学四年级继续学业。鉴于郭承恩的专业背景和出色工作，后来他又被政府派往上海兵工厂（江南制造总局）和中央造币厂担任重要职位。这两家由政府严格掌控的工厂在国防经济中发挥了

图1-3　童年的郭慕孙（8岁）

第一章　少年立志　勤勉好学

举足轻重的作用。当时中央造币厂请来美国专家指导铸造银币，专家回国后郭承恩就承接了该项工作，出任中央造币厂厂长。受到器重的郭承恩所任职的铁路运输、兵器制造、钱币铸造等都属于政府的垄断行业，需要很强的工程技术专业背景，但他掌握的机电知识使得他工作游刃有余。

1937年抗日战争爆发不久，郭承恩所在的工厂被日军占领后，他毅然辞职，决不为日本侵略者工作。

当时国内没有电焊只有气焊，要用氧气和乙炔（C_2H_2），算是工业领域了不起的创新。那时上海只有法国人能生产氧气，技术垄断导致氧气的价格贵得离谱，于是郭承恩和几个好朋友在一起筹划中国人能否自己制造氧气，要办一家投入成本不高的小公司。经过协商，由郭承恩的好朋友、做钢铁生意的陈氏兄弟出资建厂，郭承恩负责从德国引进成套设备，他们三人合作在租界中开办了第一家"中国工业炼气公司"，虽然公司规模不大，但打破了法国企业在华气体工业的垄断地位，填补了中国化工的一个空白，大长中国民族工业的威风。上海的报纸进行了宣传报道，认为这是一件非常了不起的事件。

郭承恩除了引进氧气生产设备外，还引进了乙炔制备的装置及金属焊接技术。郭承恩等三人合办的公司，一是分离空气生产氧气和氮气，二是用电炉法制造电石和乙炔。但随着日本军国主义侵略的加剧，上海的战局形势越来越危急，几位合伙人决定在长江中上游重庆附近的泸州再建一座新厂，从而形成一厂两址的格局，尽量减小战争对工业生产造成的影响。上海的工厂后来主要做空气分离，新中国成立后该公司并入上海化工研究院下属的企业。

对于父亲郭承恩和朋友们在抗日战争时自力更生、打破外国垄断的创举，年轻的郭慕孙看在眼里、记在心中，业绩斐然的父亲始终是他学习的榜样：长大后做一名工程师，成为他心中的理想。

郭承恩除了工作之外，最大的业余爱好是打猎和射箭，当时家里藏有猎枪和弓箭，还养着狗，下班后父亲就喜欢带着狗去郊外打猎。母亲则主要照顾一家人的生活起居，因为以前当过小学教师，有时也会辅导孩子们一些小学的文化课。令人印象深刻的是父亲的动手能力非常强，所做的风筝引发了孩子们的浓厚兴趣,年幼的郭慕孙也因此爱上了做风筝,这无形中增强了他动手实践的能力。多少年后他在一本科普著作的序言中这样写道:"在我幼年时,父亲教我做风筝。他是个工程师,对风筝的制作有自己的想法,而不循传统。他的风筝有的能飞,有的却上不了天。这远在航空工程学建立之

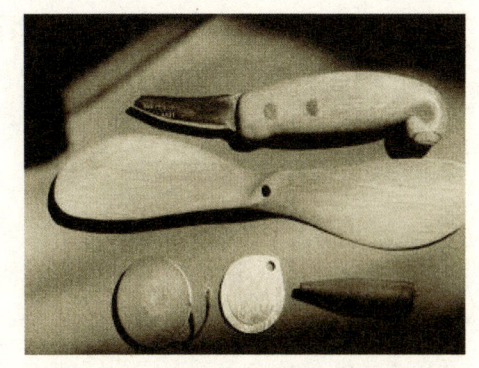

图1-4 郭慕孙童年时期的作品

前,当时的业余爱好者也很少用科学的方法认真研究他们的作品。从此,我对风动玩具和设备有了兴趣。"[1] 父亲的言传身教使郭慕孙从小就善于动脑、勤于动手、热爱科学,也对他后来科研生涯产生了潜移默化的重要作用。

郭承恩夫妇对几个子女的培养极其重视,要求极为严格。周石南辞职回家后便全身心地倾注于子女的培养。郭承恩一直教导孩子们决不要奢望享尽人间之福,而要将为社会做贡献看成是人生之乐,教育他们要成为对国家、对民族、对社会有用的人。郭慕孙始终将父母的教诲铭记在心,作为自己实现人生价值和理想的座右铭。

实际上,郭慕孙爱国思想的形成和发展与家庭的影响和教育有着密切关系。郭承恩经历了辛亥革命的胜利,他与孙中山先生又是同乡,所以敬重、崇拜孙中山的救国思想即"三民主义"。他常常以孙中山先生的崇高理想教育和影响自己的孩子们,甚至把他们的起名列为"孙"字辈,所以有星孙、美孙、慕孙、敬孙的名字出现。可想而知,父亲郭承恩从他们出生那天起,就对子女寄予厚望,期望他们长大以后,胸怀大志,成为国家的栋梁。这为郭慕孙寻求知识救国的道路打下扎实的思想基础,也成为他一生品行和追求的归宿。由此可见,家庭教育对一个人的影响有多重要。

郭慕孙的兄弟姐妹在父母的影响下,虽然选择了不同的人生道路,但

---

[1] 郭慕孙:《几何动艺》(中英双语),北京:化学工业出版社,1998年,第1页。

都在各自的事业中有所作为。郭承恩认为孩子学医以后可以自己开办诊所，不受人家摆布，因此郭慕孙的两个哥哥听从父亲安排攻读了医学专业，希望学有所成后能济世救人。郭慕孙的大哥郭星孙（1907—1990）留学加拿大，但当时学费昂贵，母亲周石南倾力支持，想尽办法凑够了学费，大哥学成回国后，在上海开办了诊所，"文化大革命"后被安排到上海电影制片厂做了医务室的主任。郭慕孙的二哥郭美孙在北京协和医学院学习，后来得了肺病，在身体恢复期的一次意外中去世。郭慕孙的姐姐郭秀梅（1916—1995）后来成为了南京大学外文系教授、修辞学家。姐夫丁光训①是杰出的爱国宗教领袖。目前唯一健在的是郭慕孙的妹妹郭重梅（1932—），她是复旦大学英语系副教授，已经退休，在上海金福居养老院颐养天年。

郭承恩于1946年在上海因病去世，当时郭慕孙远在美国普林斯顿大学化工系攻读硕士学位，因此没能及时回国为父亲治丧。郭慕孙每当回忆父亲时都心怀崇敬之情，他对父亲一生做人、做事的精神敬佩不已，父亲始终是他学习的榜样。他一直铭记父亲的教诲，立志做一名像父亲一样的工程师，要做对国家、对民族、对社会有用的人。

图1-5　1960年郭慕孙（中）与大哥郭星孙（右）、弟弟郭敬孙（左）、姐姐郭秀梅（前右）、妹妹郭重梅（前左）

---

① 丁光训（1915-2012），杰出爱国宗教领袖，著名的社会活动家，中国共产党的亲密朋友，中国人民政治协商会议第七届、八届、九届、十届全国委员会副主席，中国基督教三自爱国运动委员会第三届、四届、五届主席，第六届、七届、八届名誉主席，中国基督教协会第一届、二届、三届会长，第四届、五届、六届名誉会长，金陵协和神学院名誉院长，爱德基金会董事长。

勤奋好学

1933年郭慕孙从上海协进小学毕业后，考入了上海圣约翰青年会中学。进校第一年（初一）他得了肺结核病，只好休学一年在家静养，所以郭慕孙用4年时间才完成了初中的学业。郭慕孙认为他所就读的这所学校并不理想，特别是当他看到有一位同班同学竟不惜以从初二降级到初一为代价，考取了一所由英国商人开办的著名的雷士德中学时，郭慕孙也想走这条路试一试。于是他在初二就直接报考雷士德中学高一班，但并没有成功。亨利·雷士德[①]（Henry Lester）先生闻名于上海，以他名字命名的中学在上海也是久负盛名，是一所遵其遗嘱创办的教学质量很高的中学，完全用英语教学。起初郭慕孙的英文水平还不够好，未能考上雷士德中学，这对他的打击很大。于是，父亲郭承恩专门给郭慕孙开小灶补课，用英文名著教他英文阅读和写作，用英文教科书教他平面几何。郭慕孙回忆少年时代求学经历时曾说："（父亲教他的）英文的语法规律、文字的表达技术和几何的逻辑思维，首次向我打开了学术之门，启动了我对学问的追求。"[②] 功夫不负有心人，当时学校设了两个英文写作奖（Essay 和 Fiction），两项都被他一人摘得，父子二人的付出终于得到了回报。经过一年的不懈努力，初三毕业时郭慕孙便以优异的成绩被雷士德中学录取。

郭慕孙对亨利·雷士德先生在商界的传奇经历和对中国人民的深情厚谊记忆犹新，尽管雷士德先生已经逝世很多年，但其爱民之心仍在世代传承，慈善之举仍为世人传颂。当时中国风云变幻，1937年"七七事变"

---

① 亨利·雷士德（1840-1926）英国建筑师、商人、慈善家。因主持德和洋行在上海进行房地产投资而积累大量财富，但他平时生活非常节俭。他富于人道主义精神，对贫民充满同情心。他常说："我的钱是在中国赚的，我要把绝大部分财产留给中国人。"他逝世后，捐出了全部遗产资助上海教育、医疗和慈善事业。遵照遗嘱，1934年以培养工程技术人员为主的雷士德工学院及附属中学（即雷士德中学）建成。

② 郭慕孙：颗粒学和自主创新，《中国科学院过程工程研究所动态》，2010年第6期，第39页。（摘自2006年9月11日郭慕孙接受腾讯网科技频道采访内容）

爆发，抗日战争正式打响，雷士德中学也被迫停止办学。郭慕孙无奈在家中自学了一个学期的课程，次年2月考入上海圣约翰大学附属中学，跳过高一直接读高二，此后郭慕孙对学习的兴趣愈来愈浓，勤勉好学、发奋读书，只用了三个学期就圆满完成了高中三年的全部课程。1939年以优异成绩高中毕业后，他面临人生第一次重要抉择，听从了父亲的建议，报考了国内几所化学与化工专业很强的高等学府，经过权衡最终选择就读沪上名校——沪江大学。

从上海协进小学、圣约翰青年会中学、雷士德中学、圣约翰大学附属中学，一直到沪江大学，郭慕孙在学校不断有选择性地学习先进的科学文化知识，朝着成为一名工程师的理想一步一个脚印地努力前行。

第二章
风华正茂　才华出众

1939年，郭慕孙以优异成绩高中毕业，听从父亲颇有远见的选择，考入了久负盛名的上海沪江大学化学系。他践行"信义勤爱"的校训，并在义务助教贫困子女的社会公益活动中与桂慧君相识相知。1945年，风华正茂、学习成绩名列前茅的郭慕孙受父亲友人相助，踏上了赴美留学，寻求知识救国之路的人生征途。

沪江大学

1939年，郭慕孙以优异成绩从高中毕业后，选择大学和专业的重大人生抉择摆在了他的面前。颇具远见卓识和行业洞察力的郭承恩认为，化学工业虽然在当时的中国几乎是一片荒芜，但将会有极其广泛的市场前景和发展潜力。于是，郭承恩决定让郭慕孙攻读化学专业。1939年秋天，郭慕孙秉承父训，选择了化学专业，并接到多所名校的录取通知书。他考虑到沪江大学（现上海理工大学）化学专业在国内领先，课程中也涉及化工，加之时局混乱不愿离家太远，于是选择就读沪江大学化学专业。

图2-1 沪江大学校门

图2-2 青年时期的郭慕孙

沪江大学创建于1906年，当时的校址在黄浦江畔杨浦区军工路，学校区别于其他高校最明显的特征莫过于典型的西式建筑，沪江大学当时校园中的建筑别具风格，承载着上海高等教育的一段历史记忆。现在上海理工大学军工路校区还原汁原味地保留有思宴堂、思雷堂、怀德堂等不少建筑，该建筑群已经被列为上海市文物重点保护对象。

郭慕孙1939年9月至1943年5月在上海沪江大学化学系学习。沪江大学以"信义勤爱"为校训。在上海理工大学网站上作了如此诠释：信，乃信崇真理，信而有征，讲信修睦，诚信不欺；义，即仁义礼智，遵道秉义，义薄云天，见义敢为；勤，则奋发勤勉，勤学好问，将勤补拙，业精于勤；爱，需大雅博爱，修身自爱，爱人以德，爱国敬业。[①] 在沪江大学就读四年，"信义勤爱"的校训对郭慕孙世界观、人生观、价值观的形成产生了深远影响。郭慕孙认为，校训并非天天念于口中，而是要践行于行动上，他是这么想，也是这么做的。

郭慕孙入学时，沪江大学拥有文学院、理学院、教育学院和商学院，

---

① 摘自校训校歌。见：上海理工大学官方网站中的"学校概况"。上海理工大学官方网站：学校概况—校训校歌。http://www.usst.edu.cn/s/1/t/471/p/17/c/346/d/1585/list.htm

郭慕孙所在的化学系隶属理学院，该院还有物理系和生物系。沪江大学的课程设置注重打好基础，强调文理相通，学生英文水平普遍较高。化学系课程中有两门与化工相关，由此开启了郭慕孙化学与化工的学术生涯。

沪江大学与圣约翰大学、东吴大学、之江大学一样，为避战火将学校迁往公共租界的南京路大陆商场，随即四校组成上海联合基督教大学，共同办学。迫于焦灼的战局形势，郭慕孙大学四年基本在家里居住，也没能在军工路校区上课。由于大陆商场条件有限，沪江大学等高校又把苏州河边的增光大楼租下用于文科教学。化学系的郭慕孙当时主要在大陆商场念书，同年入读社会学系的桂慧君则在增光大楼上课，两人在学校相识相知。据郭慕孙回忆，当时沪江大学四个年级的在校学生总共不到1000人。

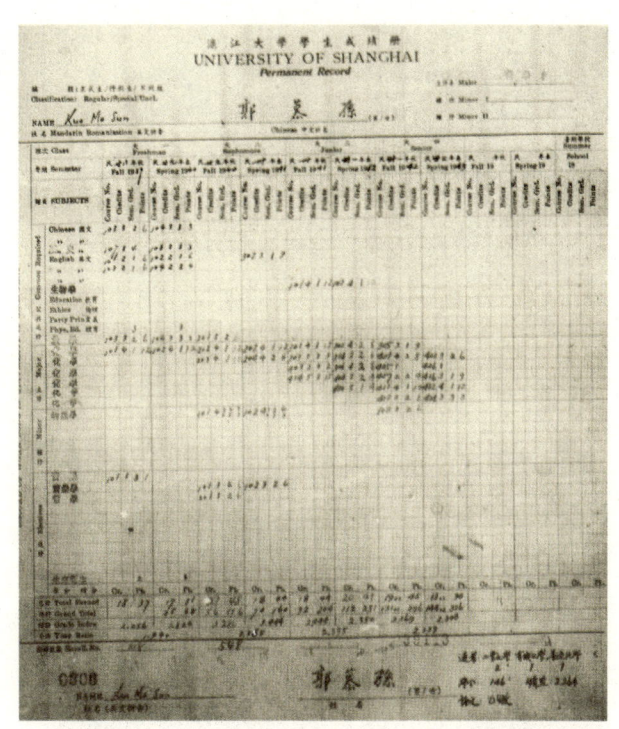

图2-3 郭慕孙沪江大学的成绩册

沪江大学学生课余生活受欧美文化影响，内容中西合璧、丰富多彩，主要有书法研究会、健美学会、口琴学会、英美文学会、英文剧社、网球队、排球队、足球队、男女篮球队、田径队、女子体育促进会等。在校期间，郭慕孙加入了校刊编辑部，开始从事编辑工作。沪江大学的英文校刊名为《上海观察者》(*Shanghai Spectator*)，每周出版一期，编辑刊物属于学生的课外活动。虽然郭慕孙主修的是化学，但对英文写作很感兴趣，在选课时也选了一门英文写作课程。大学一年级他就向校刊投过一些稿

第二章 风华正茂 才华出众

件，所发的文章得到了英文教师们的赏识。大学三年级时，郭慕孙被学校任命为 *Shanghai Spectator* 的主编。此外，郭慕孙还参加大学化学学会的活动，他是该学会的九人执行委员之一。

因为当时学校条件有限，请人写好文章后还要到出版的地方审稿，出版前再请英文系老师复审，一篇文章经常需要反复修改多次。郭慕孙担任编辑工作不仅要组织稿件，还要对每一篇稿件修改、编辑，

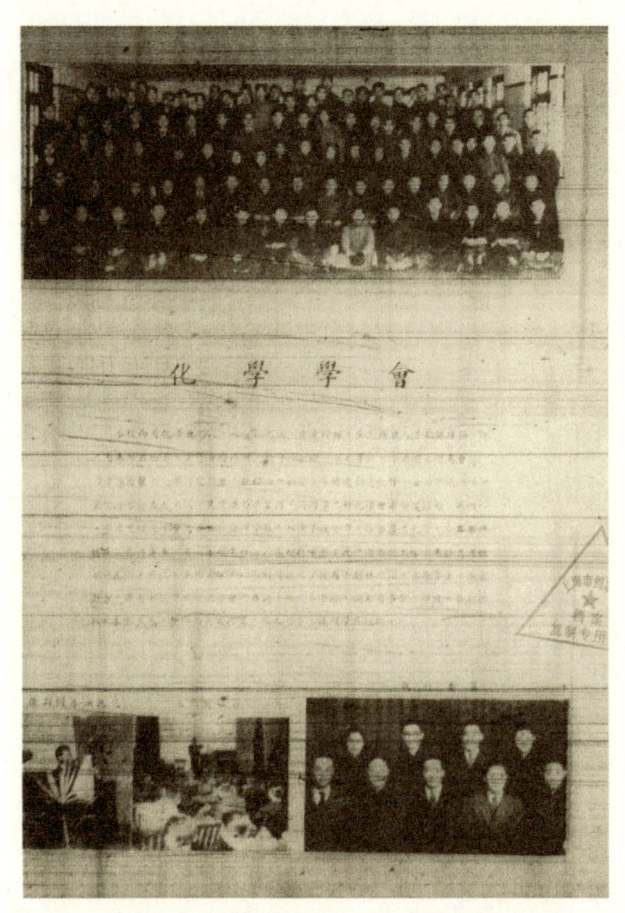

图 2-4　化学学会执行委员合影（右下角前排左一是郭慕孙）

然后送到城里的"字林西报"印刷厂印刷出版。由于路途较远，交通不便，他每次都骑车往返，途中要花许多时间，但他一直兢兢业业履行职责，直至毕业。作为校刊编辑的经历，是他终生难忘的一段青春记忆。郭慕孙的母亲曾把他做校刊编辑时印发的刊物全部收集整理在一起，但是在"文化大革命"期间被毁，连一张纸片都没留下来，每当他回忆起这件事都倍感惋惜。这段经历为后来他担任国际学术刊物编委奠定了良好基础。

上海市档案馆目前保存有一批极为珍贵的档案，其中就有沪江大学的许多学籍资料，从中发现的郭慕孙在大学时期的成绩单让人眼前一亮。在该馆缩微胶片查阅区有一份《私立沪江大学三十一学年度第二学

期毕业学生名册》(附统计表),从中查找到了郭慕孙的名字。通过这份档案,可以了解当时理学院化学系的课程设置,主要设有国文、英文、历史、生物学、化学、物理学、哲学、商业学、教育、伦理、音乐、体育等课程。郭慕孙大学四年的学习成绩优异。(毕业证书1499号),1943年获沪江大学理学学士学位。在文件的右下角特别标注,通考科目有工业化学、有机化学和普通化学。当时

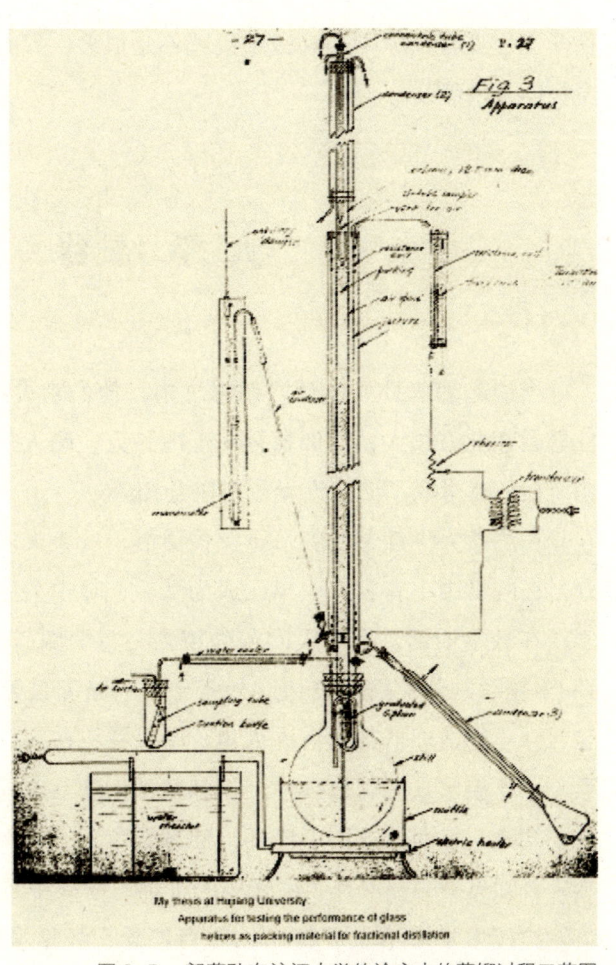

图 2-5 郭慕孙在沪江大学的论文中的蒸馏过程工艺图

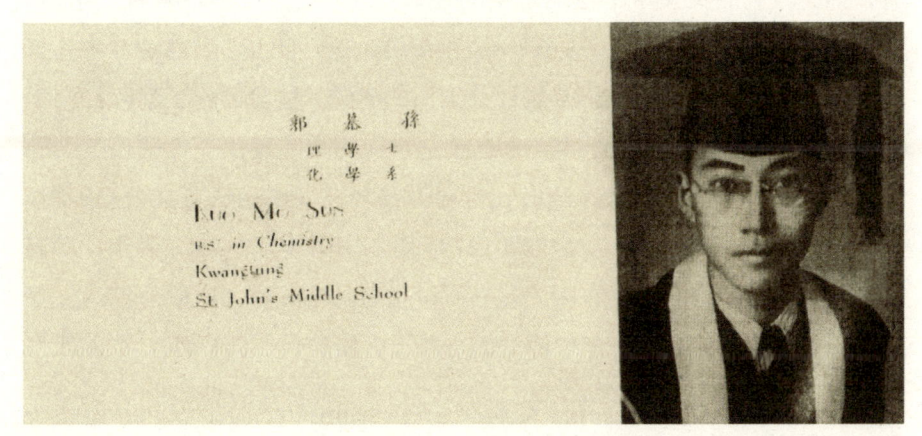

图 2-6 1943年郭慕孙在沪江大学获得理学学士

第二章 风华正茂 才华出众

化学工程课程在中国的高校中设置不是很多,只有浙江大学、沪江大学等学校中有所涉及。

大学结缘

当谈起郭慕孙与桂慧君结缘之事,他们常说:"这也是一种缘分吧。"桂慧君在北方长大,而郭慕孙在上海长大,两人一南一北能彼此结缘,是由于他们都考取了沪江大学才有机会相遇。

在沪江大学读书的郭慕孙英俊潇洒,一表人才,又热心助人、才华出众,在同学中小有名气,早已成为女生们暗中关注的人物。有一次几个同学正在教室谈话,有一人向窗外望去,忽然喊道:"看,那个人就是郭慕孙!"顿时同伴们挤向窗边向外张望,一睹郭慕孙的儒雅风采。那时的桂慧君并不知道郭慕孙是何许人也,所以并不在意,这就是她第一次远距离看见了才貌出众的郭慕孙。至于郭慕孙为什么这样引人注目,桂慧君当时并不知晓。然而,这件事情却给桂慧君留下了深深的记忆。没想到,当日那一瞬间见到的郭慕孙,后来成为了她的终身伴侣。

沪江大学秉承文理相通的教育理念,注重学生的素质教育和能力培养,拥有较高的英文水平是对学生的基本要求。此外,学校有种类丰富、特色鲜明的学生社团活动,这种学生组织被称为"团契"。当时,各基督教大学中,沪江大学是最早开展社会工作的学校。桂慧君除了学习社会学专业外,还参加了"常青团契",这个"常青团契"是由一位来自美国的教师负责,每周活动一次。当时,恰巧郭慕孙在学校担任英文报刊编辑,为了提高英语写作水平,他也需要经常听这位外籍老师的辅导讲座,尽管他们两人活动的内容不同,因为是在同一位老师指导下,所以他们两人就有了相识相知的机会。在学校团契的支持下,桂慧君、郭慕孙、黄葆同[①]

[①] 黄葆同(1921-2005),中国著名高分子化学家,中国科学院长春应用化学研究所研究员,中国科学院院士。

等几位同学，怀着尽己所能、知识救国的信念，为贫困孩子和女工开办暑期学校，传授最基本的科学文化知识。

  桂慧君当时上课的增光大楼就坐落在苏州河边，那里是当时上海有名的棚户区，穷人多聚居于此地，许多孩子因家境贫困，家长无力支付学费而不得已放弃读书的机会，但孩子们心里对知识的强烈渴望牵动着大学生们的心。为此，由沪江大学的"常青团契"牵头，利用暑假时间为苏州河一带家境贫苦的女工和孩子们开办了暑期学校，主要是教他们识字，其中不少孩子是河上以船为家的船工子女，他们都处在社会的最底层。那年暑期一直坚持参加义务教学活动的有五六个人，桂慧君被大家推选为暑期学校校长，郭慕孙为副校长。郭慕孙始终全力支持并积极参加这项有意义的社会活动，在暑期学校担任教师，有时还带些小药品，帮助穷人孩子们治疗创伤。在共同的工作中，郭慕孙的慈善之心给桂慧君留下了美好的印象。大学生办暑期学校的事情得到了社会各界的好评，桂慧君、郭慕孙等创办者都想将暑期学校坚持办下去，可事与愿违，第二年由于日本军队占领了上海，暑期学校未能如期开学授课，许多女工和孩子都跑到学校来询问新学年开学的事情，但迫于动荡的时局，这些大学生也心有余而力不足。

  郭慕孙与桂慧君在沪江大学一起积极投身义工教学活动，在相互合作的过程中逐渐了解熟稔，在彼此心中都留下了美好的印象，播下了爱情的种子，共同的理想和追求，使两颗相亲相爱慕之心越靠越近。

  1942年，沪江大学部分向内地迁移，桂慧君在上海无家可居，为完成学业，她跟随一位教授一起前往成都，在金陵女子大学借读。这时，郭慕孙在上海自己家中做毕业论文，他自制了实验用的设备，充分显示了超人的动手能力，桂慧君很佩服郭慕孙的才干。此时郭慕孙已成为她心中的意中人，两人虽彼此没有直接表白，但可谓心照不宣。郭慕孙由于父亲在英国留过学，成长中的家庭气氛自然受西方影响多一些，同学之间交往比较新潮。桂慧君回忆，有一次，郭慕孙曾打算邀请她一同外出游玩，并要用他的自行车后座作为代步工具，不料这个建议被传统的桂慧君婉言谢绝了，当时她认为这种方式不成体统。

1944年，桂慧君冒险专程回天津接双亲去重庆的哥哥、姐姐家，途经上海时短暂逗留了几日。这时，郭慕孙正打算前往重庆做出国留学的准备。这次他们两人在上海重逢后，郭慕孙带她到家中，见了自己的父母亲，桂慧君端庄大方的举止给郭家留下极好的印象，特别当郭慕孙的父亲郭承恩得知桂慧君此行是为接双亲去重庆一事，对桂慧君此举颇为赞赏。因为在郭承恩看来，这种事本该由桂家的男孩子承担，只因哥哥是桂家唯一的男孩，为保护哥哥，在那个战局不定的年代，一个女孩子不顾自身的安危，千里迢迢，不辞辛苦，勇以担当重任，实在令人敬佩。郭慕孙和桂慧君的恋人关系得到了郭家父母的认可。由于桂慧君要去天津接父母，而郭慕孙要赴重庆做出国准备，在离别时两人恋恋不舍，互赠了礼物。桂慧君送给郭慕孙绣有他名字的手绢；郭慕孙将亲手制作了一枚精美的胸花别针送给了桂慧君，在这枚胸花别针上，他精心设计和制作了一个英文字母"K"的字样（他们俩人的姓氏英文的第一个字母都是K），表示两颗热恋的心将永远结合在一起。后来两人一直保持着书信往来。

准备出国

1943年6月，郭慕孙大学毕业后，9月先被同学推荐到上海汉堡化工厂工作，11月又到生化药厂做化学师，他的任务就是从茶叶里提取咖啡因之类的工作。这些小工厂的工作条件非常简陋，化学师指导技术工人做一些简易实验，每天重复同样的事情，工作比较枯燥。在这个小工厂上了几个月班后，父母认为郭慕孙应该离开日军占领下的上海，申请到国外大学留学，不久便想办法送他去了重庆。1944年4月，郭慕孙只身来到重庆，他发现身边的年轻人，特别是与父亲合伙开办中国工业炼气公司的陈氏兄弟的孩子们都选择了前往美国留学深造，他也想试一试。

郭慕孙在重庆期间，父亲的朋友推荐他到了国民政府资源委员会下属的一个工业实验所工作，地点在嘉陵江畔的重庆北碚，但郭慕孙到那里看了以后，发现工作条件与当时沪江大学的实验室相比差距很大，于是放弃了这个工作机会，专心等待美国高校的录取通知。由于当时申请材料只能通过邮寄方式寄送，所以从重庆寄到美国大约需要一个月时间。

　　说起当时选择普林斯顿大学，还要感谢父亲郭承恩的好朋友，时任西南五省公路局局长薛次莘先生，郭慕孙到了重庆就暂住在薛家。那时薛先生刚从美国考察归来，大儿子也已前往美国留学，因此比较了解美国当时的教育情况，郭慕孙便拜托伯父薛次莘帮忙物色美国高校，以便继续学业。经薛先生的朋友介绍，普林斯顿大学（Princeton University）化学工程系计划招收一名研究生，郭慕孙便将沪江大学的成绩单及有关材料寄过去，十个月之后，他终于如愿以偿得到了美国普林斯顿大学的录取通知书和奖学金，这意味着每年400美元的学费可以免除，但生活费还得自己负担。按照当时政府的规定，留学可以凭护照兑换外汇，于是郭慕孙变卖了从上海带来的西装，兑换成外汇，不仅凑够了路费，还略有盈余，就这样他于1945年3月4日踏上了赴美留学的旅程。

第三章
留学美国　创造经典

1945 年 4 月 15 日，郭慕孙辗转来到普林斯顿大学化工系学习。师生联手开拓了流态化研究新领域，郭慕孙发表在美国《化工进展》的论文"固体颗粒的流态化"，其实验数据、计算方法以及建立的"散式"和"聚式"流态化的新概念，时至今日仍被广泛引用，成为流态化领域的经典文献之一；他还获得美国汽水行业的契斯特曼奖和三项专利。

普林斯顿大学

常青藤联盟（The Ivy League）之一的名校普林斯顿大学久负盛名，是一所历史悠久的私立研究型大学，源于 1746 年创建的新泽西学院，1756 年迁至普林斯顿，并于 1896 年正式更名为普林斯顿大学。普林斯顿大学具有浓厚的欧式教育学风，强调训练学生具有人文及科学的综合素养。这是一所擅长文理的学校，当时在工程方面的研究基础还比较薄弱，刚入学时郭慕孙对学校能否将自己培养为工程师还心存一丝疑虑，但在后来的学习过程中，他逐渐被普林斯顿大学独特的魅力深深吸引。

普林斯顿大学的录取过程极其严格。录取学生不仅仅根据成绩，还要看学生的综合能力与潜能、对各种学术与非学术领域的兴趣、特殊才能与天资、处事经验、人生抱负和家庭背景等等因素，都会被纳入考察范围。普林斯顿大学按照不看家庭经济状况，只看各方面成绩的规则来选择学生。当时郭慕孙申请普林斯顿大学硕士研究生时，提供了沪江大学的成绩单，他大学时期各科成绩均名列前茅，在理学院化学系名列专业第一名。从小拥有扎实的英语功底，大学期间担任校刊的英文编辑以及为弱势群体开办暑期学校的经历，更为他申请普林斯顿大学加分不少，最终拿到了该校的录取通知书。

中国重庆与美国新泽西（New Jersey）相隔万里，交通不便、旅途漫长。1945年3月4日，郭慕孙从重庆乘飞机到印度加尔各答（Calcutta），然后乘火车到孟买（Mumbai），最后登上隶属于美国军方的运兵船驶往美国西海岸，当时票价为150美元。据郭慕孙回忆，那时乘船去美国的中转站，一个是孟买，一个是加尔各答。这些舰船原本是接服役的美国士兵回国轮休用的，顺便搭载一些前往美国的乘客。该船设施比较简陋，船舱分为四层，受船体空间约束，每层高度有限，郭慕孙买的票在第二层，睡觉时钻进去很困难。船上大多是军人，为了避免敌舰攻击，晚上还会戒严，不准有人上甲板，将船完全封闭起来。航线途经澳大利亚，中途在新喀里多尼亚岛（New Caledonia）停靠补给，然后直达美国西海岸。同船的还有十几个中国人，有去工作的，有去深造的。就这样在太平洋上颠簸了将近一个月，才到达美国圣迭戈（San Diego）。下船后又乘火车和汽车去美国内陆地区。郭慕孙一路艰辛、长途跋涉，1945年4月15日终于来到了东海岸的新泽西州普林斯顿。这里远离大都市的喧嚣，仿佛置身世外桃源，是一个读书、求知、做学问的好地方，从此开始了他研究生的求学历程。

普林斯顿大学提供研究生的学位，在很多学科都是最优秀的专业，包括数学、物理、经济学、历史和哲学等，其工程类学科的研究生课程也后来居上，在教育界和学术界拥有极好的口碑。作为一所文理学科都很强的综合性大学，当时普林斯顿大学的工程学科主要有土木工程、机械工程、电气工程、化学工程四大门类，规模比较小，每个系也就几名老师和十几名学生。年轻的郭慕孙求知若渴，当谈起在普林斯顿大学化工系读硕士学位时，他说①：

> 化工系不到10个人，我觉得好像我学的还很不够，老师们觉得很奇怪，他们说哪有学生说这个话的，他们就尽量给我多加一些负担。当时我年纪也轻，我也没有什么别的爱好，我对运动、出去玩都不大感兴趣。所以，每天早上一直到吃了晚饭之后，除了吃饭的时候，总是泡在实验室做题目、做试验。

在普林斯顿大学的学习，郭慕孙深感受益匪浅，与理工类高校相比，普林斯顿大学工程系有其自己的特色，主要目标是科研和教学，老师们鼓励并指引学生开发自己的思路。回顾自己的学习经历结合自己的体会，郭慕孙认为②：

> 科研离不开创新为目标，但能够创新的人不一定都是超人或天才。可是至少他对所做的工作要有兴趣（interest），再好一点，他能虔诚地追求工作的目标（devotion），向往最好的、甚至是完美的效果（excellence/ perfection），具有锲而不舍的精神（perseverance），不要因为有各种各样的干预，而不去追求自己的目标，这一点非常重要。创新能力（creativity）部分出于人的性格，但并不是不可培养的。在当前的市场经济中，顶尖的创新、特别是离开应用较远的、前瞻性的创新往往出自创新者的内在推动（motivation）。要有这种追求，有这个耐心去等待、去坚持。

郭慕孙一生都是这样理解并且秉承"创新"的理念，始终沿着"思索—实践—创新"的道路坚定前行。

---

① 郭慕孙访谈，2011年1月6日，北京。资料存于采集工程数据库。
② 郭慕孙：颗粒学和自主创新．《中国科学院过程工程研究所动态》，2010年第6期，第40页。

创造经典

远渡重洋来到普林斯顿大学伊始,由于郭慕孙英文和专业基础很好,他很快就适应了美国校园的崭新生活,扎实的英文功底使他在读书、看报、交流等方面没有遇到太多困扰,但带来的困扰是美国人所用的俚语。作为一名初来乍到的中国留学生,要熟悉晦涩难懂的俚语,确实需要一个适应过程。

那时,对刚入学的中国留学生会根据家境情况等因素,领取政府发放的不同数额的津贴,郭慕孙据此得到了每年2000美元的资助和一些置装费,连续领取了两年。学校无偿提供每年400美元的补助,实际上就是免除了四年的学费。但学校规定拿奖学金的人也要在学校里至少住一年,普林斯顿当地的房租非常高,因此住在校外的学生并不多。郭慕孙也按照当时学校的要求住在学生宿舍,政府的资助和勤工助学的收入基本够食宿费用。为了交纳住宿费,郭慕孙找到了一份助教的工作,每月可以收入100—120美元,再加上政府津贴相当于每月160多美元,这样日常开销不成问题。那时助教的工作不算很繁重,特别是工程系状况稍好,助教挣得的报酬也能够满足自己衣食住行等基本生活需求。

郭慕孙攻读硕士学位期间,年轻有为的导师威尔汉姆教授(Wilhelm R H)[①]指导他专心致力于科学研究。

威尔汉姆教授比郭慕孙年长11岁,是纽约哥伦比亚大学培养的青年才俊,1934年博士一毕业就被普林斯顿大学化工系聘请来任教。他培养学生都是从学生前途的角度来考虑。威尔汉姆教授把题目告诉郭慕孙,并将要求讲得具体细致,以便郭慕孙理解,因为他将要做的工作大都是以往化

[①] 威尔汉姆教授从1934年开始就职于普林斯顿大学化学工程系,在1954年开始直至1968年去世,一直担任系主任职务。由于他杰出的教育才能,被普林斯顿大学命名为亨利·普特南大学教授,被美国化学工程师协会授予了化学工程教育的沃伦·刘易斯奖。1968年他被选入美国工程科学院,1973年美国化学工程师协会设立了化学工程威尔汉姆奖,每年授予在这个领域做出杰出贡献的个人。

工教科书和学术文献中没有出现过的。郭慕孙有一本小的《牛津辞典》，一直随身揣在口袋里，听到见到不明白的就拿出来翻一翻。威尔汉姆教授很欣赏郭慕孙勤奋好学、严谨求实的品质。

威尔汉姆教授科学的前瞻性和敏锐的洞察力令人崇敬，他头脑非常灵活，觉得流态化流体动力学的研究前景广阔，便指导学生郭慕孙进行研究。师生二人共同开辟流态化研究新领域。

当时威尔汉姆教授告诉郭慕孙，与颗粒有关的流动问题有两类工作，一类是颗粒在液体中的沉降；另一类是通过松散颗粒介质的流体流动，如何把两者结合、寻找规律就是需要研究的问题。威尔汉姆教授要求郭慕孙既要做空气中的颗粒流动，又要做液体中的颗粒流动的研究。

郭慕孙回忆说[①]：

当时，我只有一个指导思想：以应用为主。与其学了好多理论，一时用不上，（不如）学点应用的东西（才）是一条可取之路。

从事威尔汉姆教授的课题研究后，郭慕孙在以前技术的基础上继续钻研，在普林斯顿大学充分发挥了他动手能力强的特长。原来，郭慕孙在上海时就很喜欢动手制作一些小东西，从小一直是勤于动手，大学毕业后曾在上海弄堂里的一个小工厂拜师学过车床技术。这次在普林斯顿大学为完成硕士论文要自己制作试验设施，所以又拜学校里的一个工人为师，教他加工测流量孔板，安装管道、设备支架等，他用一些管子自己设计动手做实验装置。读研究生期间，郭慕孙非常珍惜在校学习的时光，所有的时间都花在做试验上，尽量多承担系里的工作。威尔汉姆教授很有远见，他认为郭慕孙所做的工作非常重要。郭慕孙回忆说[②]：

我的研究生念了一年多。念完以后，老师留我补充实验数据。那时候我是学生，对于总的、宏观的层面我看不到。就是老师认为这个

[①] 中国国际广播电台：介绍中国科学院资深院士郭慕孙（一），2006年9月21日。
[②] 郭慕孙访谈，2011年1月6日，北京。资料存于采集工程数据库。

工作很有意义，叫我再多做一些数据，尽量利用这些装起来不太容易的设备，人也不要换，所以我大概多待了半年，做出了这些结果后写了文章。老师告诉我要在化工学会年会上去讲。我没有出差费，所以是我老师拿着文章去讲了。

1946年，威尔汉姆教授找人把郭慕孙做的实验拍成了电影胶片，一共做了两卷，一卷存在普林斯顿大学化工系，一卷由郭慕孙自己保存，回国后一直珍藏在研究所他的办公室。60多年后，郭慕孙将这卷保存完好的电影胶片送到中央新闻纪录电影制片厂（集团）翻录出来刻成光盘，作为"老科学家学术成长资料采集工程"征集到的珍贵声像档案移交给了馆藏基地。

在导师的悉心指导下，郭慕孙刻苦学习、勤奋工作，既善于思考，又勤于动手，许多数据都是他用计算尺一点一点计算出来的，表现出了非常强的研究能力和实验动手能力。

在威尔汉姆教授指导下，郭慕孙在做了大量实验和计算的基础上，于1946年10月完成了毕业论文"Fluidization of solid particles"（固体颗粒的流态化），1947年顺利获得了硕士学位。

当时郭慕孙因无力负担昂贵的旅费而未能参加化学工程师

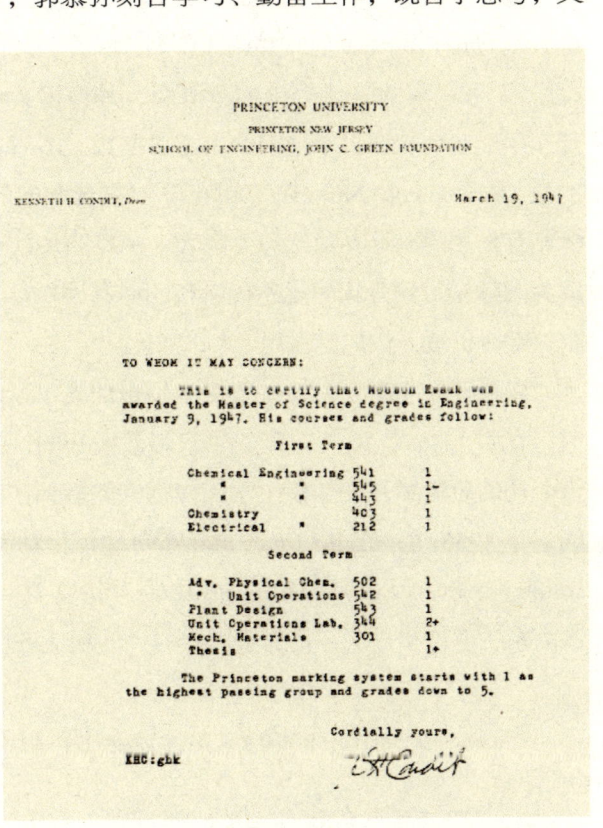

图 3-1　1947年郭慕孙获普林斯顿大学硕士学位

第三章　留学美国　创造经典

图 3-2　郭慕孙硕士毕业证书（1947 年）

协会年会，威尔汉姆教授就代郭慕孙在会上作了报告。论文中的实验数据、计算方法及提出的"散式"和"聚式"流态化的新概念，在学术界引起了强烈反响。美国同行注意到，一位来自中国的小伙子为流态化研究做了大量开拓性的工作，将流态化领域的研究提升到了一个新高度，郭慕孙的研究工作得到了学术界前辈们的充分肯定和高度评价。会后，引起了美国碳氢研究公司（Hydrocarbon Research, Inc.）负责人的关注，希望威尔汉姆教授推荐郭慕孙去该公司工作。

该论文随后于 1948 年发表在国际化学工程权威学术期刊 *Chemical Engineering Progress* 上，并附上了原始的一个个数据。该文首次提出了"散式"和"聚式"流态化的新概念，并根据实验数据将颗粒与流体的相互作用和运动规律科学地归纳为雷诺准数（Reynolds Number）、阿基米德准数（Archimedes Number）和孔隙率三者之间的关系，建立了颗粒与流体相互作用的流动参数统一关联式，用算图加以清晰地表达[1]。这篇论文成为国际学术界公认的流态化学科的奠基性作品，是流态化领域的经典文献，至今仍被人们广泛引用。

郭慕孙完成学业后，先留在学校帮助威尔汉姆教授继续从事流化态研究，直到 1946 年 10 月，经威尔汉姆教授介绍，去碳氢研究公司工作，在该公司的研究和开发部任化学工程师。郭慕孙在美国碳氢研究公司工作期间，于 1956 年，在 *A.I.Ch.E. JOURNAL* 上发表了一篇题为 "A system for counting variables in separation processes" 论文[2]，提出了确定分离过程变数的系统理论和方法，受到学术界的关注和认可。

---

[1] Richard H.Wilhelm, Mooson Kwauk: Fluidization of solid particles。*Chem. Eng. Prog.*, 1948.3, 44(3): 201-218。

[2] Mooson Kwauk: A system for counting variables in separation processes。*A.I.Ch.E. Journal*, 1956, 2(2): 240-248。

时隔近 25 年之后的 1981 年,美国 Seader J D 教授在其专著 *Equilibrium-Stage Separation Operations in Chemical Engineering* 的第六章 "Specification of Design Variables"中,引用郭慕孙论文的一段原文作为卷首语,郭慕孙文章的理论和方法是该章的基础,并对郭慕孙的工作进行了继承和发扬。

CHEMICAL ENGINEERING 是欧美等发达国家化工专业本科生和研究生多年来普遍采用的教材,该书第 2 卷"颗粒技术和分离过程"的流态化一章中,引用的第一篇文献就是郭慕孙在 1946 年的硕士学位论文中提出的"散式"和"聚式"流态化的新概念,这让学习化学工程的学子们知道了中国人郭慕孙对于流态化早期理论所作出的贡献。

圆梦工程师

第二次世界大战结束后,美国允许外国留学生毕业后继续留下工作 18 个月。郭慕孙从事的流态化研究,在当时的教科书和手册上很难找到相关知识,缺乏系统的理论体系。德国人发明了将煤气化为合成气的办法,实际上就是运用了流态化技术。将煤气化成以一氧化碳和氢为主的合成气,然后将精制的合成气通过催化反应合成为液体燃料烃。当时德语中有流态化的专有名词,美国人就直接翻译成"Fluidization",中文名称是后来根据俄语翻译过来的。

美国企业想方设法掌握这种技术,比如:碳氢研究公司一直想做催化反应。德国人制造合成气的第一步用的就是流态化技术,美国人想在此基础上进行下一步催化合成的工作也依照此法,但之前流态化催化合成是没人尝试过的,他们为此抱了很大的希望。郭慕孙进入碳氢研究公司做的主要就是煤的气化、气体炼铁、低压空气分离等工作。流态化催化合成在当时确实是一项颇具挑战性与创新性的工作,因为煤气化出来的是一氧化碳和氢气,做合成油用的催化剂是铁粉,铁粉要用流化床还原。低压空气分离则是为了将氮气和氧气分离,然后用氧气使煤部分燃烧,通过升温到达一定温度的情况下，煤里所含的碳或者是天然气中的甲烷即转化为氢气和一氧化碳，混合气体中还含有二氧化碳，因此必须把二氧化碳去掉，然后将剩下的一氧化碳加氢气合成烃类，从而制成液体燃料。

美国和英国在第二次世界大战快结束时，认识到这项技术的重要性，为了制成合成原料，碳氢研究公司利用美国丰富的天然气资源，冒着很大风险在得克萨斯州（Texas）建设了一座有相当规模的工厂，那里濒临墨西哥湾，油气资源丰富，因此天然气价格很便宜。碳氢研究公司大规模地做流态化，从而简化了合成气的步骤，但由于当时石油催化裂化的经验有限，所以生产规模始终没有上来，每天只有7000桶的产量，远低于预期设计。恰巧碳氢研究公司负责人在美国化学工程师协会年会上听到普林斯顿大学威尔汉姆教授的报告后，知道有人正在做流态化的研究工作，就想聘请熟悉这项技术的人来继续开展此项工作。

郭慕孙经威尔汉姆教授推荐，来到美国碳氢研究公司任工程师，从事煤的气化研究，实现了少时立志当一名工程师的理想。

碳氢研究公司创建于1943年，坐落在美国新泽西州的劳伦斯维尔（Lawrenceville），主要从事与能源相关的催化剂和催化过程的研发，例如气液转化、重油提纯、煤的气化和液化、合成气的合成等。郭慕孙刚报到时，发现公司没有专门做流态化的人才，一般情况下是公司高管想到什么，就让郭慕孙做些相关的实验。他起初主要做一些数学计算方面的工作，例如什么时候开始流态化、大概的膨胀速度是多少等等，做这些工作在以前的教科书上都没有现成的理论指导，郭慕孙只能在实际工作中边干边学。

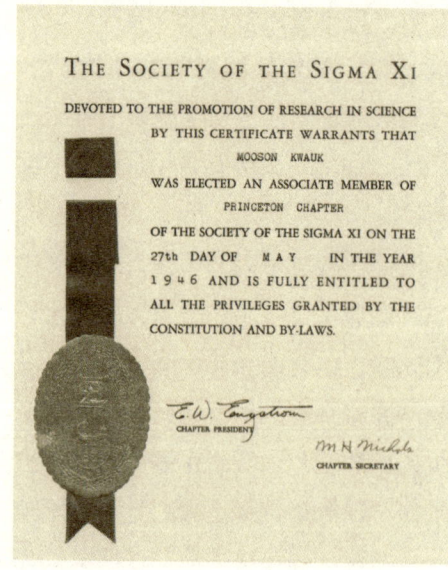

图 3-3　1947年郭慕孙成为美国荣誉学术组织 Sigma Xi 学会会员

1947年郭慕孙成为美国荣誉

学术组织 Sigma Xi 会员。1948 年 1 月，郭慕孙为了能够回到祖国工作，接受了美国可口可乐公司的聘任。

在可口可乐公司担任工程师的经历，对郭慕孙来说是一段难忘的记忆。虽然当时在碳氢研究公司有一份安稳的工作，但郭慕孙仍然心系祖国，他在美国化工期刊上刊登了求职启事，希望能找到回国工作的机会。可口可乐公司相中了踌躇满志的郭慕孙，聘用他参与在中国拓展可口可乐公司业务的有关事宜。

1952 年郭慕孙觉得在可口可乐公司所做的工作与他的专业相距甚远，所以毅然辞去了可口可乐的工作，又回到碳氢研究公司工作，直至 1956 年回国。1952 年加入了美国化学工程师协会。在此期间，郭慕孙研究的粉煤加压气化工艺，最后扩大到了内径 700 毫米、高 20 米、27 个大气压的中型试验；对气体炼铁，他提出了用条状金属制成流态化床内构件的构想；进行了全低压空气分离制氧的过程设计

图 3-4　1952 年郭慕孙加入美国化学工程师协会

与分析；研究了低温气体吸收及错流往复床在 TCC（三氯碳酰苯胺）催化反应中的应用。郭慕孙提出了"三组份非理想溶液精馏"的图解设计方法，并为计算多组份分离，提出了参数的计算方法。那时，计算机应用尚未普及，他进行了繁锁复杂的气液流率平衡、相平衡和热平衡计算，根据组分的物性，制作了列线图，可通过图解进行塔板计算，如空气分离制高纯氮（Ar/N_2 分离）或高纯氧（O_2/Ar 分离）。回国后他将此文"Ternary Separation Operations under Condition of Nonideality"[①]发表在《中国科学》上，该方法在美国的《化工手册》和教科书中被采用；对低压空分工艺他还提出了基于三个蓄冷器的不平衡热交换方法。在美国期间，郭慕孙共发表论文 8 篇，获"低温气体吸收"、"含碳固体物料气化工艺"、"含碳固

---

① Mooson Kwauk: Ternary Separation Operations under Condition of Nonideality. *Scientia Sinica*, 1962, 11(4): 549-574。

体的气化"三项专利。基于在美国学习和研究工作的积累,郭慕孙建立了学术生涯的第一个里程碑。

喜 结 良 缘

1945年,郭慕孙沪江大学毕业后去美国普林斯顿大学攻读硕士学位,而桂慧君1943年从成都金陵女子大学毕业后,曾在重庆美国大使馆资料服务处工作过一段时间。1945年日本投降后,学校恢复,"常青团契"的那位外籍的教师也从美国返回了沪江大学继续执教。此时,桂慧君也应邀前往沪江大学工作。郭慕孙与桂慧君之间鸿雁传书,相互牵挂,郭慕孙常在信中催促桂慧君来美国留学。而当时桂慧君家中的经济情况并不富余,没有奖学金难以成行,她又不愿接受郭慕孙的帮助,赴美之事一直推延。后来还是在这位外籍老师的帮助下,桂慧君才获得波士顿大学的奖学金资助,也得到亲友的帮助,凑够了其他花费,终于在1947年赴美国留学,去波士顿大学攻读社会学硕士学位。而她的好友谢希德同时被史密斯学院物

图3-5　1947年桂慧君赴美国读研究生

图3-6　1947年梁守渠(左)、桂慧君(中)和谢希德(右)在普林斯顿大学校园

理系录取。当桂慧君和谢希德一起从上海乘船到达美国时，郭慕孙喜出望外，将她们接到普林斯顿大学稍做休息并合影留念。此后郭慕孙经常去波士顿看望桂慧君，两颗仰慕已久的爱心终于又汇聚在一起。

1948 年 1 月，郭慕孙受聘于美国可口可乐公司，将被该公司派往上海工作。按照该公司的规定，新雇员上岗之前都要在美国可口可乐公司本部经过六个月的培训，为此郭慕孙很高兴，因为这样一来，至少可以使他多一些时间与桂慧君在一起。1948 年 7 月，郭慕孙被可口可乐公司派往上海，临行前他去一家有名的珠宝店选购了一枚钻石戒指，作为订婚礼物送给了桂慧君。同时，两人还一起照了一张相片，在美国北卡罗来纳州（North Carolina）夏洛特（Challot）订婚。这枚精致的订婚钻石戒指始终戴在桂慧君的手上，陪伴他们度过了钻石婚。

可口可乐公司在世界各国建设了不少饮料厂，他们发现中国人口众多，具有巨大的消费潜力，加之生产成本不高，有很大利润空间，因此决定在中国投资建厂，分别设在上海、天津、北平、青岛等地。1948 年 7 月 17 日，郭慕孙应聘到上海工作，虽然只是一名工程师，但什么事情都得管，他频繁出差，准备建厂之前的诸多事宜。后来，香港工厂遇到一些技术难题，郭慕孙又被派到香港帮助解决问题。大概一个月的时间，工作完成了，郭慕孙迫切地想回到上海继续工

图 3-7　1949 年桂慧君获硕士学位

图 3-8　1948 年郭慕孙与桂慧君订婚

作。香港工厂的负责人很奇怪,在那个兵荒马乱的年代,大家都拼命往香港跑,为什么郭慕孙还一心想回到中国内地。刚从香港返回上海,郭慕孙发现同事们都在打包收拾东西,这才知道可口可乐公司已决定12月从中国撤离,原因是当时国内战局难以预料,使得公司投资面临很大风险。

可口可乐公司考虑到印度也是人口大国,于是决定将上海工厂撤出的工作人员派往印度建厂。印度当时刚刚摆脱英国的殖民统治,郭慕孙一行人在孟买建厂遇到不小的困难。为购买一块建厂用的土地需要执照,但办理手续较为复杂,他们前后等了差不多一年的时间。印度工厂的负责人说,在新德里(New Deli)有一块自有土地,看看能否先把那里的库房改造成厂房,尽快开拓可口可乐在印度的市场。公司同意该方案后,郭慕孙便起身前往新德里。到了现场,他发现那里只有一座破旧厂房,于是和同事们一切从零开始,没日没夜地忙碌着建厂事宜,直到1950年10月生产线正式投产,前后只用了五个多月的时间,郭慕孙就和同事们在印度建立了第一家可口可乐工厂,并获印度工业部颁奖。

郭慕孙被可口可乐公司派往上海以后,桂慧君曾想一同回国,但考虑到学业尚未完成,两人无奈分隔两地。1948年12月,可口可乐公司从中国退出,郭慕孙又被派遣到可口可乐印度分公司。他在印度饱受病痛折磨期间,桂慧君曾几次想去印度探望,都因客观条件所限而未能成行。结婚前,桂慧君为郭慕孙30岁生日精心绣制了绘有30只形态各异、栩栩如生

图3-9 1950年印度工业部颁发给郭慕孙的奖项

图3-10 1948年桂慧君为郭慕孙准备的30岁生日礼物

禽鸟的床罩，作为一份具有特殊意义的生日礼物。郭慕孙倍加爱惜，视为珍宝，一直珍藏在他的衣箱中。

1949年桂慧君获得了波士顿大学社会学硕士学位。

在印度的郭慕孙由于紧张繁忙的工作劳累过度和水土不服，不幸患上了黄疸性肝炎。由于印度当时的卫生条件很差，公司于1950年11月15日将郭慕孙召回纽约。

郭慕孙被可口可乐公司从印度调回美国后，郭慕孙与桂慧君终于可以着手做结婚的准备。结婚是人生一桩大事，尽管双方的长辈都不在身边，但他们也不能轻率从事，总要有一定的仪式。所以一切事情都得自己去操办，量力而为，就连结婚那天桂慧君穿的中式领子的结婚礼服，都是她自己亲手缝制的。1950年12月9日郭慕孙与桂慧君终于喜结良缘，步入婚姻殿堂，上午他们在纽约河滨教堂（Riverside Church）举行了结婚仪式，好友徐斐是桂慧君的伴娘，下午又在哥伦比亚大学教职员工俱乐部举办了婚礼茶会，邀请双方的亲友及老师出席。晚上由好友伴郎薛楠时做东，邀请两位新人共进晚餐。整个婚礼过程简单温馨、朴实无华。

图3-11　1950年12月9日郭慕孙和桂慧君的婚礼现场

图3-12 2004年郭慕孙与桂慧君在沪江大学旧址前合影

图3-13 1950年郭慕孙获美国汽水行业的契斯特曼奖

郭慕孙和桂慧君从1939年在沪江大学相识相知到1950年结婚，这中间经历了10余年的时光，这期间为了求学、为了生计，经过了风风雨雨，屈指算来这段时光离多聚少。桂慧君作为一个大家闺秀，亭亭玉立，举止端庄，不乏追求者，但桂慧君从未动心，因为她心中的白马王子是郭慕孙。他们在以后的岁月里，不离不弃，终身相守，共同走过了六十余载相濡以沫的漫漫人生之路。

郭慕孙当时，是作为派驻国外的工程师招聘进来的，但所持的护照已经无法再外派，所以可口可乐公司的负责人就表示在纽约有个实验室需要为国外所建的工厂设计一些设备，郭慕孙可以到那里去工作。考虑到现实情况，郭慕孙还是勉强接受了这份还算稳定的工作，担任了可口可乐公司纽约实验室的主任。1951年4月，他撰写的《差压法测定汽水中含二氧化碳》的论文，获得美国汽水行业的契斯特曼奖（Chesterman Award）。

结婚后，桂慧君曾在一家医院社会服务处工作（social worker）。美国医院的医生认为病人除要治愈身体疾病外，还要抚慰病人心理的创伤，因此每所医院都会雇佣社工做心理辅导，配合医生一起给病人治疗。由于郭慕孙身体一直比较弱，婚后不久因患甲亢而住医院治疗，为此他还做过手术。当时，桂慧君在纽约一家医院工作，已有身孕，住处又远，每天坐地铁来回奔波十分辛苦，还要去医院照顾郭慕孙，过度的劳累导致了早产。后来桂慧君辞去工作，照顾家庭，成为贤妻良母。郭慕孙与桂慧君婚后育有三个子女，大儿子郭伟明和女儿郭瑞明都在美国出生，小儿子郭向明是在国内出生的。

郭慕孙于1952年5月又回到碳氢研究公司，继续从事流态化研究，并为争取回国机会做着各方面的准备。

郭慕孙夫妇一直关心和惦念着母校的传承和发展。百年沪江大学人才辈出，为中国各行各业培养出数万名栋梁英才，许多名家蜚声海内外。著名校友有：徐志摩[1]、李公朴[2]、雷洁琼[3]、谢希德[4] 等，他们为母校感到自豪。

2004年，中国颗粒学会在上海召开年会时，郭慕孙夫妇有机会到沪江大学原址（上海理工大学军工路校区）参观，这是他们毕业后首次回到阔别已久的母校，漫步在美丽宁静的校园，观赏着各处代表性的西式建筑群，60多年前的往事依然记忆犹新。他们还兴致勃勃地在沪江大学旧址前合影留念，

图3-14　2010年12月5日沪江大学北京校友会为郭慕孙颁发杰出校友纪念牌

---

[1] 徐志摩（1897-1931），现代诗人、散文家。1915年毕业于杭州一中，先后就读于上海沪江大学、天津北洋大学和北京大学。

[2] 李公朴（1902-1946），爱国志士、社会教育家。1925年，由上海沪江大学附属中学毕业升入沪江大学半工半读。

[3] 雷洁琼（1905-2011），社会学家、法学家、教育家，杰出的社会活动家，中国民主促进会的创始人之一和卓越领导人。1941年后，任上海东吴大学社会学系教授，兼任上海沪江大学、圣约翰大学、华东大学、震旦女子文理学院教授。

[4] 谢希德（1921-2000），物理学家、教育家，中国科学院院士，曾任复旦大学校长。1946年从厦门大学数理系毕业后，曾在上海沪江大学任教。

要为母校做些力所能及的事情是两人共同的心愿。他们先后参加了2006年上海理工大学（原沪江大学）百年校庆、2010年上海理工大学北京校友会成立仪式等活动。在沪江大学北京校友会第二届代表大会上，郭慕孙得到了学校颁发的首届"杰出校友"纪念牌。他在会上动情地说："虽然已至耄耋之年，一生获得各种奖励，但对母校授予的'杰出校友'称号感到尤为高兴"，他还表示愿意为青年人在科学领域的研究提供帮助和指导。

作为中国颗粒学会的名誉理事长，郭慕孙积极推动学会与母校之间的合作。2009年在上海理工大学举办的中国颗粒学会和上海颗粒学会2009年会员活动日上，他向学校赠送了刚刚出版的 *FLUIDIZATION* 和《怎样写好科技英文论文》两本著作。郭慕孙夫妇对学校培育的感恩之情溢于言表，母校"信义勤爱"的校训正是他们一生所坚守的人生信念。

第四章
奠基立业　报效祖国

　　1956年12月，辗转回国的郭慕孙应著名冶金学家叶渚沛之邀来到中国科学院化工冶金研究所并被委以重任，立即全身心地投入到化工冶金研究所的筹建和创始工作的全过程。他创建了我国第一个流态化研究室；发起和组织召开了全国第一届流态化会议，提出了我国流态化研究的发展方向；作为《流态化技术在冶金中之应用》等著作的作者和先行者，建立了我国第一个日处理100吨铁矿石流态化磁化焙烧的中试工厂。从此，一直怀着寻求知识救国梦想的郭慕孙，终于找到了为建所奠基立业，为一生钟爱的流态化发展扬帆领航，为祖国建设增光添彩的大有用武之地的舞台。

义 无 反 顾

　　尽管在异国他乡取得了荣誉和成就，但郭慕孙无时无刻不在牵挂着自己的祖国。回想当时的情景，他动情地说[①]：

---

① 郭慕孙访谈，2011年1月6日，北京。资料存于采集工程数据库。

那时决定回来是很难的,走这一步要决定你后半生的全部,要么留在美国,要么回国,只能选择一条路。

但是,强烈的报国心日日夜夜在激励着他要做自己想做的事,为祖国强大贡献自己的力量和智慧。他不忘远涉重洋求学的初衷,多方寻求回国的机会。由于朝鲜战争爆发,美国政府下令在美国学习科学技术并取得学位的华人禁止离境,他回国的计划被迫搁置。但他一直等待着美国政府可能放松政策的时机,做好各种回国的准备。

1956年8月,郭慕孙夫妇终于等到了期盼已久的回国机会,义无反顾辞去了美国碳氢研究公司的工作。为了回国能更好地进行科研,他们想方设法将有用的科研资料带回祖国。8月15日,他们带着儿女登上了驶往香港的"克里夫兰号"轮船,辗转回到了祖国的怀抱。同船回国的11人中还有陈家镛一家和杨嘉墀一家,他们三人后来都选择到中国科学院工作。郭慕孙一家先乘火车回上海探望了母亲和兄弟姐妹,11月抵达北京后被安排住在前门附近的永安饭店。

图4-1 1956年郭慕孙一家回国途经夏威夷

辅佐建所

回国之初,时任化学工业部副部长侯德榜先生和石油工业部北京石油化工研究院侯祥麟先生先后来到永安饭店,与郭慕孙面谈回国后的工作事宜，都向他发出了工作邀请。郭慕孙、陈家镛和侯虞钧在化学工业部王法生同志的陪同下，前往国内化工实力雄厚的高等学府和科研院所以及一些新建的化工企业实地参观，先后在大连、沈阳、吉林、上海、南京五个城市参观访问了中国科学院石油研究所（现中国科学院大连化学物理研究所）、上海化工研究院、南京化工研究院等单位。侯祥麟先生当时正在筹建石油化工研究院，那时中国还是贫油国，还没有发现大庆等大型油田，因此其工作主要是天然石油炼制和人工合成燃料两部分，侯祥麟先生非常希望郭慕孙能到石油化工研究院工作。

当时正在筹建中国科学院化工冶金研究所的叶渚沛[①]先生，早就关注到远在美国工作的郭慕孙，当看到普林斯顿大学威尔汉姆教授和郭慕孙在美国《化工进展》上发表的论文"固体颗粒的流态化"时，就留下了深刻的印象。在进一步了解了郭慕孙流态化研究的经历后，叶渚沛立即将目光聚焦在这位出类拔萃的年轻人身上，心中筹划着邀请他到所里来工作，重点研究利用流态化焙烧的方法，处理回收湖北大冶铁矿含有的铜、钴，以改变当时落后工艺方法导致我国铜、钴资源浪费严重的状况。为此，叶渚沛曾给威尔汉姆教授写过信，力邀郭慕孙到化工冶金所工作，但因为种种原因没有得到回复。

当叶渚沛得知郭慕孙和陈家镛等已从美国回来住在永安饭店后，立即与他们取得了联系，马上赶到永安饭店，代表中国科学院，诚挚邀请二人能到正在筹建的化工冶金研究所工作。郭慕孙回国时心中仍想于承父业做一名工程师，当收到工作邀请后有些迟疑，问叶先生为什么会找到自己。叶先生语重心长地对他说，国家既需要基础科学研究，又需要科研成果产

---

① 叶渚沛（1902-1971），祖籍福建厦门，生于菲律宾。我国著名冶金学家，中国科学院化工冶金研究所第一任所长，中国科学院院士。1921年以优异成绩考入美国科罗拉多矿冶学院，1925年起先后在芝加哥大学和宾夕法尼亚州立大学攻读研究生，1928年取得了金属物理化学博士学位。先后在美国中央合金钢公司、联合碳化物研究所、机器翻砂公司担任工程师和冶金组主任等职。1933年回国，历任资源委员会冶金室主任、重庆炼钢厂厂长、电化冶炼厂总经理。1944年去欧美考察，曾任联合国教科文组织科学组副组长等职。1950年辞去联合国要职毅然回国，任中央重工业部顾问、中国科学院学术秘书，1955年任中国科学院化工冶金研究所筹备处主任，1958年任化工冶金所首任所长。1955年当选为中国科学院学部委员（现称中国科学院院士），为第二、三届全国政协委员，第三届全国人民代表大会代表及常务委员。

业化，同时国家更急需将这两端联系在一起的工程放大方面的人才，冶金行业有好多工作还很落后，缺乏工程项目，所以想将流态化技术应用到冶金领域，这与化工冶金研究所的定位是完全吻合的。郭慕孙在了解了前辈对自己的学术规划后，经过深思熟虑，与陈家镛不约而同地选择了辅佐叶渚沛筹建化工冶金研究所。

郭慕孙在"回忆叶渚沛"[①]一文中这样写道：

> 我于1956年带全家回国，住在前门外的永安饭店。叶先生来探望归国留学生，主要是陈家镛和我，我们两人都学化工。他讲一口流利的英语，偶然混些中文词语，也是福建音很重。他谈吐与众不同，虽讲工程技术，但出发点是我国的资源、经济战略；可是也能开门见山，说得很具体。他说，大冶铁矿含铜，直接用于炼铁，既影响铁的质量，又浪费了资源。他提出，在进高炉前，先进行硫酸化焙烧，将矿中的铜转化成硫酸铜，然后浸取脱铜。他问，能不能采用流态化焙烧，显然这是没有前人做过的事。他的态度乐观，并关心回国人员和家人的生活。于是我在完成近一个月的业务参观后，决定在叶先生创办的化工冶金研究所工作。

关于大冶铁矿中铜、钴的提取是叶渚沛很早就想到的课题，大冶铁矿是武汉钢铁厂的原料基地，所产矿石中含少量铜、钴，直接入炉作为高炉炼铁的原料，势必会影响钢铁质量，同时也不能将我国短缺的铜、钴战略物资回收。解决铁与铜、钴的分离，将更加有效地综合利用我国宝贵的矿产资源，具有重大的技术、经济价值。湖北省大冶铁矿中铜、钴的提取是叶渚沛很早就想到的课题，郭慕孙认为叶先生提出的想法很有远见，一是他想把铁矿中的铜提取出来，二是他有一套具体的切实可行的想法，三是这个想法是别人没有做过的。郭慕孙在美国碳氢研究公司担任工程师的经历，让叶先生看到了这一技术方案实现的可能性，盛情相邀亦在情理之中。

---

① 郭慕孙：回忆叶渚沛。见：中国科学院过程工程研究所：《纪念叶渚沛诞辰110周年纪念专刊》，2012年第8期，第16页。

图4-2　1965年陈家镛、王力方、叶渚沛、郭慕孙（前排左起四、五、六、七）与部分职工合影

  1956年12月，对未来满怀憧憬的郭慕孙来到中国科学院化工冶金研究所，正式加入了叶渚沛领导的工作团队。那年郭慕孙只有36岁，在国内学术界年纪轻，没有多少人认识他，但叶渚沛慧眼识珠，看到了这位年轻人身上的朝气和潜力。郭慕孙全力以赴辅佐叶渚沛筹备和创建化工冶金研究所。建所之初，只有四个研究室，叶渚沛兼任两个研究室的主任，即炼铁研究室（一室）和炼钢研究室（二室）；郭慕孙负责流态化研究室（三室）；陈家镛负责湿法冶金研究室（四室）。

  郭慕孙的夫人桂慧君也被叶渚沛邀请到化工冶金研究所工作，全面负责化工冶金研究所的图书情报资料工作和图书馆的筹建工作，并担任图书馆馆长（研究员级）。在她的领导下，图书馆从无到有、从小到大不断发展。她从图书采购到编目，从上架到外借，从咨询到管理，从规划到实施以及人员培训都倾力而为。桂慧君主管图书、情报工作具有特色，管理规范明晰，收藏科技图书丰富，借阅简便，她为化工冶金研究所的图书情报资料工作倾注了大量的心血和智慧。她甘当后勤部长，培养图书管理和情报资料服务人才。她领导的图书、情报工作团队为研究所提供了许多宝贵

第四章　奠基立业　报效祖国

的冶金、化工、湿法、流态化方面的科技情报资料,在支撑、拓展化工冶金学科的发展方面作出了贡献。她还经常为中国科学院图书馆提出合理化的建议,她所领导的化工冶金研究所图书馆被评为中国科学院图书管理先进单位。

郭慕孙创建了我国第一个流态化研究室,担任室主任、研究员,由此开启了他报效祖国的学术生涯。他领衔流态化磁化焙烧贫铁矿的研究,着力解决我国量大面广的贫铁矿资源利用以及国家建设中的重大需求问题。

郭慕孙说[①]:

> 我回国中断了我在美国好多专利工作,这些专利要继续做。我回国的目的就是希望将这些研究和专利继续做下去,并且要在自己的国家产生经济效益。这好比一粒种子,不但要开花,而且要结果。

他利用自己在美国学到的知识和在美国碳氢研究公司工作的实践经验,培养青年骨干,亲自讲授流态化的原理、技术和工业应用,指导刚毕业的大学生开展工作。他带领流态化研究室的科研人员,协同攻关,率先将流态化技术应用于冶金领域,在基础研究、应用研究、中间试验和产业化等方面做了大量卓有成效的工作。

利用稀土

叶渚沛是享誉世界的著名冶金学家,长期潜心于科学研究。他知识渊博,善于综合运用多种学科和技术积累,为解决有关的重大科学技术难题提出意见和建议。他在中国率先倡导研究化工冶金学,就我国采用大型高

---

① 中国国际广播电台:2006 年 9 月 21 日,介绍中国科学院资深院士郭慕孙(一)。

炉的重要配套技术、氧气顶吹转炉和连续铸钢等，向中央提出了方向性的建议，并对我国几个主要钢铁基地和复杂矿（如包头、攀枝花）以及一些有色金属矿产资源的开发利用，提出了重要建议。他积极建议开展微粒学、计算机在冶金中的应用和超高温化工冶金过程的研究以及大力发展技术科学。

图 4-3　叶渚沛（中）、郭慕孙（右三）、陈家镛（左三）、桂慧君（左一）等在联欢会上表演节目

　　郭慕孙对叶渚沛在科学界的声望早有耳闻，知道他是一位德高望重的冶金学家，曾在联合国担任重要职务，在日内瓦负责技术事宜，而且在战火纷飞的年代，曾在重庆建设冶炼厂，当时在国内具有很大的影响力。

　　在日常的工作和生活中，叶渚沛与郭慕孙、陈家镛、杨纪珂等中青年科研骨干是亦师亦友。对这些年轻人，叶渚沛在科研上严格要求，与大家一起探讨学术问题，亲自到实验现场指导工作；在生活上悉心关照，逢年过节会和他们一起联欢，表演节目，共渡新春佳节。给郭慕孙留下深刻印象的是叶渚沛曾经和大家深入探讨包头矿稀土利用的问题。

　　包头的矿产资源具有种类多、储量大、品位高、分布集中、易于开采的特点，尤以金属矿产得天独厚，主要金属矿有：铁、稀土、铌、钛、锰、金、铜等。其中稀土矿不仅是包头的优势矿种，也是国家矿产资源的瑰宝，在包头矿开采之初就发现稀土含量有6%，但苏联专家一心只想把铁提取出来，稀土都变成了高炉渣，这些炉渣全部被当作废料处理掉了，此举无疑造成巨大的资源浪费，也给百废待兴的国家造成了难以估量和无法挽回的损失。当时对怎样利用稀土还没有准确客观的认识，叶渚沛一直坚持真理，反对"学术权威"苏联专家的意见，建议有关部门将稀土资源的保护和利用列入议事日程。为此，叶渚沛、郭慕孙在进行了大量的调查

第四章　奠基立业　报效祖国

研究的基础上，倡导以稀土元素综合利用为主的发展战略。1962年7月，他们共同向上级领导提出了《关于合理利用包头稀土稀有元素的建议》[1]，建议采用"无介质磨矿—细颗粒流态化磁化焙烧—干式交流和磁选—烧结—高炉—氧气转炉—稀土稀有元素进一步提取"的流程方案[2]。这一流程的特点是在获得铁精矿的同时，将稀土和稀有元素富集于尾矿中，进一步分离提取。但由于当时过度迷信苏联的技术，他们的建议没有得到足够的重视。后来事实证明他们提出的观点是完全正确的，并且具有前瞻性。

当时叶渚沛先生曾语重心长地告诉所里的年轻科研人员，稀土是我国珍贵的不可再生资源，一定要对稀土做详细分析。而且他还亲自到三室两相流态化磁化焙烧包头矿实验组指导。郭慕孙带领科研团队冲破重重阻力，在1959年对包头矿进行日处理7.5吨的逆流两相磁化焙烧扩大试验的基础上，1963年，又在包钢选矿厂进行了类似的试验。在此基础上，1966年又设计了日处理1.2吨的顺流两相流态化磁化焙烧炉，对于包头矿细粉进行了58小时的连续磁化焙烧，均获得满意的结果。叶先生在拿到包头矿的稀土分析报告后，面露喜色，对流态化研究室的年轻同志说："我所承担着好几项国家重点任务，其中有攀枝花钒钛铁矿，包头含稀土的铁矿等。要从综合利用的观点对这些矿进行研究工作，对于资源绝不能浪费，比如包头矿中的稀土问题，我们现在还没有完善的提取稀土的研究结果。为此我向中央提出过，是否暂缓开采包头矿。可是现在包头钢铁公司成立了，包头矿开采了，因此我们在利用铁资源时，一定把其中的稀土保存好。去包钢公司汇报工作时，一定要向公司领导提出，把选矿中的尾矿和炼铁时的高炉渣一定保存好，以备将来从中提取稀有元素。向他们说明这是我的意见。"[3]

虽然距1962年提出"关于合理利用包头稀土稀有元素的建议"过去

---

[1] 中国科学院化工冶金研究所：《中国科学院化工冶金研究所建所40周年纪念册：承先启后，开拓前进》，1998年，过程工程研究所内部资料。

[2] 《中国科学院过程工程研究所建所50周年纪念册》，2008年，第141页。

[3] 白万海：忆叶渚沛所长对我的教诲。见：《中国科学院过程工程研究所建所50周年征文稿》，2008年，过程工程研究所内部资料。

已有40多年，但在21世纪初，郭慕孙仍然不忘老所长叶渚沛的嘱托。

2005年8月20日，徐光宪、师昌绪、郭慕孙等院士在"紧急呼吁保护和有效利用我国白云鄂博稀土和钍资源"的建议中指出[①]：

> 我国稀土资源世界第一，钍资源世界第二，最主要的稀土和钍矿是内蒙古包头白云鄂博的主矿和东矿，现作为铁矿已开采40%，稀土利用率不到10%，钍利用率为0%，如不采取措施，再过35年将全部采完，形势十分紧迫。……尤其是16种稀土元素是高技术和国防的战略元素，钍是未来最重要的能源。如不采取措施保护白云鄂博主东矿，后果不堪设想。

院士们坚持可持续发展的眼光，倡导包头矿稀土优先的建议，时至今日仍具有战略性、前瞻性和现实意义。

2012年是叶渚沛先生诞辰110周年，郭慕孙先生曾撰写一篇纪念文章《回忆叶渚沛》，文章简短凝练，字里行间饱含着对这位为新中国冶金事业奉献出全部心血与智慧的老科学家的思念之情和感恩之心。他在文中写道[②]：

> 50年代化工冶金研究所的高研只有五人，我们都在化学所的五楼上班，叶先生经常借星期六学习的机会与我们聊天。他自学化工，经常趴在办公桌上不是写就是拉计算尺计算，包括周末，甚至有时到天黑。这种敬业精神颇有感染力。虽然水平不一定如今天，计算尺的产出也有限，但当时研究人员大多对工作倾注全力，目标单纯。特别是当时工作条件较差，开发工作也比较辛苦。叶先生始终认为，科学院该抓对于国家有重大意义、具有决策作用的工作。他认为，当时全国

---

① 郭慕孙."紧急呼吁保护和有效利用我国白云鄂博稀土和钍资源".《院士建议》，2005年8月20日，过程工程研究所内部资料。

② 郭慕孙：回忆叶渚沛．见：中国科学院过程工程研究所：《纪念叶渚沛诞辰110周年纪念专刊》，2012年第8期，第16页。

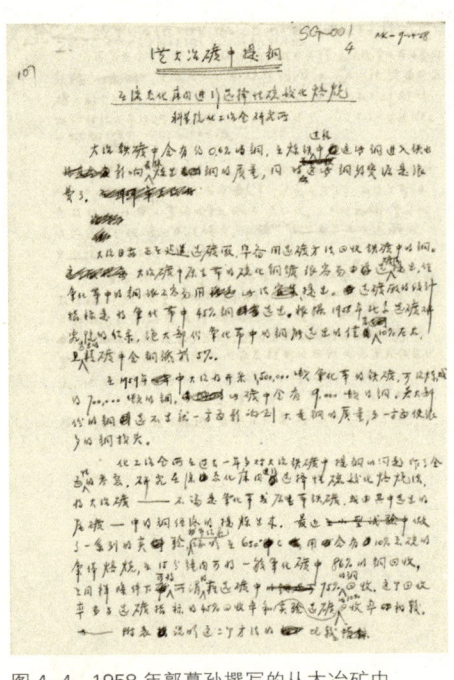

图 4-4 1958 年郭慕孙撰写的从大冶矿中提取铜的手稿

普遍采用的平炉炼钢是不经济的,该代之以氧气转炉;他认为,高炉必须采用高压操作,强化生产;他认为,包头矿不该作为炼铁的原料,而当以稀土为主,如果冶炼稀土在技术上跟不上,也当暂时封存。在他的建议下,石景山钢铁公司从其焦炉煤气中提取氢气制合成氨,成立钢铁化肥联合企业。叶先生大我 18 岁,我回国时他只有 54 岁,我在他领导下工作只有十年。"文化大革命"开始后,我们都终止了业务活动和相互交流,最后他离开了我们,当时他只有 69 岁。据我所知,在他活动受到限制的最后岁月中,他还是孜孜不倦地考虑重大问题——超高温工艺,准备向中央建议。叶先生的敬业精神和爱国热忱为我们树立了楷模,他的创新思想将永远鼓励我们向前。

服 务 需 求

郭慕孙回国进入化工冶金研究所后做的第一件事,就是前面提及的湖北大冶含铜、钴铁矿的焙烧工作。说来也巧,他的父亲郭承恩最早也是在汉阳铁厂工作,冶炼的就是大冶的铁矿。为了充分利用当地的铁矿,生产国民经济急需的钢铁,郭慕孙与大冶铁矿也结下了不解之缘,他研究工作的目标是将铁矿中所含的铜、钴提取出来。父子二人工作的对象都是同一大冶矿藏,可谓机缘巧合。

"含铜、钴铁矿的硫酸化焙烧就是用含二氧化硫的气体在700℃左右焙烧铁矿石,二氧化硫与铜、钴反应生成硫酸铜、硫酸钴,铁在这个条件下基本不反应,然后将硫酸铜、硫酸钴用液浸出,这样就达到分离的目的,这是第一个工作。当时国家下了很大的决心,并花了很大的力量要做这项工作,因为这种矿在长江流域比较多,所选的大冶铁矿正是武汉钢铁厂所用的原材料。"[1]

当时的工作条件非常艰苦,但郭慕孙毅然决然接受了这一艰巨的任务。他查阅了大量热力学数据,计算选择性硫酸化焙烧的多相平衡,研究铜铁硫化矿的综合利用,带领流态化研究室的科研人员在实验室中进行了大量的基础研究,探明反应动力学数据,确定铜、钴、铁分离方法,为后来的中间工厂实验打下了坚实的基础。于1959年在湖北黄石市大冶冶炼厂建立了日处理15吨大冶矿的中间工厂,进行了流态化选择性硫酸化焙烧实验,取得了可喜成果。基本达到了预期目标,铁矿中所含的铜、钴可被经济有效地提炼出来。此项目1978年获中国科学院重大科技成果奖。

在开展这项工作之前,有关部门对这个矿产资源总量没有进行准确摸底,致使工作进展缓慢,因矿藏量太少,任务完成后却无法在这个矿上再应用。郭慕孙每每想到此处,都觉得非常惋惜。但他是个有心人,认为在考虑解决大冶铁矿处理难题的时候,对其他复杂矿藏所采用的技术也是有很大参考价值的。

钢铁是国家工业化的基础,"以钢为纲"的方针说明其重要地位。发展钢铁的首要条件是优质铁精矿。我国铁矿资源丰富,但品质欠佳,其特点是"贫""赤""细",即贫赤铁矿居多,嵌布粒度细微,属难选矿,无法直接作为高炉炼铁的原料。郭慕孙根据国家需要和叶渚沛所长的安排,到辽宁鞍山钢铁公司实地调研后,提出了铁矿石的流态化磁化焙烧新工艺。焙烧磁选法就是将铁矿中无磁性的赤铁矿(Fe_2O_3)在还原气体(如煤气)中还原到具有强磁性的Fe_3O_4,再用磁选机将Fe_3O_4富集成精矿,

---

[1] 郭慕孙访谈,2011年2月25日,北京。资料存于采集工程数据库。

图4-5 郭慕孙1958年出版的著作《流态化技术在冶金中之应用》

则可作为高炉原料，它是处理该类矿的有效方法，为国内外广泛采用。经过对选矿流程的计算分析，确定了技术可行、经济合理的方案，在实验室开展了大量的研究，并在北京、内蒙古进行了7.5吨/日的扩大试验，取得了进一步扩大规模实验的技术数据。对鞍山贫赤铁矿、酒泉菱铁矿、宣化鲕状铁矿进行了实验，取得了铁精矿品位60%—65%，铁回收率90%以上的好指标，实验获得成功，取得了供放大到万吨规模生产试验厂的技术数据，为建立生产试验厂铺平了道路。

为了推广应用流态化技术，叶渚沛所长让郭慕孙写一本通俗易懂的书，阐述流态化技术在冶金中的应用。科学出版社于1958年出版了由郭慕孙撰写的《流态化技术在冶金中之应用》一书，郭慕孙在书中"用通俗易懂的语言解释了什么是流态化；并说明了流态化中的一些主要现象；对于从定量的观点考虑流态化的问题也作了初步介绍；说明了流态化应用到冶金上的优点及不足之处；对在冶金工业中可应用流态化技术的领域，包括焙烧、离子交换及固体输送方面，均用实例作了解释；最后介绍了一些流态化技术中尚未解决的重要问题，如材料、气体分布及循环功率以及固体的逆向混合。"

广义流态化

郭慕孙深知基础研究是科学技术和工程科学创新的源泉，在20世纪50年代末，他就提出了分布板上"气体的有效射程"的"浅床流态化"概念。他主持课题时，亲自参加实验，指导同事们率先进行了浅床的开发研究，包括回收废热的活化浅床换热方法，强化了气固之间的接触和传递，可用于铁矿还原等多层浅床反应器。1959 年，他在《科学通报》上发表了"流态化技术强化金属的提取"[①]一文，提出了采用流态化技术综合利用共生矿的选择性焙烧、多层流态化床、稀相换热、浓相传输和气体炼铁过程等论述。

20 世纪 60 年代初，国际上对流态化的基础研究大都集中在流化床层内的气泡行为上，由此建立了数学模型来描述流态化行为，每年都有数以千计的文章发表。但郭慕孙认为，由于流化床中气泡行为非常复杂，难以准确描述，所以他不盲目跟进。当时他认为，固体颗粒与流体接触，应该考虑它们之间的相对运动，因此他首次提出经典流态化与广义流态化的新概念。他将流体通过不移动的颗粒床层，使颗粒悬浮而成的流化床称为经典流态化，并将自己在美国所做的"散式流态化"的研究成果进一步延伸，根据颗粒与流体的流动方向和状态，设想出一种完全均匀的颗粒和流体同时有进有出的"理想流态化"体系，提出了"广义流态化"理论。他用比较简洁的数学模型，描述了这种理想体系中各种参数之间的关系，计算了不同的颗粒和流体系统的流态化行为，成功预测了八种流态化类型，计算了不同颗粒和流体系统的流态化行为，分析了许多工程技术问题，并且将该理论和计算方法应用到低品位铁矿的焙烧和有色金属分离等研究项目中，这在流态化领域是首次构建了适用于整个颗粒—流体系统的理论框架。"广义流态化"的理论和计算方法可应用于固定床、移动床、自由沉降、受阻沉降、距临界流态化不远的浓相流态化床，以及空隙度很高的稀相流态化床。那时，郭慕孙的理论及分析，已在生产实践及科研中得到应用，特别是颗粒分级和移动床输送等实验成果。

1963—1964 年郭慕孙在 *Scientia Sinica*（《中国科学》英文版）发表了"广义流态化"的两篇论文（"Generalized fluidization, I. Steady-state

---

① 郭慕孙：流态化技术强化金属的提取.《科学通报》，1959 年第 5 期，第 141–144 页。

motion[①]"、"Generalized fluidization, II Accelerative motion with steady profiles"[②])。论文研究了广义流态化的各种操作状态，归纳为气固并流逆重力向上、气固并流顺重力向下、气固逆流顺重力向下和气固逆流逆重力向上等4种操作方式、12种操作状态。论文从颗粒与流体相对运动的观点出发，将经典散式流态化的孔隙率方程中的流体速度用颗粒与流体的滑移速度取代，得到广义流态化孔隙率方程，并用这一方程绘制出"广义流态化列线图"和"加速度下的广义流态化 Ψ_z、Ψ_θ、Ψ_ϕ 图"等相图，该图可以清晰地表示出各种操作状态的存在区域，定量地表示出颗粒速度、流体速度和空隙率之间的关系。20世纪八九十年代兴起的快速流化床和下行流化床，在他20年前所做的这一相图中均已有预见，可见郭慕孙在流态化研究领域的前瞻性。

在此期间，郭慕孙还撰写了"广义流态化"、"流态化冶金中的稀相传递过程"[③]等文章，由此也带动了一系列的工业应用研究。例如，多层流化床溢流管、压力孔板加料、流态化气体炼铁、流态化干燥矿浆、稀相换热、流化床分布板设计，等等。

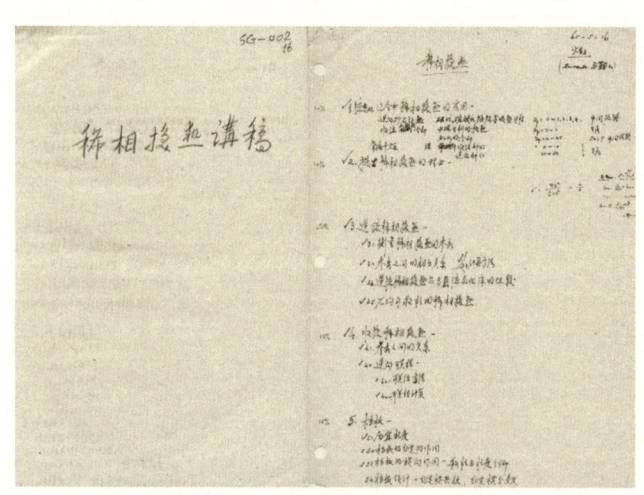

图4-6 1965年郭慕孙撰写的稀相换热讲稿

---

① Mooson Kwauk: Generalized fluidization, I. Steady-state motion。*Scientia Sinica*, 1963, 12(4)：587-612。

② Mooson Kwauk: Generalized fluidization, II Accelerative motion with steady profiles。*Scientia Sinica*, 1964, 13(9)：1477-1492。

③ 郭慕孙，戴殿卫：流态化冶金中的稀相传递过程。《金属学报》，1964年第7卷第3期，第263-280页。

流态化应用

郭慕孙的应用研究大都与基础研究同步发展，他一贯强调理论联系实际，致力于用流态化理论与技术解决我国化工、矿产资源利用的重大需求。从 1957 年开始，他进一步拓展了自己在美国的研究工作，带领团队将理论和实验研究成果在湖北大冶含铜、钴铁矿、安徽马鞍山矿、贵州万山等地，进行含铜、钴铁矿的硫酸化焙烧和离析焙烧、贫铁矿的磁化焙烧、贫汞矿的煅烧、贫黄铁矿的间接氧化焙烧等。

郭慕孙提出了"稀相换热"技术，通过燃烧废气将稀散下落的矿石加热，即可降低炉内压降，减少鼓风的能量。此法可以大大节约输送废气的能量。当时郭慕孙提出的这种稀相换热法在国际上从未有人用过，他从具体实验技术入手，后来又逐步总结成为共性的技术。郭慕孙率先提出的这种"稀相换热"法是在 20 世纪 60 年代初，要比法国的稀相换热研究超前 20 多年。

郭慕孙还将"广义流态化"理论应用到当时正在研究的低品位铁矿的焙烧和有色金属分离等项目中。在短短两年时间里，通过理论分析和实验对比，郭慕孙相继开拓了稀相气固接触系统、浅床流态化的新领域，扩展了流态化研究体系，探索了用流态化技术进行固体的连续逆向浸取，并撰写了"流态化浸取"[①]一文，不仅可作为实验工作的依据，而且又充实了广义流态化理论。

郭慕孙不仅精于实验室的基础研究，还非常重视应用研究及科技成果向工业生产的转化。他认为"工程师不应满足于翻版现有的工艺和传统设备，而要用自己的思维，为国家的经济建设创造更好的工艺方法和设备。"[②] 有规则条状内构件几经改进，1964 年在北京化工二厂氯乙烯流化床

---

① 郭慕孙手稿，1961 年 4 月 10 日，资料存于采集工程数据库。
② 郭慕孙：《思索 实践 创新——我的一些专著、论文和手稿》。北京：科学出版社，2010 年。

催化反应器上试验成功。1975年为避免周边串气又外加围堰，形成了围堰波纹挡板，分别用于常州化工厂和吉林化工公司硝基苯加氢还原制苯胺的流化床反应器上。

1961年，郭慕孙又提出了"关于铜官山烟尘中提取Se、Te的意见"。自1964年起，郭慕孙计划在石景山建立流态化磁化焙烧实验室；设计了密相输送流态化催化裂化装置、聚式流态化床内部构件；提出了"对于鞍钢流态化焙烧中间实验的意见"[1]、"关于白银多金属硫化矿综合利用的一些设想"[2]，认为聚式流化床内部构件是生产上急待解决的问题，是流态化研究工作的一个方向，也是解决流态化技术中的关键问题。

郭慕孙在回国后的短短几年中，创造性地将流态化技术应用于我国不同矿产资源的综合利用过程，提出了一系列流态化技术的新工艺。他率领流态化研究室的科研人员与企业合作，将实验室成果扩大至中间试验，对我国低品位与复杂矿的资源综合利用做了大量工作。如贵州万山汞矿尾矿的焙烧生产汞和该省低品位硫铁矿的焙烧制硫酸，鞍山赤铁矿、南京凤凰山赤铁矿、酒泉菱铁矿、镜铁山贫铁矿、河北宣化鲕状赤铁矿、包头白云鄂博含稀土铁矿等难选铁矿磁化焙烧生产铁精矿，攀枝花钒钛磁铁矿直接还原等。其中，含铜铁矿的流态化硫酸化焙烧，放大到15吨／日；红土矿流态化还原焙烧，放大到85吨／日；钒钛磁铁矿的直接还原焙烧，放大到3吨／日；铁矿的直接还原或由铁鳞生产铁粉，也放大到3吨／日。

郭慕孙领导的团队开发的设备有不需造气、不需团矿的粉煤加粉矿还原铁矿的跳汰反应器。他所提出的工艺和设备，有的被采用，有的得了奖，也有的成果被搁置了，但他并不灰心，仍旧持之以恒地进行研究和探索。他始终认为："新方法的采用是基于社会条件和人的认识，而创造性劳动的价值是永恒的，迟早会得到重视"[3]。

郭慕孙为了掌握第一手科研资料，经常到各研究课题组去观察实验中发生的现象。20世纪60年代初期，我国科研设备缺乏，他就用归国

---

[1] 郭慕孙手稿，资料存于采集工程数据库。
[2] 同[1]。
[3] 全国流态化会议在京举行。《光明日报》，1962年8月31日。

时带回的胶卷相机为课题组拍照。为了能拍到真实、清晰的实验现象，他非常细心、耐心，不断地调节实验操作参数，改变照明灯位置和相机拍摄参数，中午下班了也顾不得回家吃饭，一直要拍到满意为止。当时，拍摄的二维气固锥形流态化床的掀底现象、气泡在床层表面爆破轨迹等，都是很难得的技术资料。拍摄后的胶卷也是郭慕孙带回家自己冲洗的。

在郭慕孙刚刚回国的那几年，科研条件和生活环境还相当艰苦，为了将实验室成果尽快应用于工业生产，他总是亲自奔波于全国各地的厂矿企业，一边进行实验，一边研究设计，一边指导工业应用。在当时还没有计算机的年代，郭慕孙只能靠拉计算尺一点一点地计算参数、设计实验方案；他在实验现场与五六个同事同住一个房间，睡的是木板床，夜以继日地忘我工作。湖北大冶、四川攀枝花、辽宁鞍山、贵州万山、内蒙古包头等厂矿企业都留下了他辛勤工作的汗水和足迹。

郭慕孙对待工作的科学态度和率先垂范，充分体现了他对科研事业的敬业精神和执着追求。

流态化会议

1961年郭慕孙提出了化工冶金研究所应着重发展的三个方面，即：强化现有冶金过程，发展新的冶金过程，开发新的冶金设备。他认为[①]：

> 学科发展最好结合一个先进的（亦可能是新兴的）工业对象进行，尤其是一种较新的学科，如化学工程学。学科的内容为：传递过程原理和化学反应工程学。

---

① 郭慕孙手稿，关于成立"工程化学"研究所的一些考虑，1964年11月28日。资料存于采集工程数据库。

他十分重视工艺过程的技术经济分析,在"关于在过程研究中进行技术经济分析的一些体会"中,他结合自己的科研积累讲道[①]:

化工过程研究是一门任务目的性很强的研究工作,要发展一个优越的工艺过程,首先要求明确所谓"优越"的含义,然后拟出如何组织和控制研究项目,以最小的人力、物力和时间的代价,达到研究出一个优越过程的目标。"优越"的含义取决于技术经济指标,有效的过程研究工作组织,基于不断的技术经济分析。

图 4-7 1964 年出版的第一届《全国流态化会议报告选集》

1961 年 5 月 26 至 6 月 12 日,郭慕孙作为团长,率领我国首次组织的 3 人代表团前往捷克斯洛伐克,参加在布拉格召开的国际流态化会议,郭慕孙向与会代表介绍了我国开展流态化研究工作的情况。

为了推动流态化在我国的发展,在中国科学院技术科学部赵斐克副主任的支持下,郭慕孙发起并精心组织的第一届全国流态化会议于 1962 年 8 月 20—28 日在北京西苑饭店召开,邀请了时任化工学会秘书长、中国科学院学部委员侯祥麟和曹本熹作大会演讲,会后选了 14 篇论文,出版了论文集。郭慕孙根据多年研究工作的积累,在会上作了大会报告,向与会者介绍什么是流态化和世界各国流态化工作的研究和应用现状及国内开展流态化工作的情况,提出了流态化研究中关于"颗粒化学流体力学"这一新的学科观点

---

① 郭慕孙手稿,关于在过程研究中进行技术经济分析的一些体会,1963 年 12 月 15 日。资料存于采集工程数据库。

和建议。他认为[①]：

> “颗粒化学流体力学”的服务对象为化工类型的工艺，是一门与流体力学、流变学、散体力学、表面化学、催化化学、异向化学反应动力学、物质结构等学科密切相关的边缘技术科学。
>
> 从学科的角度，“颗粒化学流体力学”包括了研究传动、传热、传质的“传递物理”，以及将经典的微观化学反应动力学所研究的化学现象和同时进行着的传递现象相结合以研究反应系统宏观效应的“反应动力学”。

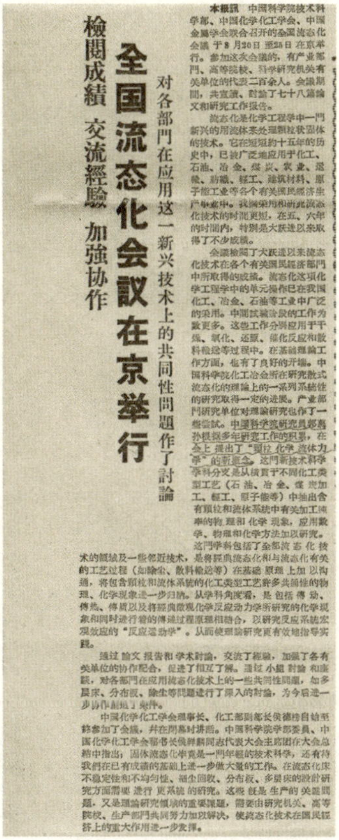

全国流态化会議在京举行

檢閱成績 交流經驗 加強协作

对各部門在应用这一新兴技术上的共同性問題作了討論

本报訊 中国科学院技术科学部、中国化学化工学会、中国金属学会联合召开的全国流态化会議于8月20日至25日在京举行。参加这次会議的，有产业部門、高等院校、科学研究机关有关单位的代表二百余人。会議期間，共宣讀、討論了七十八篇論文和研究工作报告。

流态化是化学工程学中一門新兴的用流体来处理颗粒状固体的技术。它在短短約十五年的历史中，已被广泛地应用于化工、石油、冶金、煤炭、农业、選礦、紡織、輕工、建筑材料、原子能工业等各个有关国民經济生产事业中。我国采用和研究流态化技术的时間更短，在五、六年的时間內，特別是大跃进以来取得了不少成績。

会議檢閱了大跃进以来流态化技术在各个有关国民經济部門中所取得的成績。流态化这项化学工程学中的单元操作已在我国化工、冶金、石油等工业中广泛的采用。中間試驗阶段的工作为數更多。这些工作分別应用于干燥、氧化、还原、催化反应和散料輸送等过程中。在基礎理論工作方面，也有了良好的开端。中国科学院化工冶金所在研究散式流态化的理論上的一系列系統性的研究取得一定的进展。产业部門研究单位对理論研究也作了一些尝試。中国科学院研究員郭慕孙根据多年研究工作的积累，在会上提出了“颗粒化学流体力学”的新概念。这門新技术科学学科分支是从横贯于不同化工类型工艺（石油、冶金、煤炭加工、輕工、原子能等）中抽出含有颗粒和流体系統中有关加工速率的物理和化学現象，应用數学、物理和化学方法加以研究。这門学科包括了全部流态化技术的領域及一些邻近技术，是将經典流态化和与流态化有关的工艺过程（如除尘、散料輸送等）在基礎原理上加以沟通，将包含颗粒和流体系統的化工类型工艺許多共同性的物理、化学現象进一步归納。从学科角度看，是包括傳动、傳热、傳質以及将經典微观化学反应动力学所研究的化学現象和同时进行着的傳递过程原理相结合，以研究反应系統宏观效应的“反应运动学”。从而使理論研究更有效地指导实践。

通过論文报告和学术討論，交流了經驗，加强了各有关单位的协作配合，促进了相互了解。通过小组討論和座談，对各部門在应用流态化技术上的一些共同性問題，如多层床、分布板、除尘等問題进行了深入的討論，为今后进一步协作創造了条件。

中国化学化工学会理事长、化工部副部长侯德榜自始至終参加了会議，并在閉幕时讲話。中国科学院学部委員、中国化学化工学会秘书长侯祥麟同志代表大会主席团在大会总結中指出：固体流态化毕竟是一門年輕的技术科学，还有待我們在已有成績的基础上进一步做大量的工作。在流态化床不稳定性和不均匀性、細尘回收、分布板、多层床的設計研究方面需要进行更系統的研究。这些既是生产的关鍵問題，又是理論研究領域的重要課題，需要由研究机关、高等院校、生产部門共同努力加以解决，使流态化技术在国民經济上的重大作用进一步发揮。

图 4–8 《光明日报》关于全国流态化会议在京举行的报道（1962 年 8 月 31 日）

《光明日报》在头版头条对大会作了报道[②]：介绍了流态化这种新技术科学的分支是从不同的化工类型工艺（石油、冶金、煤炭加工、轻工、原子能等）中抽出的含有颗粒和流体系统中有关加工速率的物理和化学现象，并用数学、物理和化学方法加以研究。这门学科包括了全部流态化技术的领域以及一些临近技术，是在基础原理上将经典流态化和与流态化有关的工艺过程（如除尘、散料输送等）加以沟通，将包含颗粒和流体系统的化工类型工艺具有共性的物理、化学现象的进一步归纳。从学科角度看，是包括传动、传热、传质以及将经典微观化学反应动力学所研究的化学现象和同时进行着的传递过程原理相结合，以研

① 郭慕孙：颗粒化学流体力学。见：《全国流态化会议报告选集》，北京：科学出版社，1964 年，第 212 页。

② 全国流态化会议在京举行。《光明日报》，1962 年 8 月 31 日。

究反应系统宏观效应的"反应动力学",从而使理论研究更有效地指导实践。

会上侯祥麟先生高度评价了郭慕孙等开拓的流态化这一新兴技术科学,鼓励大家"应在已有成绩的基础上进一步做大量的工作,在流态化床不稳定性和不均匀性、细尘回收、分布板、多层床的设计研究方面进行更系统的研究,使流态化技术在国民经济中发挥更大的作用"。第一届全国流态化学术会议在国内影响很大,郭慕孙的工作也带动了流态化学科领域的研究,围绕流态化学科和技术所发表的论文数目曾一度在化工界首屈一指。

会议成立了全国流态化学术组,郭慕孙任组长,组员有魏文德、陶恩瑞、沈华生、钱家麟和郑世跃。郭慕孙还亲自起草了会议总结报告,对我国流态化发展的研究方向、对象、内容、方法、目标和人才培养以及组织方式等提出了具体建议[①]。

图4-9 1964年郭慕孙提出的流态化发展方向和建议

郭慕孙提出的建议集中反映了他对我国流态化这一新兴领域发展的学术思想和其发展战略的思考。他不仅提出了我国流态化发展需要重点研究的新过程、新技术的具体对象和内容,而且指出了需聚焦研究的共性和理论问题;在当时只有苏式小型手摇计算机,主要用计算尺进行流程计算、设计和研究的年代,他就前瞻性地提出要广泛运用数学方法(包括计算机)来分析流态化技术中的问题;建议运用现代化的测试、记录方法研究流态化的瞬时现象和动态变化;开展颗粒—流体系统中的三传一反研究;倡导促进应用(产)和理论(学、研)

---

① 郭慕孙:全国流态化会议学术小组总结,见:《全国流态化会议报告选集》,北京:科学出版社,1964年,第13页。

的纵横组织模式；加强人才培养；使一些采用流态化技术的新生产方式过关。……

郭慕孙不仅是这些学术思想的倡导者和组织者，而且还是践行者，一直传承至今。他急国家之所急，想国家之所想，努力将科研力量聚集到1962年提出的流态化研究方向上，引领到为国民经济重大需求服务的主战场。为了加强学术交流培养科技人才，促进流态化技术在我国的发展，自1962年起，郭慕孙以全国流态化学术组长的身份亲自指导和组织召开了第一届至第六届全国流态化会议。

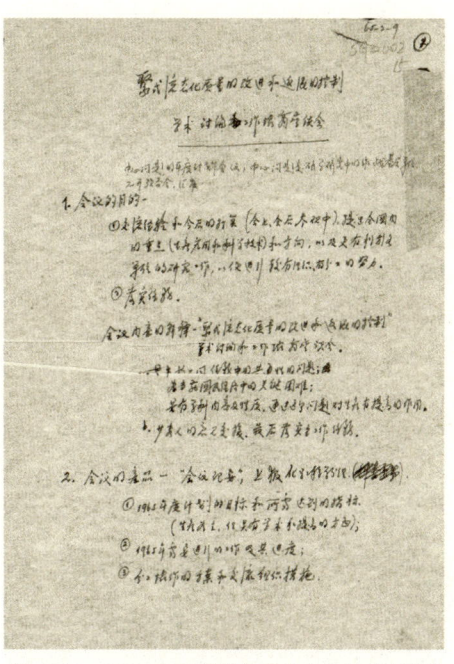

图4-10　1965年郭慕孙聚式流态化讨论会笔记

1965年，郭慕孙参加了在北京科学会堂召开的聚式流态化讨论会，在会上介绍了国内外流态化技术的现状和发展趋势，努力推动和引领我国流态化的发展。

普及流态化

郭慕孙将"广义流态化"的研究成果成功应用于冶金过程，使流态化技术逐步为我国工业界所重视。为了进一步推广流态化技术，使我国更多的科研、设计和操作人员了解掌握流态化技术，1963年，郭慕孙与庄一安共同撰写出版了《流态化垂直系统中均匀球体和流体的运动》[①]一书，该书

[①] 郭慕孙，庄一安：《流态化垂直系统中均匀球体和流体的运动》。北京：科学出版社，1963年。

第四章　奠基立业　报效祖国

将现有的散式流态化理论加以系统化和延伸,形成了一个广义的流态化体系,包括以下三部分:经典流态化和有关固定床和颗粒的沉降,广义流态化及加速度下颗粒和颗粒群的运动。此外,将现有的数据进行审查和比较,并根据上述理论编制了一系列的算图,以便于快速的计算。最后,用不同工艺中常遇到的问题为例,对运算方法作进一步的阐明。书中的理论和计算方法可应用于固定床、移动床、自由沉降、受阻沉降、距临界流态化不远的浓相流态化床和空隙度很高的稀相流态化床。

图 4–11 郭慕孙 1963 年出版的著作《流态化 垂直系统中均匀球体和流体的运动》

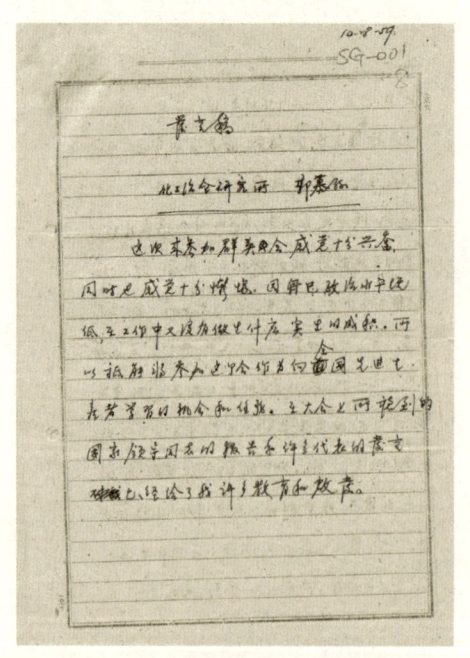

图 4–12 1959 年郭慕孙参加全国群英会发言稿

郭慕孙瞄准国家建设需求,从每一项具体工作入手,潜心钻研,扎实工作。在研究所他亲自给大家讲授流态化的原理、技术和工业应用,悉心指导培养青年骨干。他多次去山东 501 厂,帮助解决流态化床直接喷油、弯曲输料、分级移动床浸取等问题,重新计算设计四级浸取器的实验条件和工艺流程图,并提出对铝土矿予脱硅沸腾多层焙烧炉的设计等意见。在大冶、鞍钢、包钢、洒泉钢厂、马鞍山等厂矿企业,他宣传讲解流态化,对流态化技术的普及做了大量卓有成效的工作。

对郭慕孙来说，回国后的前十年是硕果累累的十年。他善于思索总结，不断创新；他不辞辛苦，一步一个脚印地勤奋工作，将流态化技术用于冶金工业，在含硫化物的氧化焙烧、氧化物的还原和湿料的干燥中，取得了一个又一个理论研究成果；并将流态化技术广泛推广应用于我国特有的矿产资源，由此带动了一系列的工业研究，使流态化技术逐步被我国工业界所重视。从事流态化研究的机构不断涌现，科技人员也由原来化工冶金研究所的十几人发展到全国近千人的队伍。郭慕孙做出的成绩得到了广泛赞誉，1959年他应邀参加了全国群英会，被授予全国先进工作者称号，1965年他又当选为第四届全国政协委员。经过十年的不懈努力，郭慕孙在流态化研究领域为自己的学术生涯树起了第二座里程碑。

第五章
乱中求索　矢志不渝

在十年"文化大革命"中，受到不公正待遇的郭慕孙从没有放弃对科技强国梦想的执着追求。他乱中求索，冲破重重阻力，坚持不懈地研究和总结，撰写了大量流态化文稿；在马鞍山、山东501厂、南京钢厂、西北戈壁滩的金川、四川攀枝花、河北沧州等地都留下了的科研足迹；《流态化浸取和洗涤》专著出版；流态化磁化焙烧贫铁矿技术在阿尔巴尼亚红土矿的综合利用中得到应用；"化工冶金中的散式流态化"论文受到国内外学者的赞誉。

逆境中坚持

早在"文化大革命"之前的1963年，国家科委就批准了化工冶金研究所三室主任郭慕孙申请的"100吨/日流态化磁化焙烧贫铁矿中试"项目，拨款250万元。中试厂厂址选在安徽马鞍山矿山研究院，鞍山黑色冶金设计院承担设计任务。郭慕孙亲自领导参与了中试厂的选址、设计方案审议及中试厂建设的全过程。流态化磁化焙烧炉高30多米，共有7层平台，在建设过程中，郭慕孙总是爬上爬下，对每层平台上的构件、设备进行严格的核查。

1965年，100吨/日铁矿的流态化磁化焙烧中间工厂在安徽马鞍山建成。该项目面向全国，直接为酒泉钢铁公司的选矿厂建设提供依据。原设计上段为淋雨式稀相气固逆流换热，下段为浓相流态化磁化焙烧，铁矿石粒度为0—3毫米，由对辊破碎机提供。该装置采用了郭慕孙发明的高传热系数、低流阻的无气泡气固接触换热技术。马鞍山黑色矿山研究院刚刚建成，条件不错，环境优美，但夏季炎热，艳阳似火，烤得柏油路融化，桌面、凳面灼人，蚊子猖獗，蚊帐内闷热难忍，有人将睡席浇水，床前放上一脸盆水，以便晚上擦身。

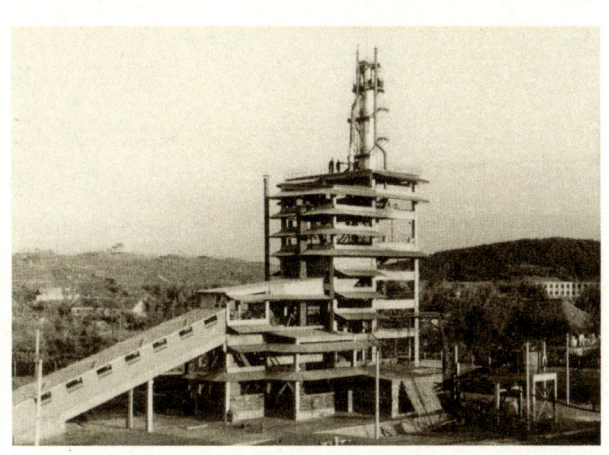

图5-1 马鞍山日处理100吨流态化磁化焙烧中试工厂

在矿山研究院的组织下，除化工冶金研究所外，还有酒泉钢铁公司、鞍山钢铁公司都派人员参加，郭慕孙亲临现场指导，和实验人员一起进行试验。盛夏的马鞍山，出门一身汗，上岗工作服被湿透，风干成白白的汗碱，但大家不畏艰苦，团结一致，进行各项单体和联动试车，不断取得进展，具备了进行投矿试验的条件。

1966年，"文化大革命"开始，同全国各行业一样，科技界"停止科研闹革命"，科研工作受到严重干扰。当时，郭慕孙也同许多科学家一样遭受了不公正的待遇。郭慕孙被迫停止科研工作，不能再担任实验室主任指导研究，因"资产阶级学术权威"等莫须有的罪名被隔离审查长达一年半。那时，他不能进行正常的科研工作，每天被隔离参加政治学习，还要接受审查和批判。但他心胸坦荡，"文化大革命"的冲击并未改变他报效祖国的初衷。他曾三次奔赴马鞍山，亲临现场指导"两相流态化磁化焙烧贫铁矿"中试热试车间的试验工作，并赴山东501厂和南京钢厂调研，并

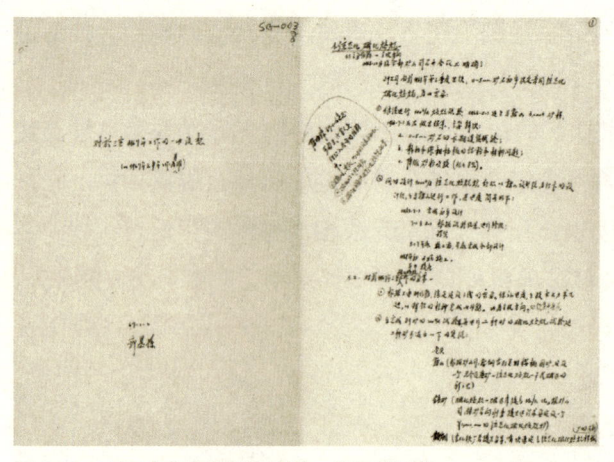

图 5-2 1967年郭慕孙对三室的一些工作设想

帮助30吨/日"五级流态化浸取"中试车间解决技术难题。他还起草了"对于三室1967年工作的一些设想"[1]，把流态化磁化焙烧作为主攻方向；并撰文"返混微分方程"[2]、"对铜陵有色公司两种沸腾加热炉的意见"[3]、"顺流矿粉预热炉"[4]、"直接加热流态化条件实验反应器初步设计"[5]以及推广流态化技术的"流态化讲解提纲"[6]等。可想而知，在当时身处被审查的逆境下，郭慕孙所做的这些是在什么心境下进行的，又是多么不容易。

1966年7月马鞍山流态化磁化焙烧开始进行投矿试验。当时因酒泉钢铁公司矿山尚未建成，实验矿样靠肩挑背扛、毛驴驮运，转折到此，十分宝贵，决定先用鞍山矿试验。试验中遇到不少问题和困难，主要问题是铁矿石粒度不能满足0—3毫米要求，颗粒内热阻高，传热慢，矿石达不到预热温度要求，致使还原床温度低、气体速度低，不能正常流化，也无法磁化反应；稀相挡板变形而积料，炉内出现烧结矿渣，使试验不能连续运行。年近50岁的郭慕孙没有架子，工作在现场，他和科研团队一起讨论，探讨各种对策。采用反击破碎机取代对辊机，铁矿石粒度满足了0—3毫米要求。

郭慕孙非常重视要亲自取得第一手实验资料。在马鞍山一次投矿热试

---

[1] 郭慕孙：对于三室1967年工作的一些设想，1967年1月2日。资料存于采集工程数据库。
[2] 郭慕孙：返混微分方程，1966年10月7日。存地同上。
[3] 郭慕孙：对铜陵有色公司两种沸腾加热炉的意见，1967年3月20日。存地同上。
[4] 郭慕孙：顺流矿粉预热炉，1967年5月5日。存地同上。
[5] 郭慕孙：直接加热流态化条件实验反应器初步设计，1967年4月23日。存地同上。
[6] 郭慕孙：流态化讲解提纲，1967年11月22日。存地同上。

验中，发现流化床失流了，排料口也排不出料，只好停炉检查。打开烫手的床层底盖，物料还是不能排出来，矿石在床层中烧结了。床层中的矿石有2—3米厚，若不尽快排出来，一旦整个床层烧结死了，流态化焙烧炉将面临报废的危险，后果十分严重。考虑到流化炉外壳为钢板结构，内衬耐火砖，焙烧温度高达500—600℃，床层中的热矿石不会很快冷却下来，在床层部位又没有可供人便于修理的操作孔，经过现场讨论，唯一的办法只能是把人从炉顶口吊进，下到炉内去，用铁桶把矿石掏运出来。面对困难，化工冶金研究所参加试验的三位同志带头轮流进入炉内掏矿。掏矿人的腰部和双腿捆绑着安全带，头戴安全帽，脚穿牛皮工作鞋，身穿厚厚的帆布工作服，戴着防尘眼罩、口罩和石棉手套，肩上披着一条湿淋淋的毛巾，手持铁铲，活像一个太空人；再用一根直径约40毫米粗的长麻绳把人捆绑着，麻绳的另一端，由站在顶层平台上的一群人紧紧地拉着，由一人发号施令，齐声喊着"一、二、三"，经过固定在35米高的炉顶钢架上的滑轮，慢慢地先把人吊入炉内，之后再吊放下去一只小铁桶，把掏挖的矿石经炉顶运出来。当把人吊下到炉内矿石面上，扒开表层矿粉，里面的矿石还是红彤彤的，顿时热浪逼人，使人全身冒汗，床层内径1.1米，炉内缺氧，一次掏运3—4桶矿石后就要立刻换人工作。当时，几十位三班倒的科研人员和工人都聚集在顶层平台上，大家情绪激昂，争先进炉掏矿。

掏完炉内矿石后发现，在燃烧室四个烧嘴处炉壁上方，都有较大的烧结瘤块，烧结瘤块向着炉中心延伸，这可能是燃烧室煤气喷嘴的操作不协调而导致流态化床失流。郭慕孙得知这个情况后，要求亲自下到炉内考察。当时，考虑到郭慕孙的专家身份和身高较高，在场人员都不同意，但郭慕孙一再坚持要到炉内查看，之后，经过严密布置和准备，还是把郭慕孙用安全带捆绑着，从炉顶吊入炉内。当时，这事惊动了马鞍山矿山研究院院长和流态化车间主任、党支部书记，他们纷纷赶来制止，还严厉地批评、训斥了在场人员为什么同意郭慕孙进行这种具有危险性的观察活动。此时，"生米已煮成熟饭"，郭慕孙心意满足，含着微笑，静静地站在30多米高的炉顶平台上。郭慕孙以"不入虎穴，焉得虎子"的精神，查明了失流和烧结情况，原来是高压烧嘴的高温使挡板严重变形所致，研究决定改进材质，他也在现场参与研制球墨铸铁挡板的工作。值得高兴的是，鞍山矿的试验获得精矿品位 63%—65%、铁回收率 93%—95% 的好结果，振奋了鞍山钢铁公司选矿厂参加试验的同志们的精神，选矿厂的领导和各岗位的中坚力量对该项试验抱有特别的期待。

"文化大革命"开始以后，郭慕孙虽然受到了冲击，但在他心里装的却是马鞍山焙烧炉出现的问题，他反复思考着采用细颗粒原料造成炉顶温度过高而且烟气带出未经磁化的细尘过多而影响铁的总收率等问题。他通过过程设计和流程计算，提出半载流磁化焙烧工艺方案，即采用煤气缺氧燃烧生成弱还原性气氛，对细粒铁矿粉在稀相上升中进行磁化焙烧，物料经旋风分离回收，再返回稀相段下部，进行循环焙烧。1967年，他和同事们又一次来到马鞍山试验现场，他们住在焙烧炉附近的简易木板房内，地面是刚铺的红砖，没有书桌，没有生活设施，条件十分艰苦。郭慕孙以床当桌，坐在小马扎上，谋划新方案技术改造的细节和措施。然而，"文化大革命"使技术改造进展缓慢，酒泉矿的正式试验直至1968年夏才进行。令人高兴的是，试验取得了令人满意的结果。特别应该提到的是，半载流磁化焙烧工艺在世界矿物加工史上开创了循环流态化焙烧的先河。1971年，氢氧化铝循环流态化煅烧在国外见诸报端。

1967年，鞍山钢铁公司选矿厂参加试验的领导和同志，根据他们对流态化磁化焙烧的认识和理解，不声不响地在鞍山设计和建设了 700吨/日"流态化磁化焙烧的工业试验炉"，不久便投入试验，但并没有取得像马鞍山那样的好结果，而且特别不幸的是，"文化大革命"中试验被迫中止。鞍山700吨/日工业试验炉是一个重大事件，它对磁化焙烧在中国的发展，其负面影响远超过正面影响，"成也是它，败也是它"。酒泉钢铁公司选矿厂因此改变原来的设计方案，化工冶金研究所也被迫转向搞半导体，流态化磁化焙烧工业化步伐戛然而止。对此，郭慕孙深感遗憾。

郭慕孙50年前的研究成果对现在的研究仍具有重要的指导作用，中国科学院过程工程研究所（原化工冶金研究所）在云南越钢集团进行的10万吨/年难选铁矿流态化磁化焙烧工业示范、在四川攀钢进行的1万吨/年钛精矿流态化氧化—还原焙烧中试示范、在云南文山建立20万吨/年软锰矿流态化还原产业化示范工程等，就是在郭慕孙以前工作的基础上进一步发展起来的。

1969年6月1日，郭慕孙被下放到地处我国大西北戈壁滩上的甘肃金川有色金属公司（886厂），参加金川镍钴矿尾矿氯化焙烧的中间试验。

金川地处沙漠边缘，生活条件非常艰苦，气候环境恶劣，晴天时太阳暴晒，刮风时黄沙弥漫，睁不开眼，吃的是当地产的青稞麦黑窝头，蔬菜很少，吃后水土不服，经常会肠鸣、肚子痛。当时的工作环境也很差，他每天要和大家步行40多分钟才能到达实验现场，三班轮换做实验。因为氯化焙烧常有氯气泄漏，损害人的呼吸系统，引起咳嗽甚至哮喘。实验时要戴着防毒面罩，厂里给每人发一大瓶咳嗽糖浆，以治疗严重的气喘。由于长时间接触氯气，温度又高，郭慕孙的皮肤严重过敏，又痒又疼。冶炼厂的实验人员及工人师傅们很关心他，希望他不要直接参加实验了，然而他还是忍受着痛苦，坚持一个多月将实验顺利完成。实验车间里没有办公桌椅，他只能坐在小板凳上做实验记录，处理实验数据，起草文稿。

图5-3　1969年郭慕孙在西北戈壁滩上的金川镍矿区

在那个工作条件极差和生活异常艰苦的环境里，郭慕孙依然兢兢业业地思考流态化研究工作，挤时间不断地进行分析、计算和设计，对我国最大的镍钴矿资源的综合利用，进行了大量的热力学数据分析，包括铁氧化物和金川矿所含的多种有色金属的相平衡图，提出了全新的设想，设计出气相化学迁移的工艺流程，解决有色金属氯化物与铁氧化物分离的问题。他还利用休息时间，在小板凳上撰写出"用气相迁移法从含有色金属复杂铁矿中提取有色金属"的论文[①]，该手稿长达 40 页。他那整齐规范的字迹和徒手画的整齐图表，不得不让人对他这种执着的工作精神折服。氯化迁移的构想至今仍然值得人们探索和借鉴。

在艰苦繁重的劳动之余，郭慕孙还酝酿着撰写《流态化浸取和洗涤》的专著初稿，此书在"文化大革命"结束后的 1979 年出版。

1970 年 1 月 10 日，郭慕孙结束了历时 7 个月的下放劳动，离开甘肃金川 886 厂，于 1 月 14 日回到北京。那时，包括化工冶金研究所在内的中国科学院六个研究所和科仪厂已划归到北京市，隶属北京市科技局领导。化工冶金研究所已被迫转向搞半导体器件和材料的研制，化工冶金方面的工作几乎全部中断。

在那段被迫中断流态化研究的日子里，郭慕孙心急如焚，只能白天上班拉单晶硅，晚上回到家里加班至深夜进行流态化研究。他整理了过去积累的大量实验数据，并制定研究计划，编写各种备忘录，系统总结了"散式"流态化和"聚式"流态化现象的异同。郭慕孙发现流化床中的气泡通过床层会导致气体短路，降低气固接触效率，产生了研究抑制气泡产生的方法和理论的构想。为此，他潜心钻研，酝酿"无气泡气固接触"的研究。

援阿任务

1970 年 4 月，针对阿尔巴尼亚含镍钴红土铁矿的综合利用问题，时任国家对外经济联络部负责人的方毅同志在上海主持召开了援阿工作会议，研究援阿工作的技术方案，部署援阿项目。该项目由方毅同志牵头，组织外经委、冶金部、一机部等有关单位协同攻关，有上海冶炼厂、北京矿冶研究院、北京有色冶金设计院、上海化工研究院和中国科学院化工冶金研

[①] 郭慕孙：用气相迁移法从含有色金属复杂铁矿中提取有色金属。见：《思索 实践 创新——我的一些专著、论文和手稿》，北京：科学出版社，2010 年，第 449 页。

究所等单位参加联合攻关。

郭慕孙、陈家镛等同志提出的"阿尔巴尼亚红土矿还原焙烧—氨浸—氢还原湿法提取镍钴新流程"方案被审定采用，并由外经委给中国科学院下达了援阿项目任务。化工冶金研究所主要参与流态化还原焙烧、洗涤柱参数测定与改进、氨浸氢还原试验、摇包脱铬等试验工作。当时，化工冶金研究所组织了流态化研究室、湿法冶金研究室和高温冶金第二研究室的科研骨干参加了攻关。郭慕孙带领流态化实验小组，对红土矿选择性还原焙烧的机理、各种反应参数与提高镍钴浸出率的关系以及流态化反应器的关键问题，进行了大量的实验室研究和扩大试验。

为了更快更好地完成此项任务，郭慕孙带领他的研究团队，特将曾在马鞍山做试验用于提高低品位铁精矿品位、每天最大处理量能达100吨的两相流态化磁化焙烧贫铁矿的中间试验炉子迁到上海冶炼厂，进行了阿尔巴尼亚红土矿的流态化还原焙烧试验。

1971年7月至1972年11月，郭慕孙曾先后三次到上海冶炼厂参加"从阿尔巴尼亚红土矿中通过

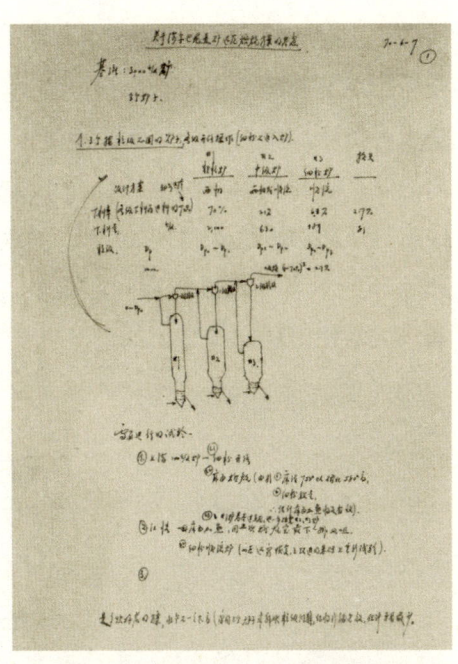

图 5-4　郭慕孙关于阿尔巴尼亚红土矿还原焙烧方案的手稿

图 5-5　1973年郭慕孙撰写的从氧化镍矿中提镍的手稿

第五章　乱中求索　矢志不渝

流态化焙烧和湿法冶金提镍"80吨/天的中间扩大试验，历时累计长达九个月。郭慕孙每次下厂都亲自参加试验，并在现场进行计算，撰写实验报告，对试验厂中存在的问题提出了很多关键性的指导意见，为最终援阿项目的建厂设计提供了必要的数据和经验。这期间，他还专门对流态化洗涤柱进行了研究。洗涤柱高16米，为观察到颗粒和流体在柱里的流动情况，郭慕孙上上下下通过视镜耐心观察，提出了改进洗涤柱的加料方式。以前，洗涤柱是从柱顶往下加料，由于加料的动能，料浆进入洗涤柱时将柱里颗粒层冲乱，使洗涤柱的洗涤效果很差；郭慕孙提出从扩大段往上加料的进料方式，这样物料进入柱里的动能就自动消耗了，料浆进入洗涤柱后再经倒流桶缓慢下流，保证柱里颗粒层运动不受干扰，大大提高了洗涤柱的洗涤效果。

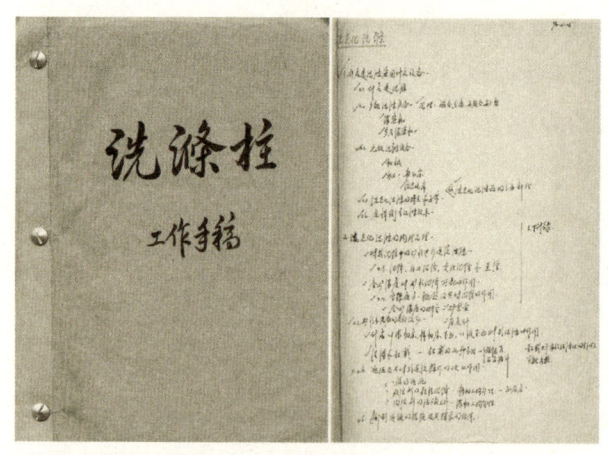

图 5-6　郭慕孙撰写的关于洗涤柱的手稿

"阿尔巴尼亚红土矿还原焙烧—氨浸—氢还原湿法提取镍钴新流程的小型实验"项目于1978年获全国科学大会奖。其间方毅同志曾6次亲临化工冶金研究所视察工作，了解援助阿尔巴尼亚任务的进展情况，对科研工作给予极大

图 5-7　1979年郭慕孙（右一）陪同方毅院长（左二）视察化工冶金研究所

的关心和支持。

1997年10月27日，郭慕孙在《中国科学报》发表了"怀念方毅同志"的文章，他深情地写道[①]：

> 1969年的一天，当时化工冶金研究所的领导通知我去上海援助阿尔巴尼亚试验工厂劳动、锻炼，一位干部悄悄告我：厂里的洗涤柱有问题，你去想想办法。
>
> 援阿工程的试验在我国已进行了几年，由外经部负责，当时方毅同志是外经部部长。工程的内容是从阿尔巴尼亚红土矿提镍。正在进行的火法冶炼方案投资高、耗电多，且阿尔巴尼亚没有现成的电源。方部长下决心将之改为焙烧、氨浸、氢还原工艺，拆消在浙江横山的火法试验，在上海冶炼厂进行新工艺的试验。
>
> 在试验的若干年中，方毅同志经常从北京来上海冶炼厂，并派两位助手常驻试验场，每天向他汇报试验情况。方毅同志每次来上海时，必了解现场各道工序，了解与熟悉关键设备的作用及存在的问题。方毅同志十分重视工艺中的科学技术问题，了解和同情知识分子，在上海冶炼厂，他认识了许多工人和技术人员，并参加技术讨论，召集专门会议。对于重要的修改，他当机立断。他经常鼓励第一线的各种人员，特别是告诫我们，在援阿工程搞成之后，要著书立说。这样，这一未经小试和中试的试验生产厂在较短时间内取得了成功。
>
> 继援阿任务完成后，方毅同志开始关注我国复杂矿的综合利用，我每次去攀枝花开会，看到他如何主持会议，对钒的提取、钛的富集、氯化后制钛白等工序进行了大规模试验的部署。对方毅同志的洞察能力、果断的决心以及相当具体的安排，我深感钦佩。

---

① 郭慕孙：怀念方毅同志。《中国科学报》，1997年10月27日。

气体炼铁

1974—1978 年，郭慕孙带领他的研究团队进行了气体炼铁和快速流态化技术的研究，先后提出了"双粒度广义流态化理论"、"天然气流态化还原钒钛磁铁矿：还原、造气、动力综合流程"、"关于研究钒钛磁铁矿钢铁新流程的建议"、"对于气体炼铁的一些考虑"、"万吨气体炼铁厂方案建议"、"关于成都红旗钢铁厂进行天然气还原铁矿的建议"、"光华县流态化炼铁流程改进设想"以及张庄铁矿氢还原反应器的建议等。

流态化气体炼铁技术是将铁精矿粉用氢气在低温下还原成铁粉，这样可改变一般冶炼过程流程长、能耗高、污染大的诸多问题。纯铁粉末可生产纯铁，也可压制成型，经烧结后制成机械零件，避免繁杂的机械加工过程。

郭慕孙提出利用化肥厂合成氨生产过程中循环气体中的氢气作为还原气体，还原后的气体再返回到合成氨流程中。因为气体还原过程中氢气消耗较少，气体返回合成氨系统后，对合成氨生产影响很小。

郭慕孙的科研团队经过实验室研究后，于 1975 年在河北沧州市第一化肥厂建成了 500 吨 / 年中试工厂，所用原料为河北张庄铁精矿粉，实验获得了成功，生产出高活性铁粉，并取得了技术数据。实验完成后，将原料改为铁鳞（轧钢中产生的氧化铁），生产出粉末冶金及电焊条用铁粉。该项目"流态气体还原铁鳞制铁粉"1979 年获中国科学院科技成果奖一等奖。

图 5–8 1979 年"流态气体还原铁鳞制铁粉"获中国科学院科技成果奖一等奖的奖状

云开月明

时任外经贸部部长的方毅对"四人帮"在"文化大革命"中的倒行逆施极为不满,进行了斗争。在视察化工冶金研究所时曾一针见血地指出:"叫搞化工冶金的去搞电子,真是荒唐"。根据我国冶金工业发展的需要和资源特点,在方毅同志的大力支持下,1972年9月,经中国科学院和北京市科技局批准,化工冶金研究所重新恢复了化工冶金方向的科研工作[1]。郭慕孙抓住机遇,带领同事们继续全力开展流态化研究。

1973年郭慕孙指导他的研究团队完成了"从氧化镍矿中提镍"的课题。我国传统的提镍技术是将硫化矿经浮选富集后再火法冶炼,但我国大部分镍矿为氧化矿,若用传统的火法冶炼,提取镍能耗高。为此他建议用化工冶金方法,特别是用焙烧和湿法冶金相结合的工艺来处理氧化镍矿,以满足我国冶金工业发展的需要。此外,他还设计了浓相输送溢流管、浓相输送锥斗等设备;向生产第一线的工作人员介绍了他设计的焙烧炉物料、热平衡计算的实例和方法;撰写了改善流态化洗涤细粉的意见及洗涤方法对于洗效的影响等文章。针对我国西南地区钒钛磁铁矿储量大、焦煤储量少、有较多天然气的资源特点,提出了用电冶金流程炼钢和提钒的方案。他还与同事们共同完成了流态化选择性还原钒钛磁铁矿的探索性实验。

1973年,郭慕孙又撰写出"Particulate Fluidization in Chemical Metallurgy"[2](化工冶金中的散式流态化)一文,此论文后来被《中国科学》刊载。郭慕孙在论文的摘要中写道:

本文以散式流态化为基础,指明了一种完全均匀的理想流态化体系的特征,并说明这种散式流态化中的一些简明的参数关系,犹如理

---

[1] 中国科学院"科字第(72)430号"文件。
[2] Mooson Kwauk: Particulate Fluidization in Chemical Metallurgy. *Scientia Sinica*, 1973, 16(3): 407-428。

想气体，可作为分析许多工程问题的工具。并以化工冶金为出发点，用广义流态化、逐级流态化浸取、锥形流态化床的操作、散式流态化床中颗粒分级等为例，来说明散式流态化怎样对某些现象给予简略的解释，对工艺启示了设计的方法和发展方向。

在化工部组织的全国性的两次公开演讲中，郭慕孙的这篇论文被选中。1973年5月，他被化工部选派赴伊朗色拉之（Shiraz）参加了第一届国际化学工程会议。郭慕孙在大会上作了"Particulate Fluidization in Chemical Metallurgy"的报告，受到英美等国学者的关注与好评，伊朗教育部负责人和伊朗最大的产业——伊朗国家石油公司的领导亲自参加了我国驻伊朗领事馆举办的答谢宴会。一位伊朗教授热情洋溢地评价了郭慕孙教授所做的"化工冶金中的散式流态化"的学术报告，并赞扬中国"你们最伟大的地方就是有独立自主的精神，在自力更生的基础上建设自己的国家。只要有这样一个基本条件，其他一切就会先进起来。"[①] 同年8月18日，《光明日报》以"交流经验 增进友谊"为题，报道了郭慕孙作为中国化工代表团成员，在伊朗参加第一届化工大会的情况："当'化工冶金中的散式流态化'一文宣读后，备受与会者关注和好评，许多国家的代表向中国代表团表示要求得到书面报告。"由此郭慕孙也结识了很多英美学者，为改革开放后开展国际合作打下了基础。

1975年5月，郭慕孙应伊朗阿里亚迈尔工业大学的邀请，经国务院批准，参加了在德黑兰召开的第二届伊朗国际化学工程会议，并参观了国际能源和石油化学工程展览会；同年11月又应日中文化交流协会与日中经济协会的邀请，参加了由严济慈先生为团长的中国科学技术协会代表团，赴日本进行了为期三周的访问，对化工冶金、气体炼铁、流态化技术等内容进行了10次参观交流。

郭慕孙非常关心研究所的发展，他结合我国矿产资源综合利用等研究以及冶金工业的生产情况，于1974年起草了《关于化工冶金研究所10年

---

① 伊朗通讯：交流经验、增进友谊——记中国化工代表团在伊朗.《光明日报》，1973年8月18日.

规划》①，提出要加强化工冶金研究所政治和业务领导，更好地发挥现有人员的专长，改组现有室组，缩短战线，集中力量明确主攻方向，拟定有效措施，统一思想，形成全所的战略方案。并明确提出化学反应工程研究的工作应包括；冶金流体力学、冶金物理化学和数学模拟。1977年8月25日，又起

图 5-9　1975年中国科学技术协会代表团访问日本
（左五：严济慈，左六：郭慕孙）

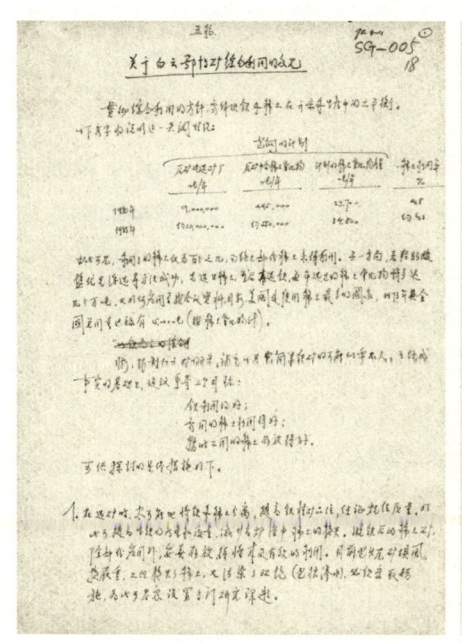

图 5-10　郭慕孙关于白云鄂博矿综合利用的意见

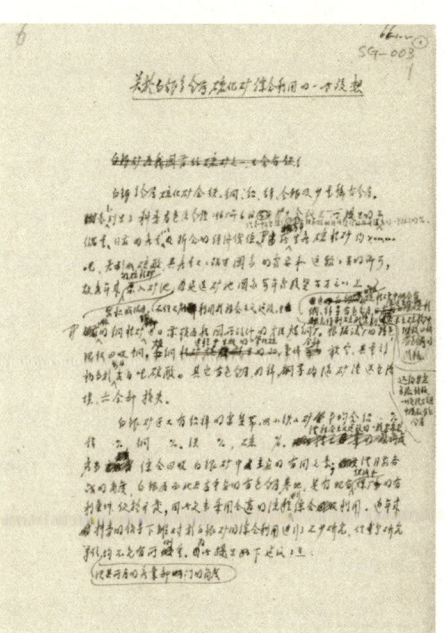

图 5-11　郭慕孙关于白银多金属硫化矿综合利用的一些设想手稿

---

① 郭慕孙：关于化工冶金研究所10年规划，1974年10月21日。化工冶金研究所确定方向任务内部资料。

第五章　乱中求索　矢志不渝

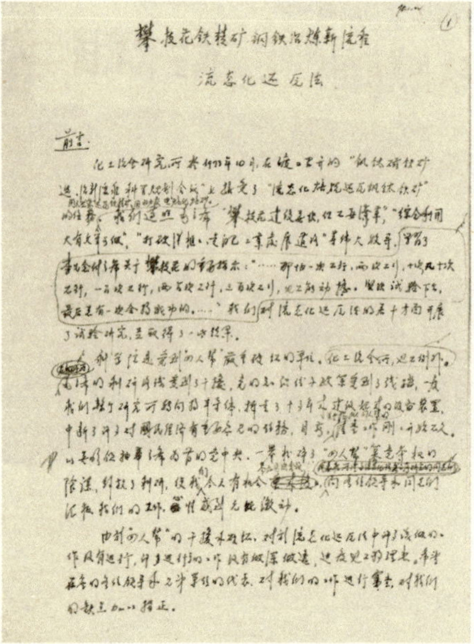
攀枝花钢铁冶炼新流程

流态化还原法

前言：

图 5–12　1978 年 1 月郭慕孙撰写的攀枝花钢铁冶炼新流程——流态化还原法手稿

草了“化工冶金：学科—技术—任务的三结合”的化工冶金研究所规划远景设想，为研究所的学科发展既描绘了宏伟蓝图，又提出了具体可行的实施方案。郭慕孙撰写的《关于白云鄂博矿综合利用的意见》①，建议采用流态化磁化焙烧新工艺来处理像白云鄂博这样的复杂矿。此外他还设计了铁矿粉载流还原反应器、顺流串联反应器、张庄铁矿氢还原反应器、浓相输送溢流管、磁场料阀、板式过滤器、顺流粉矿预热炉、攀枝花钒钛磁铁矿流态化氢还原反应器、变压溢流管等设备；完成了微分洗涤器的数学模拟、快速流化床实验数据的分析、高炉的计算机模拟和模型及流态化热载体炼铁、光学纤维在流态化技术中的应用及高效再生器中的快速流态化技术等一系列课题研究；撰写了“如何综合利用我国的矿产资源”②、“攀枝花钢铁冶炼新流程——流态化还原法”③、“固相加工中的化学反应”④、“含铜铁尾矿砂高温氯化挥发焙烧”（即一段法）、“冶金反应装置的科学分析”等多篇文章；针对我国矿石资源的贫、杂特点，提出了工作的对象、目标和方向；并提出要发展和应用流态化、湿法冶金及超高温冶金中的新技术，开展化学反应工程和冶金过程物理化学的研究，探索和发展新的冶炼方法。

在此期间，郭慕孙还将流态化技术推广应用于工业废气的回收和环境

① 郭慕孙：“关于白云鄂博矿综合利用的意见”手稿，1975 年 9 月 11 日。资料存于采集工程数据库。

② 郭慕孙：如何综合利用我国的矿产资源，1974 年 9 月 19 日，化工冶金研究所内部资料。

③ 郭慕孙：攀枝花钢铁冶炼新流程——流态化还原法，1978 年。资料存于采集工程数据库。

④ 郭慕孙：“固相加工中的化学反应”手稿，1978 年 8 月 11 日。存地同上。

保护，提出了单气源、双气源、多气源的"气控式多层流态化床"，并成功地应用于活性炭吸附、回收工业二氯乙烷尾气，为化工、轻工的资源循环利用提供了新的设备和工艺。他参与了湖北应城县硫酸厂沸腾炉焙烧石膏制硫酸的扩大试验，协作攻关；出席了全国稀土推广应用会、四川省冶金局召开的天然气还原钒钛磁铁矿技术座谈会、攀枝花钢铁冶炼新流程科学研究会议及流态化反应器的模拟放大技术经验交流会，并在会上作了报告；走访了成都粉末冶金厂、成都工学院、成都钛所、四川省化学所、四川省科委及贵州化工研究所等单位，进行实地调研，作流态化学术专题报告；他将流态化技术的基本原理、国内外流态化学科的发展及我国对流态化技术的需求等撰写成讲解提纲，应邀赴北京师范大学、浙江大学、华侨大学等高校和二机部五所讲学，介绍化学工程的进展，讲解流态化技术；他还到广西藤县氮肥厂，对科研项目流态化气体炼铁吨级试验工程进行具体指导，对试验的设计和施工中存在的问题提出了多项改进意见，并为企业的技术骨干及工人进行培训、辅导。到上海冶炼厂给工程技术人员讲解流态化临界速度的计算、操作线速的选择以及广义流态化公式的应用，等等。广为宣传流态化在工业生产中的应用以及在国内外的发展前景，他为普及和推广流态化技术付出了大量心血。

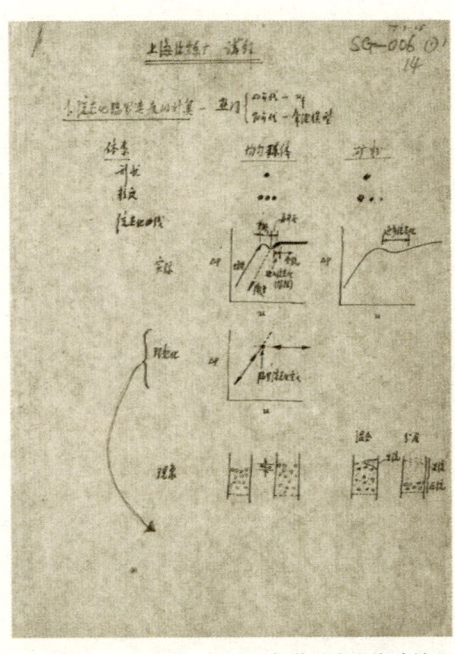

图 5-13　1977 年 5 月郭慕孙在上海冶炼厂讲课的手稿

"文化大革命"的十年，尽管科研工作被迫中断，但由于国家的需求，还有一些国家下达的任务需要完成。郭慕孙与化工冶金研究所三室（流态化研究室）的同志们始终奋斗在科研一线，宣传、推广流态化技术，并结合国家需求进行了一系列工业应用。

第五章　乱中求索　矢志不渝

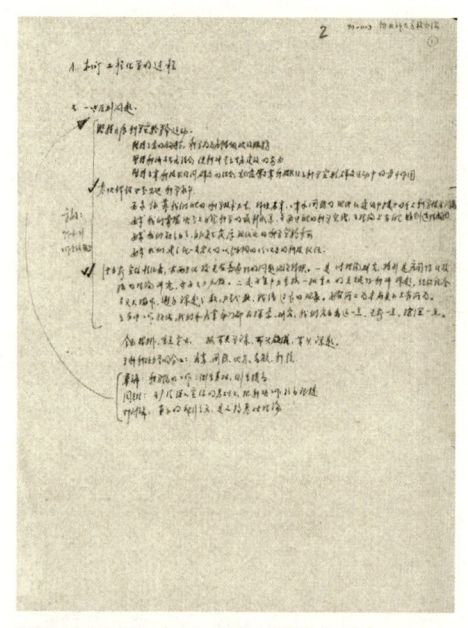

图 5-14　1977 年 11 月郭慕孙在北师大讲学的讲稿

1975 年麦收时，白介夫代表北京市给化工冶金研究所下达制造小麦烘干机的任务。根据以往经验，麦收时，常会遇到阴雨连绵，田里小麦将发芽、发霉，造成极大浪费。北京市要求化工冶金研究所五天之内造出小麦烘干机。接到任务后，郭慕孙白天黑夜连着干，第二天就拿出样机设计。为了适合农村应用，郭慕孙根据小麦的粒度和密度，设计了套袖阀和吊挂式加料斗的喷动床，经工厂加工，按时制造出每次处理量为 500 斤级的小麦烘干机，郭慕孙和大家一起到六郎庄进行了试验，根据试验情况，他又指导大家成功研制出每次处理量为 1000 斤级的小麦烘干机，并在延庆试验证明设备完全适合农村实际需要。

在那段特殊的历史年代，以郭慕孙为代表化工冶金研究所的科技工作者并没有放弃心中对科学的执着追求，没有忘记对国家肩负的重要使命，面对艰苦的工作和生活条件，依然坚守工作岗位，攻坚克难，执着而艰难地推动着科学技术的进步。

第六章
科学春天　大展宏图

1978—1986 年，郭慕孙担任化工冶金研究所所长，他肩负着历史重任，在所党委的领导下，大胆决策，带领化工冶金研究所拨乱反正，面向国家重大需求，重新调整科研布局，明确学科方向任务，绘制科技创新蓝图，倡导"三要""三抓"的变革理念，使化工冶金研究所呈现出前所未有的生机和活力。郭慕孙带领他的研究团队，在散式流态化、多层流态化、快速流态化和矿产资源综合利用等方面的研究中，取得了一系列重大科技成果，并开创了"无气泡气固接触"新领域。他创立了"多相反应开放研究实验室"，为"生化工程国家重点实验室"的建立做了大量的工作。他组织和指导学生、同事、同行登上国内国际学术交流会议的平台，努力推进化学工程和流态化技术的发展。他身兼全国政协委员和中国化工学会副理事长等职，尽职尽责，建言献策，积极参与全国化工学科规划，提出化学工程学科研究方向。

担 任 所 长

1978 年 3 月 18—31 日，中共中央在北京隆重召开了全国科学大会，全国6000多名代表及先进集体、先进科技工作者出席了这次大会。邓小平同志在开幕式讲话中提出"科学技术是生产力"、"中国的知识分子是为社会主义服务的脑力劳动者，是劳动人民的一部分"、"实现四个现代化的关键是实现科学技术现代化"等科学论断。时任国务院副总理、国家科委主任方毅做了《1978—1985年全国科学技术发展规划纲要（草案）》报告，提出了科学技术工作的八年奋斗目标。大会闭幕式上，宣读了中国科学院郭沫若院长的书面讲话，他说："反动派摧残科学事业的那种情景，确实是一去不复返了！我们民族历史上最灿烂的科学的春天到来了！"他勉励老、中、青三代人"拥抱科学的春天吧"[1]。这次大会是一次拨乱反正的大会，对于"文化大革命"中被视为"臭老九"的广大知识分子来说，无疑是一声春雷巨响，彻底砸碎了套在知识分子头上"资产阶级知识分子"的精神枷锁，向全国各族人民吹响了向科学技术现代化进军的号角。

郭慕孙出席了这次全国科学大会，亲自聆听了中央首长的讲话，受到了极大的鼓舞和鞭策，"化工冶金中的散式流态化"和"阿尔巴尼亚红土矿还原焙烧—氨浸—氢还原湿法提取镍钴新流程的小型试验"，获得全国科学大会奖，"两相流态化磁化焙烧贫铁矿"和"从低品位铜钴氧化铁矿中提取铜钴"获中国科学院重大科技成果奖。郭慕孙和他的同事们共同完成的这些科研工作得到了充分肯定。

1978年9月，时任中国科学院院长方毅邀请郭慕孙参加科学院院内组织的科学规划的制定，郭慕孙对于我国化工学科的发展提出了

图6-1 1978年郭慕孙的两项研究获全国科学大会奖

---

[1] 郭德宏：《中国共产党图史（下卷）》。太原：山西教育出版社，2012年。

图 6-2　1978 年"两相流态化磁化焙烧贫铁矿"获中国科学院重大科技成果奖

图 6-3　1978 年"从低品位铜钴氧化铁矿中提取铜钴"获中国科学院重大科技成果奖

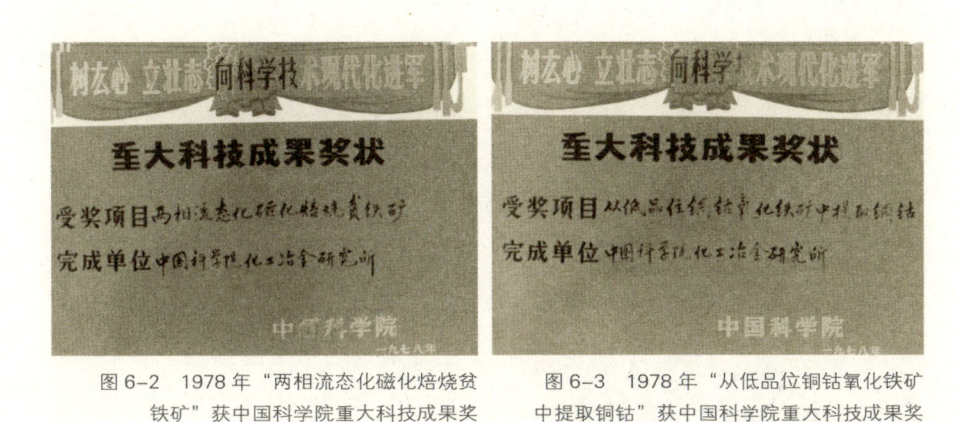

四个科研方向[①]：

- 传递过程（这是结合不同工艺不得不做的应用基础研究）；
- 化学反应工程（这是国际上出现不久、结合化学和传递的交叉学科）；
- 生物化工（这是将化工基础引入生物工业、使之科学化的新兴领域）；
- 颗粒学（这是延伸和扩大流态化技术更为广阔的新兴领域）。

1978 年 10 月 5 日，在化工冶金研究所重建和恢复科研工作的关键时刻，郭慕孙被中国科学院任命为化工冶金研究所负责人。

图 6-4　化工冶金研究所第二任所长郭慕孙院士（1978—1986）

---

① 郭慕孙：《思索 实践 创新——我的一些专著、论文和手稿》。北京：科学出版社，2010 年，第 ix 页。

图6-5 1979年郭慕孙被全国总工会授予"全国劳动模范"称号

同时,他还兼任中国化工学会副理事长及化学工程专业委员会理事长、国家科委化学工程学科组副组长、国务院学位委员会(工学)学科评议组成员等职。1979年6月他当选为第五届全国政协委员,12月他被全国总工会授予"全国劳动模范"称号,并加入中国共产党。1980年8月入选中国科学院学部委员(院士),10月29日,中国科学院任命郭慕孙为化工冶金研究所所长,在这些荣誉和职务面前,郭慕孙既感到荣幸,加倍感到一份沉甸甸的责任。

面对荣誉他十分谦虚,在他当选全国劳模后,曾给三室(他创建的流态化研究室)党支部的信中这样写道[①]:

> 李先念副主席颁给我一枚奖章和一份证书,我想了很久,觉得除了一个科技工作者该做的事情,我并没有做过什么特殊的事。国家给的荣誉应当归功于三室同志们的辛勤劳动;我的工作仍未脱离三室的方向、内容和某些试验结果。因此,奖章和证书应当属于三室。

在朴实的语言中可以体会到他对待荣誉的态度。他作为一位科学家,即使身处逆境仍念念不忘为国家科技事业的发展尽心尽力,而面对荣誉首先想到的是集体的作用,这种一心报国的赤子之心和学术风范为后人树立

[①] 郭慕孙:1979年12月29日给流态化研究室(三室)党支部和全体同志的信。见:中国科学院过程工程研究所编:《中国科学院过程工程研究所建所50周年纪念册:继承化工冶金,发展过程工程》,2008年,第174页。

了典范。

十年"文化大革命"使化工冶金研究所的科研工作受到严重干扰，有两年曾转向搞半导体材料和器件的生产与研制，化工冶金方面的科学研究被迫中断，一批科研人员和管理骨干不得不调离化工冶金研究所，一个蓬勃发展的化工冶金研究所濒于瓦解。

郭慕孙担任所长以后，先后与党委书记孙卓先、杨玉璞、钱麟和其他副所长一起，进行拨乱反正，全面整顿和恢复化工冶金研究所的研究工作。郭慕孙在党委的领导和支持下，带领所领导班子，首先进行了管理、研究、技术服务系统的整顿和重组，成立了高温冶金Ⅰ、高温冶金Ⅱ、流态化、湿法冶金四个研究室，五个技术室（化学分析、物理检测、计算机、图书情报资料、仪表）和一个金属加工厂，行政系统改组为"一科两办四处"，即保卫科、党办、所办、计划处、人事处、物资处和行政处。为了适应新时期国家对科学技术的总要求，郭慕孙调回并重新启用了一批科研和管理骨干担任处室领导，为研究所的创新发展奠定了组织基础。为了营造不断创新的局面，郭慕孙倡导"三要""三抓"的变革理念[①]，即：

- 一要面向国民经济，为生产服务；
- 二要发挥科学院的特长，突出基础，提高和开拓性的工作；
- 三要自力更生、独立自主，创造适合我国资源、社会、经济特点的工艺技术。
- 一抓智力开发；
- 二抓新思想的产生；
- 三抓课题更新。

郭慕孙和所党政领导班子根据当时中国科学院"侧重基础、侧重提高，为国民经济和国防建设服务"的办院方针，总结了化工冶金研究所

---

① 见：中国科学院化工冶金研究所建所40周年纪念册《承先启后 开拓前进》，1998年，第8页。

20多年来正反两方面的经验教训，于1982年完成了研究所方向任务的拨乱反正工作，确定了化工冶金研究所的科研方向，即以我国金属矿产资源为对象，开展冶金过程物理化学和化学反应工程学的研究，应用和发展流态化、湿法冶金及高温冶金中的新技术，探索分离提取和综合利用的新方法、新规律和新过程，并将其简称为"一个对象、两个学科、三种技术"。郭慕孙将以上研究方向、任务和科技创新形象地绘制成蓝图，并指出[①]：

> 这一方向、任务的总要求为：搞技术要有所发明，搞科学要有所创新，也就是说，学术思想必须先行，只有这样才能对所研究的对象取得突破，将科研置于创新的基础上。

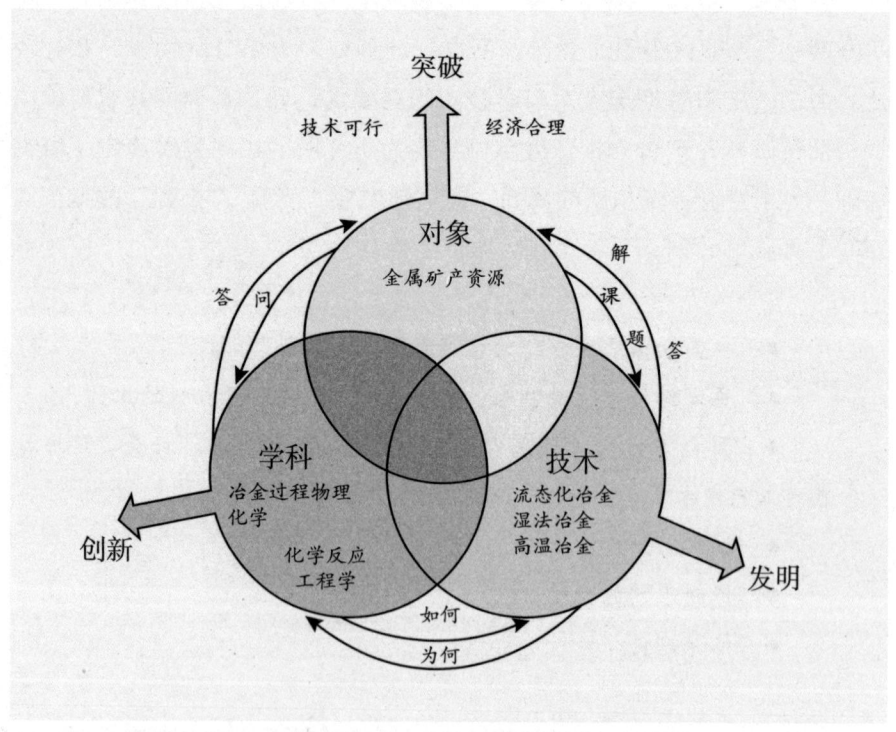

图6-6 郭慕孙提出的化工冶金研究所的研究方向、任务、科技创新蓝图

---

① 见：中国科学院化工冶金研究所建所40周年纪念册《承先启后 开拓前进》，1998年，第7页。

郭慕孙为化工冶金研究所绘就的这张清晰的科技创新蓝图，是他在中国科学院学科规划中提出的我国化工发展的四个科研方向的具体化，他把国家的战略需求与学科发展、基础与应用、开发与创新紧密地结合在一起。化工冶金研究所自此特别注重基础研究，着力发展适应中国特有资源、能源和环境需求的研究，为研究所在相对较短的时期开辟了一个崭新的局面，人才成长和研究工作都出现了勃勃生机，结束了"文化大革命"带给研究所方向任务动荡不定的局面。

1982年，方毅副总理和卢嘉锡院长陪同胡耀邦总书记视察了化工冶金研究所，对研究所的工作给予了充分肯定。

1983年中国科学院化学部李海副主任牵头组成了由化学、冶金、化工方面的院士汪家鼎（组长）、师昌绪（副组长）、魏寿昆、邵象华、时钧、陈俊武、倪家瓒等专家组成的专家组，听取了郭慕孙所长的工作报告，专家组对化工冶金研究所的学科方向、任务和布局进行了评估，对1978年以来的工作给予充分肯定[①]。

> 化工冶金研究所从1958年建所以来，结合我国重要金属矿产资源的开发利用，发展化工冶金新技术方面做出了显著的成绩。十年"文化大革命"中，所的方向曾被改变，部分人员流散，设备遭到破坏，但粉碎"四人帮"后，得到了恢复和发展。
>
> 1978年以来，化工冶金研究所提出要在完成国家任务的同时，加强学科建设，并将工作中的主要学科基础概括为冶金过程物理化学和化学反应工程学，将流态化、湿法冶金、高温冶金中的新技术，在学科上串联起来，并指导这些技术的进一步发展，从大量的规律性研究中，不断丰富和发展上述学科。
>
> 评议组认为从工作实践来看，上述方向任务基本上是合适的。……化工冶金研究所是一个有特色的研究所。……化工冶金研究所在流态化技术方面有较好的基础，已取得了一些开拓性的成果，

---

① 中国科学院化学部第十次常委会文件：化工冶金研究所学术评议纪要（1983）。

图 6-7　1983 年中国科学院化学部组织专家对化工冶金研究所学科方向进行评议
（前排左起：魏寿昆、师昌绪、汪家鼎、朱葆琳，中排左二起：邵象华、时钧、陈俊武、倪家瓒，后排左起：张大刚、郭慕孙、崔培荣、杨玉璞、陈家镛、杨守志）

在国内处于领先地位，在某些方面已达到了国际先进水平。希望继续保持优势，并将取得成果扩大应用。

独树一帜

郭慕孙非常注重科技创新，他和同事们将化工冶金研究所的工作逐步从工业实验转向基础和前沿研究。就流态化技术而言，采用小颗粒物料强化气固了接触，提高了生产效率而被广泛应用，但流化床中气泡的不利影响，却严重阻碍其扩大应用。研究流化床中气泡的生成和发展规律，进行宏观数学模拟，以期取得应用上的突破，是当时国内外学者的无奈选择。郭慕孙根据自己多年的研究实践，看到了鼓泡流态化的这一致命弱点，因此，他独树一帜，着力研究稀相流态化、多级浅层流态化床和快速流态化等"无气泡气固接触"的流态化新领域，其中快速流态化的研究倍受国内外关注。他与同事们通过大量实验数据归纳绘制了"流态化状态图"，成为国内外广为采用的经典之作；他们建立的快速流态化分相流动的物理模型，被工业界广泛采用。在此期间，他带领研究团队逐渐开始从工业实验

图6-8 1989年"无气泡气固接触"获国家自然科学奖二等奖

转移到基础研究，经过十余年的刻苦攻关，创立的"广义流态化"理论和"无气泡气固接触"两相流理论，已逐步成为流态化研究领域中一个独立的、完整的理论体系，其中"无气泡气固接触"1989年获得国家自然科学奖二等奖。

快速流态化

20世纪60年代，气固流态化因其气泡恶化气固接触、效率下降、难以放大而使其应用受到极大的挫折。郭慕孙认为，解决该问题的有效途径是抑制或消除流化床中的气泡，建立无气泡气固接触。因此，他带领团队不懈努力，开展了淋雨式稀相换热和半载流循环流态化磁化焙烧等攻关研究。1973年，当国际上对快速流态化的研究刚刚处于起步阶段时，郭慕孙就率先提出了"快速流化床"的一维模型。1976年，他用广义流态化理论分析了当时国内外有关的实验数据后，发现细颗粒流化床中气体与固体

间的相对速度远远高于其自由沉降速度，这意味着可采用高于自由沉降速度操作，这为快速流态化的建立提供了理论依据。

郭慕孙研究团队通过实验发现了 B 型和 C 型循环流化床的问题，即：气体速度和固体循环量不能独立调控，床层初始固体存料量也影响流动状态，因此不能独立观测各因素的影响，难以建立流动参数间的相互关联，床层流动状态也因床型几何结构不同而难以取得通用性的实验结果，这是上述实验装置的根本性缺陷。他们通过分析和实验，建立了一种消除上述缺陷的改进快速流化床（即 A 型）的实验方法。在该实验装置上，对多种物料和不同粒度的物系进行了系统实验，经过 5 年多的努力，建立了新的流态化状态过渡的完整相图及其相应的状态特征，测定了其形成条件的有关参数，建立了相应关联式，为工程设计参数的选择提供了依据。通过实验观测发现：快速流化床层不存在气泡，强化了气固间接触；高气速、高固体通量，生产能力大；固体全混，床层温度均一，便于维持最佳反应温度；气体返混小，停留时间较均一，副反应少；高气固间滑移速度，强化相际间传递，防颗粒粘结；可用大孔率分布板，压降低，能耗少；流动结构稳定，便于规模放大。总之，具有作为反应器的优良性能，应用前景广阔。快速流态化近乎完美的性能，引起国内外同行的广泛关注。

部分研究成果以"快速流态化的流动"[①]发表在 1979 年的《化工学报》上，该文被美国 *Internal. Chem. Eng.*[②]（《国际化学工程》杂志）全文译刊。

郭慕孙和同事们在通过实验建立快速流化床流动特征相应的关联式的基础上，提出了一个描述该流动结构的轴向固体分级—扩散的动力学平衡数学模型。这些研究成果为快速流态化的应用设计提供了工程化方法，并于 1980 年在美国举行的第三届国际流态化会议上发表了 The dynamics of

---

① 李佑楚，陈丙瑜，王凤鸣，王永生，郭慕孙：快速流态化的流动。《化工学报》，1979 年第 30 卷第 2 期，第 143-152 页。

② Y Li, B Chen, F Wang, Y Wang and M Kwauk: Rapid fluidization。*Internal. Chem. Eng.*，1981, 21(4): 670-678。

fast fluidization[①]（快速流态化的动力学）的学术论文，得到了与会者的热烈反响和广泛认可，被国际学术界称为 Li（李佑楚）–Kwauk（郭慕孙）模型，成为快速流态化的经典文献，被广为引用。

1980 年，对流态化技术而言，是重要的一年。此前的 30 年是鼓泡流态化应用蓬勃发展的时期，反应器直径大到 19 米之巨，而反应器的设计仍难以把握。其根源在于床层中气泡特性因规模不同而异。人们采用肉眼、光学、电容、热阻、光纤、快速摄影乃至于医用 X-射线等方法观察床层中气泡，可谓竭尽所能；基于气泡的反应器模型，数以百计，可谓不遗余力；模型验证需有工业装置的条件，谈何容易，即便具备，也因以上原因，终未能达到预期目标，出路何在？失落、无奈、郁闷、迷茫的情绪不言而喻。当郭慕孙在国际流态化会议上宣读完 The dynamics of fast fluidization[②]（快速流态化的动力学）论文后，反应热烈，普遍兴奋、认同，个别质疑、不认同，致使出现台下认同与不认同两方面相互争论的激烈场面，为大型国际学术会议所不多见。会后，一位加拿大学者看到了流态化时代即将变迁的迹象，随即在国际流态化会议之外组织了一个新的国际循环流化床学术会议，得到了广泛的响应。1985 年，第一届国际循环流化床技术学术会议在加拿大举行，并成为定期 3 年一届的重要国际会议。就流态化技术发展而言，它具有标志性意义，预示鼓泡流态化时代的结束和快速流态化时代的到来。该会议至今已举办了 11 届，其中两届在中国召开，跨越石油、化工、能源、材料、环境等各个学科和行业，影响广泛。

1980 年，郭慕孙在第八届澳大利亚化学工程国际会议上又做了"中国的化学工程技术"报告[③]，展示了快速流态化的研究成果。

1990 年第三届国际循环流化床会议主席在会上总结流态化发展历程

---

① Youchu Li, Mooson Kwauk: The dynamics of fast fluidization. *Third international fluidization conference, 1980, Proceedings*: 537–544。

② 同①。

③ 郭慕孙：中国的化学工程技术（第八届澳大利亚化学工程会议邀请报告），1980 年 8 月 24–27 日。

时，对论文（The dynamics of fast fluidization）作出了如下评述[①]，

In the beginning of the second half of the fluidization history the concept was revived by Reh（1970）and became a new wave with the successful "diffusion of circulating fluidized bed combustors" However, time was not ripe when the term "fast fluidization" was proposed by Yerushalmi and Squires（1975）as a new paradigm of fluidization research. Thus, we had to wait for the work of Li and Kwauk（1980）on the flow structure. It seems that their work persuaded people that there definitely exists a new fluidization regime in the high velocity region, although the definition of fast fluidization still contained some difficulties.

The work by Li and Kwauk（1980）was the pioneering on concerning flow structre in the axial direction. Although some data on axial voidage distribution were presented in the paper of Yerusahlmi et al（1978），not much attention was focused on the inter-relationship between their flow regime mapping and longitudinal voidage profile until Li and Kwauk demonstrated the coexistence of dense and dilute phases.

能量最小多尺度作用模型

1980年，国内外化工界都十分关注郭慕孙等建立的新型快速流化床反应器模型，但也有不少人对循环流化床中颗粒聚团的存在持否定态度。如何建立循环流化床的流动模型，是当时一项十分重要的课题。郭慕孙与他的同事提出的基于聚团假设的CFB轴向分布模型中，聚团作为区别于"稀相"的另外一"相"来处理，并假设聚团因上下浓度差异而有轴向扩散，

---

① Masayuki Horio: Hydrodanamics of circulating fliudization——Present status and research needs。Edited by Prabir Basu, Masayuki Horio, Masanobu Hasatani: *Circulating Fluidized Bed Technology* III。Pergamon Press, 1991: 3-14。

从而建立了轴向空隙率分布模型。该模型也成为循环流化床的经典文献之一。为了深化这一模型，进一步考虑聚团对流动和传质的影响，提出了"考虑聚团的循环流化床流动和传质模型"的研究方向，这是快速床传质最早的工作[①]。与此同时，郭慕孙又指导研究生研究聚团内外气体和颗粒之间的相互作用以及稀相和聚团之间的相互作用，这就是多尺度研究的最原始设想。

基于这一设想，他指导研究生开展了多尺度方法的研究，最后提出能量最小多尺度（EMMS）模型。该模型解释了两相流非均匀性的机理，从两相流的本质对各种参数给以定量描述，并且分析了两相流中的能量传递和流型过渡。此模型不仅适用于气固系统，而且适用于液固系统。模型认为，不均匀两相流系统中存在多尺度的相互作用，通常的动量质量守恒条件并不足以确定系统的状态，稳定性条件是必要的。该模型实现了对不均匀两相流状态的定量描述和对聚式、散式流态化系统的统一关联，并且揭示了不均匀结构、饱和夹带、流型过渡等重要现象的机理。

气固流态化的散式化

气固流态化通常存在颗粒聚团或气泡，表现为聚式流态化的特征。而气固流态化床中的气泡和聚团会引起气固相际间的接触不良。为了抑制气泡和聚团的生成与长大，使聚式流态化向散式流态化转变，以强化气固相际接触，郭慕孙在20世纪80年代初提出了气固流态化的散式化理论与方法的研究课题，与同事和研究生进行了系统而深入的研究，取得重大进展，发表了一系列论文。散式化的理论与方法涉及：颗粒与添加组分设计（粒度、粒度分布、形状、表面状态、密度、添加组分）、流体设计（密度、黏度）、床型与内构件设计（快速床、下行床、多层浅床、锥形床、多孔挡板、百叶窗挡板、波纹式挡板、孔浆式挡板、环形挡体、锥形挡体

---

① 申志远硕士论文，1985年5月30日，化工冶金研究所内部资料。

图6-9 1982年"化工冶金中的散式流态化"获国家科委二等奖

等)、外力场设计(磁场、声场、振动场、超重力场等)。郭慕孙对他提出的无气泡气固接触理论进行深化和发展,不仅要抑制气泡,接近无气泡气固接触,而且要抑制聚团,实现气固分散均匀的散式流态化。1982年,"化工冶金中的散式流态化"获国家科委二等奖。

特殊流态化

磁场流态化

郭慕孙在20世纪70年代初就提出了磁场流态化的设想,并开展了一系列研究。他指导学生首次观察和研究了液固系统的磁场流态化现象,通过实验分析,发现磁性颗粒在磁场中会形成磁链,其沉降速度会随磁场强度而增加,因此,磁场是强化流态化操作的有利措施之一。他与同事们提出了液固磁场流态化的三区域:散流区、磁链区和磁聚区,得到了空隙度与磁场强度的关联式,作出了磁场流态化相图,并在一种生化反应器的三相流态化的研究中,成功应用磁场破坏了气泡的形成,明显提高了设备的效率。此外,他还研究了磁场流态化中的传质过程,以及磁场作用下的移动床等,并发表论文"不同形式磁场中液固流态化行为"[①]。

飘浮和振荡流态化

1979年,郭慕孙与同事们共同进行了"飘浮和振荡流态化"的研究,也可称为"跳汰流态化"或"脉动流态化"。也就是说,在时空上无净流

---

① 多文礼,郭慕孙:不同磁场中的液固流态化行为.《化工冶金》,1986年第2期,第144-146页。

体的流动，而要通过流体的振荡使颗粒流态化。根据这种特征，可以进行固体颗粒之间的化学反应，并同时实现反应产物的分离，他撰写了"固相加工中的化学反应"[①]，提出用跳汰流态化方法进行煤直接还原铁矿的过程，指导研究生进行了振荡流态化流体中不同粒子飘浮现象的理论以及脉动床中颗粒的分级现象等研究。

密相输送和 V 型排料阀

密相流态化输送是实现两容器之间颗粒物料传输的重要操作，为了降低输送的能耗，郭慕孙提出了临界流态化输送的概念，即通过管道的变径设计，使其与气流因沿途压力降低和体积膨胀相适应，时刻处于临界流态化状态，此时的颗粒浓度与密相移动床相同，但与管壁的摩擦阻力却降至最低。为此，郭慕孙指导同事和研究生开展了深入研究，成功实现了垂直气力临界流态化输送，达到国际领先水平。依据同样的原理发明了锥形浓相排料阀，实现了颗粒物料连续稳定的移动床排料。因倒锥形的排料阀像英文字母 V，故后来被国际学术界称之为 V 型排料阀。

流态化浸取和洗涤

早在 20 世纪 70 年代郭慕孙就领导他的研究团队采用流态化技术对颗粒状散料进行逆流浸取和洗涤。他们采用流态化技术替代当时普遍采用的占地面积很大的液/固体系，用浸取槽既可以节省用地面积，又便于进行逐级逆流操作，在实验室实验的基础上，进行了硫酸

图 6-10　郭慕孙撰写的《流态化浸取和洗涤》(1979 年由科学出版社出版)

---

① 郭慕孙："固相加工中的化学反应"手稿，1978 年 8 月 11 日。资料存于采集工程数据库。

化焙烧矿和铝土矿煅烧渣逐级流态化浸取中试,在实际应用中取得了成功(如:铀矿的流态化浸取和洗涤);从红土矿中提取镍的日处理百吨级的中试也取得成功,这在当时是一项创新的技术。1979年郭慕孙出版了《流态化浸取和洗涤》一书[1],他"从广义流态化出发,以我国的矿浆洗涤实践为例,对流态化浸取进行了阐述,说明了其操作原理,并列出了简易的计算方法。介绍了有关流态化浸取和洗涤的科研、设计和设想,包括处理不均匀颗粒的方法和原理、流态化浸取中的返混、浸洗过程中的粒度分级等。除了介绍过去的研究以及有关的流态化技术,力求探讨那些尚未解决的问题,希望通过进一步的实践,更迅速地把我国的流态化浸取技术搞上去。"

自20世纪80年代起,基于广义流态化概念的下行式气固反应器,开始受到国际学术界和工业界的广泛关注,它不同于气体悬浮颗粒的逆重力场流态化过程,在下行床反应器中,气体与颗粒并流下行顺重力场运动,流动结构均匀,而且气固的轴向返混成数量级地减弱,因此被认为可广泛适用于需严格控制停留时间、中间产物为目标产品的工业过程,如催化裂化过程,等离子体煤裂解制乙炔等超短接触过程。液固流态化过程与气固流态化相比,流体与固体颗粒的密度相近,其流态化行为也更为理想。郭慕孙认为[2]:

> 在流态化技术中,易于设计、易于运行的液固流态化是被忽略的领域,但我国有一定的科技积累。当前人口不断增加、城市不断发展、江河普遍被污染、净水日益稀少的前提下,值得探讨有关的大至江湖、小至饮水吸管的工艺和设备。对于离不开水的生物工艺和颗粒分离剂的制备和应用,液固流态化将形成一个可观的研究领域。

---

[1] 郭慕孙:《流态化浸取和洗涤》。北京:科学出版社,1979年。
[2] 郭慕孙:《思索 实践 创新——我的一些专著、论文和手稿》。北京:科学出版社,2010年,第ix页。

气控式多层流态化床及其在净化气体中的应用

1973年郭慕孙提出了"浓相输送溢流管的初步研究"的课题,又提出了"多气源和双气源多层流化床"设计模型。溢流管是多层流化床的关键构件,这种新型溢流管气力控制方法就是在流态化状态下下料,继以在锥斗中向上浓相输料,达到不卡料、不喷料、不串气的要求,且排料范围较大,可从完全不排料直至其极限排料量。该溢流管可在逆压差下操作,起到固体逆止阀作用,既能使散体物料自高压区流至低压区,也可使低压区物料流至高压区。1978年化工冶金研究所为北京合成纤维实验厂设计建立了回收二氯乙烷废气的中间试验装置,采用了直径为600mm的同心圆双气源三层流态化床活性炭吸附塔。经吸附后的二氯乙烷排放气浓度从1000毫克/立方米降至25毫克/立方米,达到环保要求,通过了北京市组织的鉴定会,并由设计院设计了每小时废气处理量为16000立方米的工业规模装置。

图6-11 1979年郭慕孙在气控式多层床净化二氯乙烷废气鉴定会上讲课

第六章 科学春天 大展宏图

试验期间，郭慕孙多次到现场观察指导。在鉴定会上郭慕孙还给大家讲解了多层床的吸附效率。1979年，"气控式多层流态化床及其在净化气体中的应用"获国家科委发明奖三等奖。

发展学科

创建多相反应室

根据中国科学院化学工程长远规划的重点和化工冶金研究所的学科布局，郭慕孙所长带领全所将化学反应工程学作为研究所的重点研究方向之一。为了在化工冶金研究所开展应用基础研究，1981年，郭慕孙在给方毅副总理"申请联合国资助"的信中写道[①]：

> 针对我国矿产资源的特点，我们不能全靠进口现成的金属提取的工艺，急需建立能够从原理出发自己解决问题的队伍和研究单位。化工冶金研究所对于复杂矿的利用，一贯主张自力更生，在人员建设和实验室现代化方面，亟待领导的关心。希望领导按择重、择需、择优的精神，给予支持。

1980年6月27日，郭慕孙向联合国开发计划署（UNDP）申请"提取冶金中的化学反应工程（Chemical Reaction Engineering Laboratory for Extractive Metallurgy, CREEM）"[②]列项，成功争取到UNDP对此项目43万美元的研究资助，这在当时研究所全年经费不足300万元的年代，43万美元是相当可观、令人羡慕的数字。郭慕孙利用这项资助，组织了一

---

① 郭慕孙：给方毅副总理的信——申请联合国资助第二期（1982–1986）。化工冶金研究所内部资料。

② 郭慕孙：CREEM。中国科学院化工冶金研究所项目申请内部资料，1987年。

大批科研人员开展高温冶金、湿法冶金、流态化和计算机应用化学方面的研究，添置了科研设备，加强了实验室建设，完成了60余篇论文，派出22人到国外学习，为研究所应用基础研究培训了一大批科研骨干人才。

更为重要的是，1956—1986年，郭慕孙一直担任自己创建的流态化研究室主任。他指导和率领研究室的同事们，经过30年坚持不懈的努力，进行了学科、人才队伍和实验室的建设，为流态化的发展和应用做出了重大贡献，培养了人才，并为创立"多相反应开放研究实验室"创造了条件，奠定了基础。

郭慕孙在此基础上，于1985年4月26日正式向中国科学院申请成立"多相反应开放研究实验室"。在申请报告中，阐述了实验室成立的意义、历史背景、研究内容和独树一帜的特色[1]：

多相反应开放室从事化学反应工程中一个特殊领域的科研，具有以下特色：
- 多相体系：气固、液固、气液、液液、气液固；
- 非催化反应为主；
- 凝集相加工为主，例如矿石、食品；
- 基础研究与应用研究相结合；
- 应用研究要求发明新工艺、新设备；
- 基础工作要求跻身于世界先进行列；
- 对现有生产工艺的改造，同样要求学术上高水平，技术上有发明。

1986年10月，中国科学院正式批准成立"多相反应开放研究实验室"（Multiphase Reaction Laboratory，MPR，中文简称"多相反应室"），任命郭慕孙为室主任兼学术委员会主任。根据中国科学院开放、流动、联合、

---

[1] 郭慕孙："多相反应开放实验室"。申请报告卷宗，1985年。

高水平的要求，多相反应开放研究实验室的初期，除了两位年轻副主任的课题组和从流态化研究室抽调的少量精干的工程技术和研究人员外，全都是郭慕孙的研究生和流动人员。从 1987 年开始，在日本、美国、加拿大、瑞士等国深造的郭慕孙的学生们相继学成回国之后，分别被委以重任，实验室得到较大发展。

1986 年 5 月，66 岁的郭慕孙所长的任期届满，此后，他任名誉所长，后来他接受老朋友 Squires 教授的邀请，于 1986 年 12 月至 1987 年 7 月，在美国 Blacksburg 弗吉尼亚工业大学作访问教授，进行讲学和撰写快速流态化的英文专著。其间他仍然时刻关心研究所和多相反应开放研究实验室的工作。当时，由于通讯工具的限制，他只能通过书信指导多相室的工作。在他每封长长的书信里，既有对科学前沿的思考，又有对多相室的期待；既有对 MPR 研究的布局，又有对 UNDP、MPR 项目申请的指导。在此期间，郭慕孙把主要精力都集中在快速流态化的研究、布局和指导工作上。1987 年 12 月，郭慕孙专门写了一份关于"快速流态化的科研策略"的提纲，对多相室和流态化研究室的科研工作进行具体指导和布局，充分显示出他的战略思考和洞察力[①]：

> 从事无气泡流态化的科研是化工冶金研究所从 50 年代以来一贯的方针可供参考、讨论、研究的策略如下：
> （1）大力推广：要找用户采用快速流态化技术
>   燃烧（好煤、粉煤、含钒煤）
>   热裂解
>   煅烧（Al_2O_3、MgO、CaO、水泥）
> （2）组织同行
> （3）国内：组织快速流态化小组
>   国外：CCNY 未完成的任务、UBC 协作等

---

① 郭慕孙：快速流态化的科研策略，1987 年 12 月。化工冶金研究所内部资料。

(4) 选择科研的侧重面

  床结构与颗粒特征（创造衡量快速床的判据，创造测定方法）

  设备影响

  反应器设计

  颗粒/气体的传质

根据已有优势以及化工冶金研究所逐步形成的配套结构，通过精心考虑、策划和组织，很有希望形成特色。

在郭慕孙的具体指导下，按照以上关于"快速流态化的科研策略"的布局，将任务全部落实到多相室和流态化研究室的研究人员，他不断指导确定和修改课题的研究方案，快速流态化方面的研究终于取得了突破性的进展。

图 6-12　1987 年 12 月郭慕孙在 CREEM 会上致开幕词

在郭慕孙的组织和领导下，多相反应开放研究实验室始终以液固和气固两个和两个以上相间的非催化反应的固相加工为主要研究对象，根据中国科学院开放、流动、联合、高水平的要求，经过几年的刻苦攻关，取得了多项科研成果，培养了一大批博士、硕士研究生，成为我国化学工程应用基础研究和培养青年人成长的基地，郭慕孙经过二十多年（1986—2005 年）亲自创建、精心培育和悉心指导的多相反应开放研究实验室，不仅取得了一批科研成果，培养了人才，而且为"多相复杂系统国家重点实验室"的建立奠定了坚实的基础。

由于郭慕孙亲自主持的 UNDP 资助项目"提取冶金过程中的化学反应工程"进展良好，取得了显著的社会经济效益。1987 年 12 月郭慕孙又在

图6-13 1987年12月7日参加亚太地区提取冶金中的化学反应工程学术会议的专家和代表合影

化工冶金研究所组织召开了"亚洲及太平洋地区提取冶金中的化学反应工程学术会议（CREEM）"，极大地促进了化工冶金研究所与国际化工界的交流与合作。郭慕孙在会上作了课题总结报告，并组织编辑出版了会议论文集。UNDP驻华代表处首席代表M. Kulessa在此次会议开幕式上的讲话，对郭慕孙的工作给予了高度评价，他说[①]：

> 事实上，我们可以公正地说，我们的项目（从1980年至1985年）已成为我们中国的项目中最成功的一个。利用从我们方面得到的较少的资助，将他们的工作与这一领域中的国际上的研究联系起来，提高了研究人员的科研工作能力，将研究工作提高到自力更生的创新性研究的水平。作为一个例子，我们的项目都由国家项目主持人来管理。郭慕孙教授就是一位杰出的国家项目主持人。这是我们在中国合作项目中的一个非常有意义的例子。

---

① M Kulessa：在亚太地区提取冶金中的化学反应工程学术会议（CREEM）开幕式上的讲话，1987年。中国科学院化工冶金研究所内部资料。

在此后的 1989 年，郭慕孙又率领三位同事组成的代表团，在联合国资助下访问东南亚三国（巴基斯坦，新加坡，斯里兰卡），进行联合国开发计划署"提取冶金中的化学反应工程 CREEM"调研，其目的是通过考察探讨建立亚太多相反应网络的可能性，期待得到 UNDP 的进一步支持，进行自然资源和人力资源的开发，改进发展中国家的经济技术水平，为亚太地区的科学进步和资源综合利用作出贡献，并撰写了翔实的考察报告。

倡导生物化工

1978 年 9 月，郭慕孙在参加中国科学院学科规划时，对我国化工学科发展倡导的四个学科方向之三是"生物化工"，他认为："这是将化工基础引入生物工业，使之科学化的新兴领域。"经过多年的酝酿和准备工作，1986 年 3 月，郭慕孙所长提议在化工冶金研究所率先筹建"生化工程实验室"（Biochemical Engineering Laboratory），并责成用 UNDP 资助的经费选派出国留学回国的年轻科研骨干负责具体筹备工作，并委以重任，分别担任正、副室主任。当时困难重重、举步维艰，既缺少实验室用房，又没有实验设备、经费和人员。在郭慕孙、陈家镛的指导和所领导的大力支持下，从原流态化研究室和湿法冶金室抽调了一批科技骨干组成队伍，腾出一部分实验室以及原金工厂车间和仓库作为生化工程实验室用房。

郭慕孙、陈家镛为学科指导的年轻科研团队编写了"生化工程实验室"项目申请书，将建立实验室的宗旨和研究方向确定为[①]：

> 生化工程作为化学工程的一个分支，是将生物化学、微生物学及其他一些学科与化学工程学原理相结合的一门边缘技术学科。它研究如何将生物技术方面的实验室研究成果迅速放大到工业生产规模，联

---

① 中国科学院化工冶金研究所，"生化工程实验室"项目申请书卷宗，1986 年。

接我院上、中游各研究所及上海生物工程基地，以及北京微生物研究所中试工厂等开发出的生物新产品，开展工程性研究。应用现代工程化学原理的方法，研究开发工业生产新工艺、新设备、新技术。通过联合，逐步建立研究—中试—生产—销售新体制。

1988年，在时任中国科学院生物技术专家委员会委员郭慕孙的指导和帮助下，从事生化工程研究的年轻科研团队，终于申请到世界银行贷款项目的支持，购买了一批先进的仪器、设备，装备了实验室，在化工冶金研究所建立了"生化工程国家重点实验室"，并争取到国家部分拨款，兴建了生化工程楼。实验室进一步定位为：生物与化工的交叉研究，作为连接生物技术实验室（上游）和生物化工企业（下游）的桥梁和纽带，侧重于突破产业化过程的技术瓶颈，服务于国家能源、资源、医药等重大需求。1995年，"生化工程国家重点实验室"终于建成，并通过了国家计委组织的验收，批准对外开放，在由中国科学院任命的青年一代正副室主任的带领下，实验室取得了一批重大科研成果，培养了人才，为致力于生化工程研究的年轻人提供了一个良好平台。经过20多年坚持不懈的努力，目前"生化工程国家重点实验室"的研究方向已发展为生物反应工程、生物分离工程、生物剂型工程、生物质工程、石油生化工程、冶金生化工程、生物工程介质和装备。应用领域也已拓展到生物医药、生物能源、生物材料和生物化学品等。

为了应对生物技术产业化的国家需求，实现生物技术工程化、商品产业化、效益最大化，郭慕孙积极支持"国家生物工程技术研究中心（北京）"的申请和建设工作。郭慕孙对于"生物化工"这一生物技术与化学工程的交叉学科的深刻洞悉、规划和指导，对于我国生化工程技术的发展起到了重要的推动作用。

传播冶金反应工程学

1975年11月，郭慕孙作为以严济慈为团长的中国科学技术协会代表团的一员访问了日本。他在访问名古屋大学时，与鞭巌教授谈到日本学术界为何建立"冶金反应工程学"新学科的问题，发现鞭巌教授的研究室和我们化工冶金研究所第一任所长叶渚沛先生倡导的应用化工原理强化冶金过程的学术思想不谋而合。两位化工冶金学者当即一拍即合，决定开展学术交流和合作研究，并选派人员去鞭巌教授研究室进修和学习。1979年10月，鞭巌教授应郭慕孙所长邀请来化工冶金所讲学，当时，国内从事冶金科研和教育的高等院校和冶金设计研究院也都派人前来听讲，参加这次中日化工冶金科学家之间的学术交流。鞭巌教授在参观交流中惊讶地发现，化工冶金研究所在这一领域的研究方向和思路，从1956年建所时就由叶渚沛先生确立了"化工冶金学"这一交叉学科，而日本在这一领域的工作最早源于1959年在名古屋大学举办的由冶金工作者参加的反应工程学解说讲习会，最初的提法只是反应工程学，以后经过多年才确定了"冶金反应工程学"这一学科名称。

郭慕孙从日本考察回国，带回了鞭巌教授赠送的1972年由日本养贤堂出版的专著《冶金反应工程学》，立即组织所内会日语的科研人员翻译，但由于版权等原因，直到1981年才由科学出版社出版发行，从此这一学科的提法在国内广泛传播开来。

学 术 交 流

郭慕孙常说，"事业要发展，人才是关键。""学术交流是我们通向国际的必要途径，对学界来说，重要的是交流能力。"他为了培养更多的创新人才，甘为人梯，提携后学，一直非常重视学术交流。

全国流态化会议

1962年郭慕孙授命组织召开了第一届全国流态化学术会议，但由于

图 6-14　1993 年 10 月 7 日郭慕孙在第六届全国流态化学术会议上作报告

十年"文化大革命",学术会议中断。在相隔 18 年后的 1980 年,他作为全国流态化学术组组长,再次在北京与同行们共同组织召开了第二届全国流态化会议,郭慕孙担任此次大会的会议主席,并作了"国内外流态化技术进展与稀相技术"的大会报告。第三、四、五、六届全国流态化会议分别在太原(1984)、兰州(1987)、北京(1990)和武汉(1993)召开,郭慕孙亲自主持了各次会议,并编辑出版了论文集,促进科研院所、高校和企业界的同仁相互交流,推进了全国流态化技术的应用与发展。之后,为促进学科交叉,随着队伍规模的扩大,此会扩展为中国颗粒学年会,现在每两年召开一次。这一系列的学术交流活动和郭慕孙的示范与引领,把我国年轻的科技工作者推上了国内、国际学术交流平台,使他们拓展了视野,年轻的队伍迅速成长起来。

中日流态化会议

1982 年,郭慕孙、杨贵林与日本东京大学国井大藏教授、北海道大学小林晴夫教授等学者共同倡议,在中国杭州举办第一届中日流态化会议(CJF-1)。20 世纪 80 年代初,"文化大革命"刚刚结束,国家百废待兴,外汇极为短缺,要出国参加国际学术会议还只是极少数学者才可以享受到的特殊待遇,即使在国内召开国际学术会议,也是困难重重。不仅没有经费,就连通讯手段也极为落后,没有传真,没有电子邮件,国际长途电话也要到长安街的电报大楼去打。但是,郭慕孙认为,开好国际学术会议的关键是"剧本",也就是高水平的学术论文。为此,他充分发挥自己在流态化和化工界学术带头人的影响力,亲自写信给各科研院所的年轻学者征集稿件。在当时的历史条件下,为了开好 CJF-1,郭慕孙不但亲自逐一征稿,修改论文,进行论文集的编辑,而且亲自为会议设计了会标和会旗,一直延续使用到第十届会议。郭慕孙精益求精,要求《中日流态化会议论文集》要以书的形式出版,有书号,要精装,且在国内外书店均可以购买到,以利于推动流态化的传播与发展。当时联系了科学出版社、化工出版

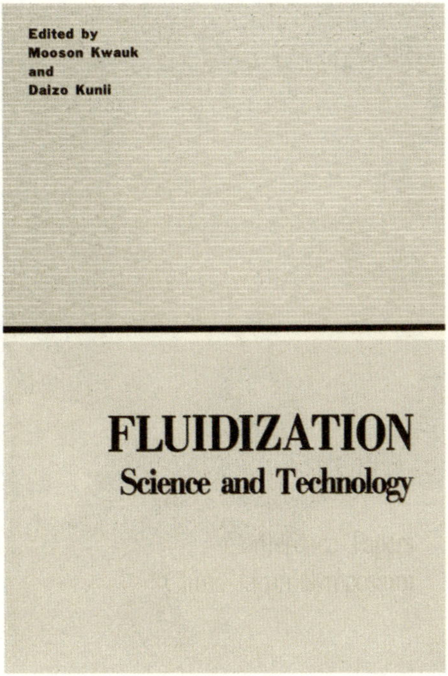

图 6-15　第一届《中日流态化学术会议论文集》

社、冶金出版社、外文出版社等,都说难以做到,而且连出版书使用的较好纸张都稀缺。最后,由于郭慕孙在学术界的国际声誉,几经周折和努力,最终由香港一家出版社委托了一家美国出版公司(Gordon and Breach, Science Publishers, Inc. New York)负责出版发行,才满足了郭慕孙的全部要求和标准,提供 200 本书召开第一届中日流态化会议,而不需要付出版费。

经过一年多的精心组织筹划,第一届中日流态化学术会议于 1982 年 4 月 4 日至 9 日在杭州召开。当时中方参会人员大多无留学经历,英语水平较低,郭慕孙就在会前组织中方人员预讲,他认真地亲自帮助修改讲稿,不厌其烦地帮助矫正口语发音,为开好会议作了大量细致的准备工作。出席这次会议的代表共 95 人,按照对等的原则,中日双方正式代表各 22 人,分别宣读了 16 篇学术论文。来自日本各大学、政府研究机构、产业部门的学者与中方来自大学和科研院所的代表,进行了深入的学术交流,探讨流态化研究的进展和流态化新技术的发展趋势,会议开得非常成功。以国

井大藏为团长的日本代表团，看到精装的会议论文集，非常惊讶，赞叹地说："这比第三届国际流态化会议搞得好。"日方团长国井大藏教授和副团长小林晴夫教授认为："这次中日流态化学术会议开得非常成功，并取得良好效果，完全满意，希望学术交流进一步扩大到人员往来方面。"

图6-16　1982年在杭州召开的第一届中日流态化学术会议上郭慕孙致开幕词

通过1982年在杭州召开的第一届中日流态化学术会议的示范作用，郭慕孙、杨贵林又与日本国井大藏教授、小林晴夫教授、架谷昌信教授等国内外同行共同组织召开了CJF-2（昆明，1985）、CJF-3（北京，1988）、CJF-4（北京，1991）三次中日流态化学术会议。在他的指导、推进和亲自参与下，还召开了CJF-5（日本名古屋，1994）、CJF-6（北京，1997）、CJF-7（西安，2000）、CJF-8（日本岐阜，2003）、CJF-9（北京，2006）、CJF-10（日本东京，2010），共召开了十次中日流态化学术会议。

郭慕孙的夫人桂慧君研究员也应邀参加了历届中日流态化会议，在与国井大藏夫人为团长的日本教授夫人代表团的交流中，她流利的英语和

图6-17　1988年第三届中日流态化学术会议郭慕孙（左）给日本国井大藏教授（右）颁发奖状和证书

得体的风采赢得好评，被称为中日交流的形象大使。在郭慕孙的外事活动中，为了给研究所节省经费开支，她经常在家自费招待外宾。在"文化大革命"郭慕孙受到冲击的日子里，她为丈夫分担压力；在"文化大革命"后丈夫忘我工作的时候，她又是丈夫繁忙工作的贤内助。

国际流态化会议

1975年，美国工程基金会在加利福尼亚州Asilomar组织召开了第一届国际流态化会议。该会议每三年举办一次，1978年第二届在英国剑桥召开，1980年第三届在美国Henniker举办，郭慕孙参加了本次会议，提交了"Dynamics of Fast Fluidization"和"Pneumatically Controlled Multi-Stage Fluidized Bed"两篇论文。这也是我国科学家首次参加该系列国际会议，此后参加这些会议的国内学者越来越多，我国的流态化技术也逐步走上国际。1983年在日本鹿儿岛召开了第四届国际流态化会议，1986年在丹麦Elsinor召开了第五届国际流态化会议，郭慕孙受邀参会并主持了湍流/快速流态化分组会议，他提交了"Shallow-Fluid-Bed Tubular Heat Exchanger"论文，并就"当前流态化的发展趋势"作了大会专题发言，引起与会者的兴趣和关注，听众以长时间的热烈鼓掌表示谢意。会前他应丹麦工业大学化工系前主任Knud Østergaard邀请，与该系学者进行了为期10天的学术交流，分别在该校和丹麦工程科学院讲学，做学术报告，题为《化工冶金所的快速流态化研究》及《中国的化学工程》。通过参加第五届国际流态化会议，郭慕孙结识了更多的同行，了解了当时国际前沿的科研动向。第六届国际流态化会议于1989年在加拿大Banff召开，郭慕孙作了题为"Fluidization regimes"的演讲。1992年在澳大利亚Brisbane、1995年在法国Tolouse、1998年在美国Durango分别召开了第七、第八、第九届国际流态化会议。在第九届国际流态化会议上，郭慕孙代表中国颗粒学会提出了在中国召开国际流态化会议的申请并获批准，2001年第十届国际流态化会议在北京成功举办，郭慕孙为本次大会的会议主席。

图 6-18　1996 年郭慕孙主编的《第五届国际循环流化床会议论文集》

国际循环流化床会议

1985 年，加拿大学者 Basu 在 Halifax 发起组织召开了第一届国际循环流化床会议（CFB-1），并成立了国际顾问委员会，由 13 人组成，郭慕孙是成员之一。国际循环流化床会议的一个重要宗旨是工商与学术的结合，参加会议的人员广泛，代表流态化技术的各个层面。在会上郭慕孙作了 "Fast Fluidization at ICM" 的报告。

此后，国际循环流化床会议每三年召开一次。1988 年在法国 Compiegne 召开第二届会议，第三届于 1990 年在日本名古屋召开，第四届于 1993 年在美国匹兹堡 Hidden Valley，郭慕孙率领中国代表团先后三次出席了国际循环流化床会议，宣讲我国在流态化领域的科研成果。在 1993 年 8 月匹兹堡召开的第四届国际循环流化床会议上，郭慕孙以中国颗粒学会理事长的身份，向顾问委员会陈述了在中国举办第五届国际循环流化床会议的申请，得到顾问委员会的一致赞同，并正式决定于 1996 年，在北京香山召开第五届国际循环流化床会议，郭慕孙为本次会议的会议主席，这表明我国在该领域的研究赢得了国际同行的认可，在学术上占有了重要地位。在会议期间召开的组委会会议上通过决议，将大会秘书处从加拿大迁到北京。郭慕孙还参加了 1999 年在德国 Wurzburg 召开的第六届国际循环流化床会议，2002 年在加拿大 Niagara Falls、2005 年在中国杭州、2008 年在德国汉堡又分别召开了第七、八、九届国际循环流化床会议。

参加与参与组织其他国际会议

1979年，我国与美国恢复了外交关系，中国科学院组织了一个八人代表团，参加了美国化学会在檀香山举行的年会，并于会后访问美国本土。郭慕孙作为代表团成员，将他回国后十多年来在流态化焙烧铁矿的研究成果写成一篇论文"Fluidized Roasting of Chinese Iron Ores"，在大会上宣讲。

图6-19　1979年郭慕孙（左一）出访美国时与国外同行合影（右二是Manson Benedict教授）

1980年，他应澳大利亚化工学会邀请，参加了在墨尔本举行的澳大利亚化工年会，在大会上作了"中国的化工和流态化"的专题报告，受到国际同行的广泛关注。

1981年，他参加了在英国Birmingham举行的国际粉体会议POWTECH，作大会报告"流态化浸取和洗涤"。同年又作为中国科学院组织的代表团成员访问巴西、委内瑞拉和阿根廷南美洲三国，郭慕孙对三国的科研力量、研究内容、组织、方针政策等都进行了详细

图6-20　1982年第一次中美化工会议上郭慕孙与美国老朋友Squires教授的合影

第六章　科学春天　大展宏图

的考察，回国后撰写了报告，提出了建议和意见，以便开创我国与这三个国家的科研交流。

郭慕孙还参与发起组织召开了中美化学工程学术会议（1982年，北京）。

第七章
春华秋实　硕果累累

　　1986年5月，为期8年的所长任期届满卸任后，郭慕孙任名誉所长并兼多相反应开放研究实验室（MPR）主任，专注于创新研究、著书立说和指导研究生。他撰写出版了英文专著 *Fluidization Idealized and Bubbleless, with Applications*；提出了快速流态化煤拔头的新工艺，积极推动煤的资源化高值化利用，得到国家有关部门的高度重视；他与同行们共同创立了"中国颗粒学会"，引导和指导学界开展广泛的国内外学术交流，推进了颗粒学和流态化技术的快速发展。

潜 心 论 著

　　1982年，郭慕孙参加了中美化工会议，他的老朋友美国弗吉尼亚理工大学的Squires教授热情赞扬了郭慕孙及其带领的团队在流态化领域所作的突出贡献，建议他写专著。由于郭慕孙当时肩负着所长重任，难于专心写作，直到1986年卸任所长，1987年才得以被弗吉尼亚理工大学邀请为客座教授，他一边讲学，一边写作，终于完成并于1992年由

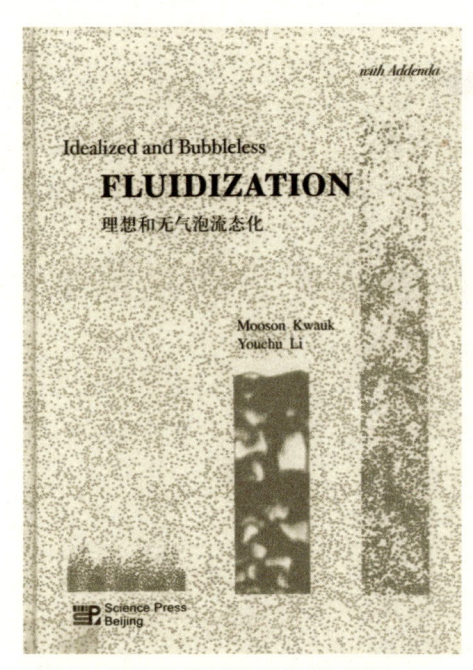

图 7-1 2008 年《理想和无气泡流态化》由科学出版社再版

SCIENCE 和 ELLISHORWOOD 出版了 *Fluidization: Idealized and Bubbleless, with Applications*[①]（《理想和无气泡流态化》）一书，以总结过去几十年的工作。这本书包括"理想流态化"（即过去所做的"散式流态化"）和防止气泡生成的"无气泡气固接触"，阐述了流态化技术的重要切入点以及郭慕孙研究团队所做的工作。2008 年，科学出版社再版此书，由李佑楚研究员增补了有关"快速流态化"和"磁场流态化"两章内容。

在此期间，郭慕孙指导他的研究团队进行了颗粒流化的基础研究、广义流态化、锥形容器内的流化现象、广义流态化中的尺寸分离现象、多组分分散系统中的广义流态化、液固流态化系统到气固流态化系统的扩展等多项研究课题。他非常注重将自己创新的想法和研究成果总结归纳，上升为新的概念及理论。1990 年，《中国科学院院刊》刊出了郭慕孙研究团队的研究成果"流态化研究的新进展——无气泡气固接触"[②]。他写道：

> 流态化是现代的多相（气—固、液—固、气—液—固）相际接触的工程技术，无气泡气固接触则是新近开拓的流态化研究领域，旨在提高气固接触效率，强化气固间的传递过程。大量事实说明，气固接触方式的创新和理论的发展，都会不同程度地促进有关工程技术的更

[①] Mooson Kwauk, Youchu Li: *FLUIDIZATION: Idealized and Bubbleless, with Applications*。北京：科学出版社，1992 年。

[②] 郭慕孙，李佑楚，刘淑娟，董元吉，李静海：流态化研究的新进展——无气泡气固接触。《中国科学院院刊》，1990 年第 2 期，第 134-136 页。

图7-2 郭慕孙1992年出版的著作 Fluidization Idealized and bubbleless, with applications（由科学出版社和Ellis Horwood公司出版）

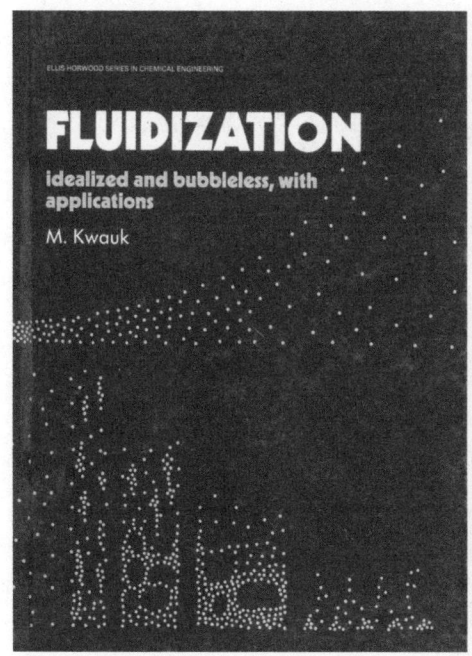

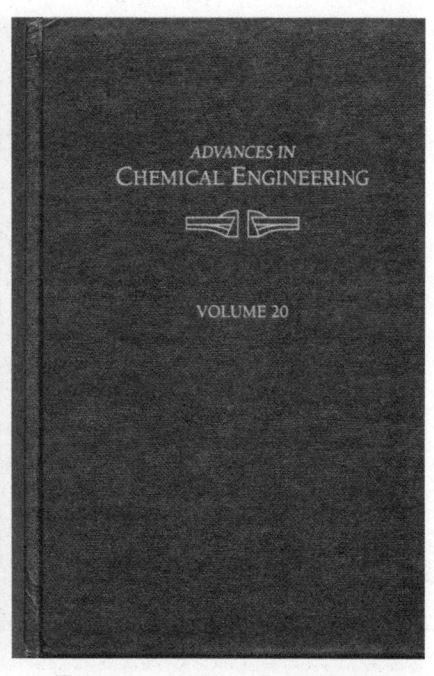

图7-3 Advances in Chemical Engineering Vol.20, 1944. Academic Press（《化学工程进展》第20卷，1944年。学术出版社出版）

新和进步，从而提高工艺过程的生产效率，赢得较好的经济效益和社会效益。广为人知的煤的燃烧，正是由于气固接触方式的不断发展，而使得燃烧技术由原始的固定床层燃烧、粉煤气流悬浮燃烧、粒煤鼓泡流化床燃烧，发展到新近的无气泡气固接触的快速循环流化床高效清洁燃烧，并取得一个个划时代的成就。

1992—1997年是EMMS模型发展最为艰难的一个时期。一方面模型受到质疑，另一方面EMMS的应用还未开展。在这个困难时期，郭慕孙鼓励他的学生们要增强信心，不轻易放弃。并与他的学生一起合著了英文专著 *Particle-Fluid Two-Phase Flow*：*The Energy-Minimization Multi-Scale Method*[①]，此书于1994年正式出版。郭慕孙在《思索 实践 创新——我的一些专著、

---

① Jinghai Li, Mooson Kwauk: *Particle-fluid two-phase flow: The energy-minimization multi-scale method*。Beijing: Metallurgical Industry Press, 1994。

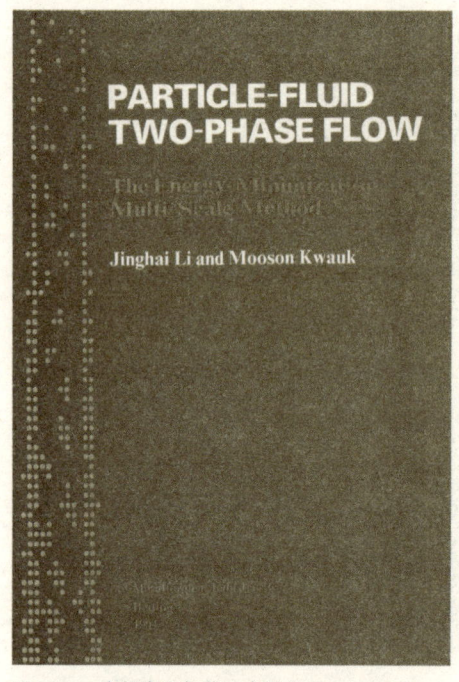

图7-4 李静海和郭慕孙合著的 Particle-Fluid Two-Phase Flow（1994年冶金工业出版社出版）

论文和手稿》一书中写道[1]：

1984年，李静海来所当研究生，我建议他研究快速流态化中可能起关键作用的聚团。很快我们确立了6个联列方程和8个变量，显然求解要求寻找另一个条件。经长久的探索，提出了约束非均匀结构的稳定性条件，终于计算出了数值。这一科研结果通过三篇论文在第二届国际循环流态化会议公布于众。我们看到这一工作将带我们进入新的领域，因此写了本专著。继此的20年中我们在国际上逐步确立了多尺度方法这一领域。

1996—1999年，他又组织他的同事和学生们撰写出版了《化学工程手册》中的第20章"颗粒与粒子系统"、第21章"流态化"[2]及由杨文庆主编的 Fluidization, Soilds Handling and Processing 一书的第8章："无气泡流态化"[3]。1999年，他又与同事合编了国际杂志 Chem. Eng. Sci.（《化学工程科学》）的《循环流化床——过去、现在与将来》专刊[4]。

2002年，郭慕孙与同事共同撰写出版了《气固流态化的散式化》[5]及

---

[1] 郭慕孙：《思索 实践 创新——我的一些专著、论文和手稿》，北京：科学出版社，2010年，第37页。
[2] 郭慕孙：《化学工程手册》中第20章"颗粒与粒子系统"及第21章"流态化"。化学工业出版社，1996年。
[3] M Kwauk: *Fluidization, Soilds Handling and Processing*, Edited by Wenqing Yang。Noyes Publication，1999年。
[4] M Kwauk and J Li: *Chem. Eng. Sci.*。1999, 54(22)。
[5] 李洪钟，郭慕孙：《气固流态化的散式化》。北京：化学工业出版社，2002年。

《非流态化气固两相流——理论及应用》[1]两部著作。提出了颗粒设计、流体设计、外力场设计、内构件和床型设计等一系列抑制气泡，实现气固流态化散式化的理论和方法。这是他的无气泡气固接触理论的进一步扩展，此项研究成果于 1999 年获中国科学院自然科学奖一等奖，并在生产实践和科研中得到广泛应用。

情系颗粒学

"颗粒学"的提出

郭慕孙对我国化工学科发展提出的四个科研方向之四是发展"颗粒学"。他认为"这是延伸和扩大流态化技术且更为广阔的新兴领域"。

1983 年 8 月 1—4 日，郭慕孙受美国伊利诺伊大学苏绍礼教授邀请，参加了在美国檀香山举行的太平洋地区颗粒学会议，在会上作了题为《颗粒学》的学术报告，详细总结和阐述了颗粒学这门新兴学科创新研究的科学技术内涵[2]：

> 颗粒学是一门综合性的技术科学，由于其跨技术的概括性，可看为一门高于一般工程技术的工程科学，与若干基础科学相毗邻，另一方面，颗粒学有直接可供现有工艺技术应用的侧面。
> 流态化可看为颗粒学的分支，但从狭义的角度，可以看为颗粒学的邻及科学技术。

郭慕孙这些前瞻的学术思想及对颗粒学的高度概括，得到了与会专家

---

[1] 李洪钟，郭慕孙：《非流态化气固两相流——理论及应用》。北京：北京大学出版社，2002 年。

[2] 郭慕孙：太平洋地区颗粒学会议报告，1983 年。化工冶金研究所内部资料。

学者的共鸣和赞赏。

根据学科发展的新趋势，为了在所内组建颗粒学的科研队伍，郭慕孙所长专门选派年轻骨干，分别赴日本东京理化研究所、英国 Loughborough 大学学习颗粒学，并于 1985 年抽调流态化研究室的部分科研人员在国内率先建立了"颗粒形态与表征实验室"（简称：颗粒室），添置了一批先进的仪器设备，开始从事颗粒学的研究。他指导颗粒室研究团队完成的"颗粒形态的研究及其应用"课题获中国科学院 1992 年自然科学奖三等奖。

创立颗粒学会

郭慕孙在总结美、英、日等国颗粒学发展历史和趋势的基础上，为了克服国内颗粒学研究分散的状况，推动我国颗粒学的发展，于 1983 年 12 月，郭慕孙与北京钢铁研究总院的胡荣泽等，联络了国内十多个科研院所从事颗粒学工作的同行，商议成立"中国颗粒学会"筹备组，并于 1983 年 12 月 28 日，以筹备组的名义向中国科协正式提出了关于成立"中国颗粒学会"的建议，但由于种种原因和困难，未能如愿以偿。1985 年 7 月 26 日，他们再次向中国科协学会部正式提交了关于成立"中国颗粒学会"的申请报告。随后在中国科学技术协会、中国科学院化工冶金研究所的支持、帮助以及各发起单位、发起人的努力下，1986 年 9 月 18 日，中国颗粒学会经国家科委发文，民政部及中国科学技术协会批准正式成立，学会挂靠在中国科学院化工冶金研究所。

1986 年 11 月 27—29 日，在北京召开了中国颗粒学会第一届会员代表大会，郭慕孙在会上作了"颗粒学与流态化技术发展概况"的报告。颗粒学会的成立，标志着我国颗粒学的兴起与发展，在以郭慕孙为理事长，任德树、李世丰、童祐嵩、刘淑娟、胡荣泽、王明星、杨贵林为副理事长，王佩云任秘书长的理事会领导下，中国颗粒学会很快形成了规模，下设流态化、颗粒测试、颗粒形态与处理、气溶胶五个专业委员会，制定了中国颗粒学年会制度，举办了中日美颗粒学会议，并于 2003 年创办了中国颗粒学报，为促进中国颗粒学的发展提供了学术交流的平台。

图 7-5　1986 年 11 月郭慕孙在中国颗粒学会第一届会员代表大会上致词

图 7-6　1986 年 11 月郭慕孙主持召开中国颗粒学会第一届会员代表大会全体会员合影

第七章　春华秋实　硕果累累

图 7-7　1988 年 9 月郭慕孙在中日美颗粒学术会上致开幕词

1988 年，郭慕孙应美国微粒学会秘书长、IOWA 大学 J. Beddow 教授和日本粉体工学会国际交流委员会委员长、名古屋大学神保元二教授的建议，在北京召开了中日美三国颗粒学研讨会，郭慕孙根据拉丁文和英文结合，在中日美三国颗粒学研讨会上首创使用了"颗粒学"的英文表达为"particuology"这个词，得到与会同行认可与赞同。对于参会的每篇中方文章，郭慕孙都进行非常严格的把关，从文章的内容、结构、用词、图表等都进行认真细致的推敲、修改，有些实在无法改的文章，他索性重写。由于打印文章的人对英语不熟，时常会打错或漏打一些字符，他都一遍一遍反复查对、修改，为大会呈送一部高质量的论文集。在此次会议上，中国的专家学者与国外同行进行了充分的交流和研讨，为促进中国颗粒学这门新兴学科的发展打开了学术交流的窗口。

目前中国颗粒学会已有团体会员 41 个，个人会员 1700 多名。学会除有颗粒测试、颗粒制备与处理、流态化、气溶胶、超微颗粒、生物颗粒、能源颗粒 7 个专业委员会外，还有 6 个工作委员会。此外，学会还先后协助各地区成立了上海、江苏、山东、湖南、湖北、陕西、辽宁等

图 7-8　1988 年 9 月中日美颗粒会议上郭慕孙（右）与外宾交流

地方颗粒学会以及北京粉体技术协会。

一直以来,中国颗粒学会在国际性的学术组织——世界颗粒技术联合会(World Congress of Particle Technology Assembly)中占有了一席之地。1998年7月,继在德国纽伦堡(1990年)和日本京都(1994年)举办了两届会议后,第三届世界颗粒大会在英国布莱顿召开,正式成立了大会常设组委会,中国颗粒学会理事长郭慕孙任组委会委员,并对该组委会的框架、组织结构、会议组织方式等提出了很多建议,他在会上做了题为"Emerging Particle Science & Technology in China"的邀请报告,介绍了中国颗粒学的现状。2014年第七届世界颗粒学大会在北京召开,1100多人参会,为历届最大规模,学者们为郭先生未能参加大会感到万分遗憾!

创办颗粒学报

为了促进中国颗粒学研究的发展,更好地开展国际学术交流,郭慕孙于2003年4月创办了 *China PARTICUOLOGY*(《中国颗粒学学报》),*PARTICUOLOGY* 选自拉丁前缀particula[指颗粒]和希腊后缀logia[指学问]合并而成,该刊是英文版双月刊。为推进期刊的国际化进程,2008年起改为 *PARTICUOLOGY*(《颗粒学报》)。此刊由中国颗粒学会和中国科学院过程工程研究所主办,由Elsevier和科学出版社联合出版的以颗粒科学和技术以及相关学科为主要内容的学术期刊。

83岁高龄的郭慕孙亲任主

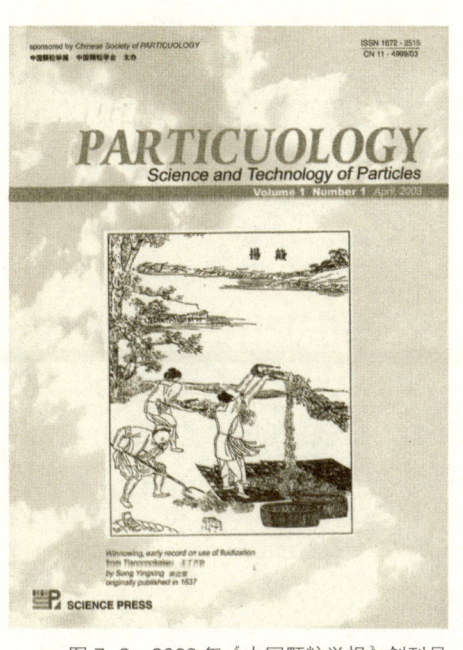

图7-9 2003年《中国颗粒学报》创刊号

编,直至2012年去世。经过不懈努力,*PARTICUOLOGY*先后被SCI-E、EI(Compendex)CA、CSA、AJ、Scopus和中国科学引文数据库、中国科技论文与引文分析数据库等国内外多家摘要和检索机构收录。在Thomson Reuters 2015年出版的期刊引用报告(JCR)中,《颗粒学报》2014年度的SCI影响因子为2.1,在173种中国大陆被SCI收录的期刊中排名第24位,在SCI数据库134种化工类期刊中排名第47位。

回顾期刊的发展历程,*PARTICUOLOGY*从创刊到现在的每一个细小进步,都是在郭慕孙的带领以及亲力亲为下取得的。他凭借自己多年担任Elsevier出版的*Chemical Engineering Science*国际编委,以及《科学通报》《化工学报》等多家国际知名学术期刊编委的经验,带领学报编辑部人员确定了创办高质量国际优秀学术期刊的定位,以及通过发表高质量的颗粒科学和技术的学术论文,促进了国内外学者间的学术交流,推动颗粒学和相关学科的发展,从而实现服务于与学科相关的产业和社会经济生活的宗旨。期刊创刊阶段的大量具体工作,包括刊载的文章内容方向、期刊整体的风格、封面及目录等独有的格式设计,郭慕孙都事必躬亲地进行指导。*PARTICUOLOGY*自创刊起,就站在了一个较高的起点上。

郭慕孙一直强调,编辑加工的目的和最终要求是使文章能达到出版的标准,能被读者看懂和理解,并能给读者以帮助。稿件的编辑过程是作者—审稿人—编辑的一个互动过程,要通过这三者的互动来完成,并通过互动不断提高并完善文章的质量。编辑部应做好这项互动工作的协调组织。他多次指出,期刊编辑要不断提高自己的学术水

图7-10 2003年郭慕孙对《颗粒学报》稿件的修改稿

平，要有能力追踪学科的前沿和热点，从交叉学科的边缘发现新的热点，进而邀请、发现好的文章，因此他经常建议大家多走出去，多参加学术会议，多与专家学者进行交流。

郭慕孙在办刊过程中，PARTICUOLOGY 始终以国际化为目标，积极学习借鉴国际优秀期刊的办刊经验，做到了编委会、稿源和审稿专家国际化。目前外籍编委占编委人数的 70%，近年来中国大陆以外来稿量和发稿量均达到了总量的 40%。为了保证期刊的质量，还采用了严格的同行审稿制度，有 70% 的审稿人来自国外优秀的同行专家。

2003—2012 年，郭慕孙身体力行地做好期刊编辑工作，承担了对本刊所有论文的英文文字和部分文章结构的修改工作，他对每一篇论文的内容和英文文字都仔细修改，严把质量关，这是 PARTICUOLOGY 能够很快得到国内外同行认可的重要原因之一。就在他去世前的 2012 年的 11 个月中，他修改的文章数就已达近百篇。郭慕孙带领 PARTICUOLOGY 学报的同仁走过了十年期刊创业的艰难历程，他总是认认真真地做好每一件事，为期刊读者服务，给读者提供高质量的学术论文。在当前比较浮躁的学术环境下，更让人体会到郭慕孙这种精神和品德的可贵。他给后人留下了宝贵的财富，将鞭策着同仁们为早日将期刊办成一流的国际学术期刊而继续努力。

设立青年颗粒学奖

随着我国颗粒学的发展，颗粒学领域成果卓然，青年学者人才济济。1997 年，为鼓励青年学者为我国颗粒学发展做出的贡献，促进青年人才的成长，郭慕孙捐赠了他于 1994 年获得的何梁何利基金奖的全部奖金 10 万港元和个人积蓄 5 万元人民币，作为"青年颗粒学基金"，并设立了"中国颗粒学会青年颗粒学奖"，鼓励颗粒学领域青年科技工作者奋发进取。2007 年，经国家科学奖励办公室正式批准，"中国颗粒学会青年颗粒学奖"已成为国家承认的社会力量设立的科学技术奖，每两年评选一次，每次奖励 2 至 5 人，截至 2013 年先后有 19 人获得了此奖。他为鼓励青年科技人

图 7-11　2010 年在西安颗粒学年会上郭慕孙颁发 "青年颗粒学奖"

才奋进创新，促进 "颗粒学" 的发展，起到了重要推动作用。

颗粒学的发展方向

2002 年，在北京科技会堂召开了纳微粉体制备与技术应用研讨会，郭慕孙应邀出席了会议，并以中国颗粒学会理事长的名义致开幕词。他总结了长期潜心研究的成果，对颗粒学的科学内涵、研究内容、应用前景、发展趋势进行了新的诠释，指出了颗粒学的发展方向。他说[1]：

> 我学的是化工，多年来与颗粒打交道，但这些大多为看得见、摸得着的颗粒。直到现在，在化工（或过程工程）行业中，这些颗粒的处理往往主宰着工艺的成败，特别是，颗粒工艺放大是工程中的关

---

[1] 郭慕孙：2002 年纳微粉体制备与技术应用研讨会开幕词。见：中国颗粒学会等编：《纳微粉体制备与应用进展》，北京，2002 年 5 月，第 1 页。

键。对于超细颗粒，虽早在 60 年代已有论著，但其科学内涵和新的应用才是近 20 来年的发展。这些细颗粒的表面力超出其体力和流体曳力千、万甚至百万倍，对有关的颗粒两相流增加了新的制约条件。另一方面，同样物料的超细颗粒具有其本体物料所没有的属性，带来了新的应用前景。许多超细颗粒制成的产品必须具备某些有关其功能的要求，从而将化工的工艺放大推至次要的地位，为此不得不考察其结构。这些产品一般都属量少、附加值高的商品，其加工和制造对传统的化学工程提出了崭新的要求。从尺度上，超细颗粒将我们带向原子团簇的方向。化工（或过程工程）的工艺设计、控制，更要进一步从微观获取启发，化工更需靠近化学、依靠化学。

不懈追求

探索化工前沿

1989 年底，中国科学院化学部常委向郭慕孙提出调研"化工前沿"的任务。当时他提出了以下四个方面，可作为选题领域[①]：

（1）与生命科学交叉的内容；
（2）化学迁移反应；
（3）颗粒学；
（4）其他交叉领域（如大气、航空、油田、社会科学）。

1990 年 8 月，中国科学院化学部常委讨论了上述意见，指定郭慕孙、汪家鼎两人共同负责"化工前沿"的调研，同年 9 月 17 日，他们共同拟定

---

① 郭慕孙，汪家鼎："化工前沿"调研工作报告（给中国科学院学部化学部常委递交的报告），1991 年 10 月 15 日。

了"化工前沿"调研计划,获得了学部批准。该计划明确了若干问题[①]:

(1)对前沿的理解为根据概念思维、事实、经验的开拓性研究,有望成为将来的工艺,成为共性的基础研究,一旦成功,能创新科技思想。

(2)调研的目的是找出一批前沿课题……调研的最终归宿是将这批课题落实为化工前沿研究项目。

(3)前沿课题的收集将采用查阅和征稿结合,而征得的稿件为真正的本国思想。

为此,在化工冶金研究所设立了"化工前沿"调研办公室,配备一位专职人员进行文献调研。1990年和1991年两年间曾先后三次以郭慕孙、汪家鼎的名义向全国同行发出"化工前沿"征稿信,至1991年底回收32件。与此同时,国家自然科学基金委开展了各分支学科发展战略的调研,其中化学工程调研组由19位专家组成,并动员了全国化工领域专家共计146人,提供了126篇材料。在此调研的基础上,1995年郭慕孙、汪家鼎等提出了《发展中国的化工前沿》的调研报告,向国家建议抓以下四个方面的化工前沿[②]:

图7-12 郭慕孙与汪家鼎院士亲切交谈

---

① 郭慕孙,汪家鼎:"化工前沿"调研工作报告(给中国科学院学部化学部常委递交的报告),1991年10月15日。

② 郭慕孙等:"化工前沿"调研报告——"发展中国的化工前沿",化工冶金研究所内部资料,1995年,第13页。

（1）活跃的生长点：交叉边缘技术——举例

　　多个过程的结合

　　催化工程

（2）接受新产业的推动——举例

　　粉末材料——制备、表征、电子化工材料

　　动植物细胞培养

（3）发挥我国资源、经济特色——举例

　　三次采油中的化学化工技术

　　天然气化工

　　煤的拔头

　　循环流化床焙烧黄铁矿

　　沼气工程

　　盐湖

　　稀土金属的用途开发及提取技术

（4）建立我国学科优势——举例

　　萃取

　　精馏

　　固定床反应器

　　聚合反应

　　颗粒流体两相流

　　膜分离

　　结晶

　　气固超短接触

　　该报告比较准确地反映了当时的实际情况，基本上全面覆盖了有关化工前沿的内容，有利于制定规划和政策，有力地引导了中国化学工程的前沿性研究。

　　郭慕孙还经常参加全国性的各种学术研讨会。他在大连举行的第五届化学工程学校际学术报告会与中国化学工程学会1987年年会上做了大会

图7-13 1990年8月郭慕孙（前排右六）与参加"炼厂科技进步讲座"人员合影

报告；在成都举行的第六届化学工程学校际学术报告会与中国化学工程学会1991年年会上又作了题为"化学工程学研究现状与发展趋势"的报告；1987年在无锡召开中国科学院学部委员会学术报告会上，他做了题为"化工的跨学科生长"的发言；1990年，中国石化总公司在青岛举办了"炼厂科技进步与挖潜增效讲座"厂长学习班，郭慕孙应邀在会上作了"我国的生物化工研究"和"无气泡流态化"的演讲；1994年在清华大学召开的"化工前沿"学术讨论会上，他作了"发展中国的化工前沿"的报告，并被1995年中国科学院院士咨询的报告收录；1996年百位院士面向社会作科技系列报告，他应化工学会和颗粒学会的邀请，在北京化工大学做了"流态化：回顾与展望"的学术报告，受到与会者的广泛赞誉。

从1986年开始，郭慕孙还被邀请担任国际著名期刊 Chemical Engineering Science（CES）的国际编委，在这个岗位上他兢兢业业工作了11年。与一般编辑不同，他不是直接将文章提交给审稿人，而是首先对每篇文章仔细修改，以确保内容符合期刊要求，语言顺畅之后再提交。事实上，大多数的手稿都要在作者和编辑手中来回修改多达十次以上，这样做不仅是对期

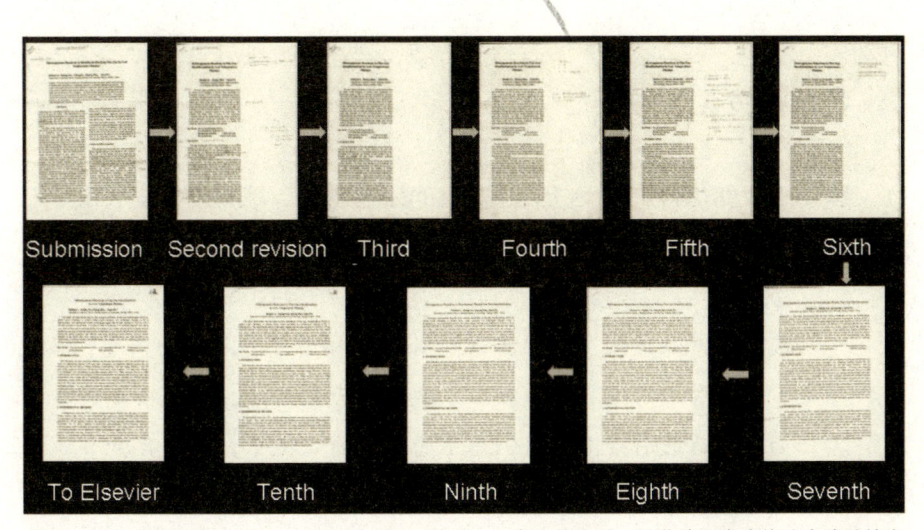

图 7-14　郭慕孙任 Chemical Engineering Science 杂志编委时，从收稿到发表修改十稿的档案

刊负责，也有利于作者自身水平的提高。他对所有入载文章都逐一认真修改，为中国学者的文章走向世界发挥了重要作用，经他修改的论文，有的达十几稿之多，国际同行为之赞叹。1999 年、2004 年、2007 年他先后与同事一起编辑出版了三期 Chemical Engineering Science 专刊。

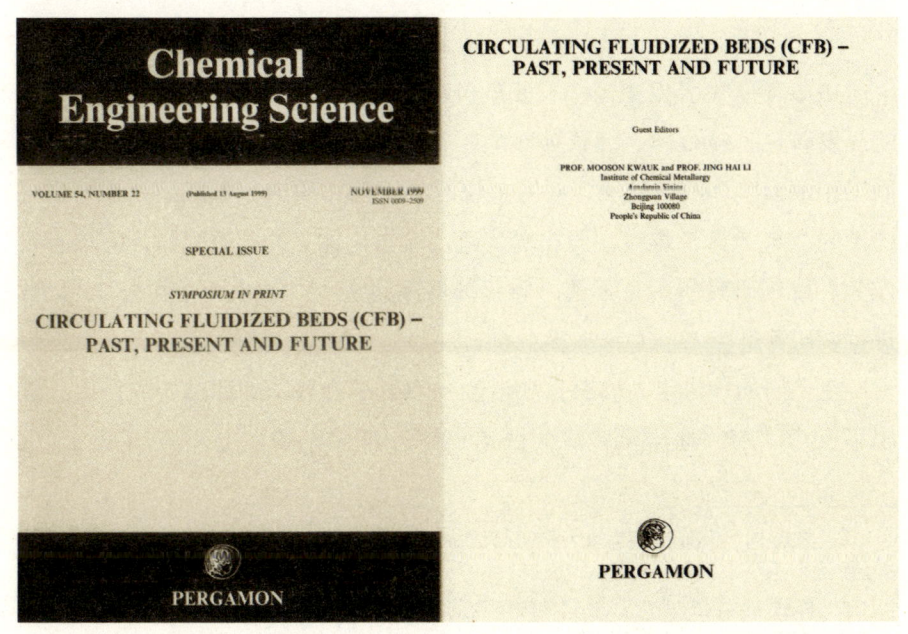

图 7-15　1999 年由郭慕孙和同事主编的 CES 专刊

第七章　春华秋实　硕果累累

提出煤拔头工艺

多年来,郭慕孙一直十分关注对煤的快速热解、煤的拔头技术和太阳能的利用等问题的研究。对于煤的开发利用,郭慕孙认为[1][2]:

> 我国是产煤大国,每年产煤所含烃类相当于其石油的产量:各2亿吨。煤所含烃的经济价值相当于我们年产的石油,难道在目前过程工程如此发达的前提下,我们想不出办法将之提出,研究其下游加工方法,获得雷同石油化工产品经济价值的新产品?因此,煤不再被看为燃料,而是原料。原则上讲,煤所含的烃,只要通过加热,即可蒸出,但蒸出的煤烃必须快速冷凝,不然会分解成价值不高的小分子或聚合成价值不高的焦油。如果这样的工艺能够成立,下一步该重新考虑我国煤工业的布局,如何建立煤矿坑口炼煤厂,集中获取煤烃(继以煤烃加工工艺)脱硫,然后将焦炭作为无烟燃料输送城市发电,减轻城市污染。

1973年,世界发生了"石油危机",各国加快了对煤炭能源加工利用的开发研究。1980年,郭慕孙参加在美国举行的国际流态化会议之后,访问了相关大学和科研院所,对有关煤的加工利用研究印象颇深。我国当时能源的75%来源于煤炭,而煤炭是适合流态化加工的化石原料,应该有所作为。接任研究所所长不久,郭慕孙就决定成立"流态化能源"项目组,进行调研论证。

在调研的基础上,郭慕孙和他的同事们结合我国能源结构的特点,提出了一个"双快速流化床煤的快速热解—半焦燃烧发电,油、(煤)气、

---

[1] 姚建中,郭慕孙:煤炭拔头提取液体燃料新工艺。《化学进展》,1995年第7卷第3期,第205-208页。

[2] 郭慕孙:煤拔头工艺。见:《中国科学院第九次院士大会报告汇编》,北京:科学出版社,1998年,第202-204页。

电、热联产的综合能源体系"①，不仅可以满足用户对多品种能源的需求，而且比单一燃烧发电的能源利用率大幅度提高。郭慕孙指导他的研究团队对该工艺技术方案进行了过程设计和工艺计算，确定了有关工艺参数，随即进行了工程设计，在国内建立了第一台快速循环流化床燃煤实验台，开展了系统的燃烧实验，以期为工程设计提供依据。

长期以来，郭慕孙一直坚持倡导"煤拔头工艺"的研究，他称其为拔头，是一种类似于石油加工、先把煤中的煤烃组分提取和利用的工艺。

郭慕孙在"煤拔头工艺"一文中，详细阐述了煤拔头工艺的原理、工艺流程的技术经济可行性分析和设备设计的重要性，展望了21世纪我国自主创新的前景。他写道②：

> 针对我国石化资源和能源要求的特点，创造一种既干馏又燃烧的综合用煤的工艺，现在要进行的是：从原理出发，进行必要的前期研究。要发明一种能在一秒钟内将干馏产物从700℃左右的高温骤冷为液体的设备。作为工程技术，我们的答案必须包括工艺流程和设备设计，继以技术经济分析，阐明技术上的可能和经济上的合理。展望21世纪，我们既不用指望引进，也不要抄袭洋人的技术，而是要依靠自己的智慧，自力更生，立足国内。循环流态化为上述既干馏又燃烧的综合工艺提供了技术路线，即于循环的热灰中快速加入煤粉，使之瞬时裂解。

1995年，在流态化能源课题预研究的基础上，郭慕孙总结了前人煤热解工艺研究开发的不足后，又提出了实现"煤拔头工艺"的三个关键技术，即"三快技术"：通过与循环流化床燃烧过程耦合，使煤与高温循环床料在下行床中快速混合实现煤炭的快速热解，并通过气相产物与床料的快速分离和油气快速冷凝，获得高收率的轻质油品，热解的固体

---

① 李佑楚，郭慕孙：煤的快速流态化燃烧。《化工冶金》，1981年第4期，第87-94页。
② 郭慕孙，姚建中，林伟刚，李静海，王小泉：循环流态化碳氢固体燃料的四联产工艺及装置，CN01110152.0［P］，2001年3月30日。

产物半焦则用于燃烧，从而实现热电、煤气和煤焦油的高值化多联产。

郭慕孙大力支持和指导科研团队的工作，从选题到技术方案制订，从科研课题的争取立项到试验场地的选择，他都亲自过问。他工作细致，对气固快速混合和快速分离都提出了概念设计图，以指导试验研究。由于郭慕孙的倡导，煤拔头项目获得了国家"973"和"863"的专项支持，在机理研究和关键技术开发方面，都取得了重要进展。

图 7-16　煤拔头工艺中试装置

目前在中国科学院战略性先导科技专项支持下，已在过程工程研究所廊坊中试基地建成了 10 吨/天的煤拔头与焦油精制中试平台，完成了多个煤种的评价实验，为煤拔头技术进入工业应用奠定了良好基础。

重视成果转化

郭慕孙十分重视研究成果的转化。自 1980 年起，郭慕孙带领他的研究团队先后自主开发或合作开发了 35 吨/小时、220 吨/小时、100 兆瓦电力燃煤循环流化床锅炉及设计方法；指导了煤的快速热解和 100 千克/小时生物质热解造中热值煤气、100 万吨/年 FCC 催化再生、1300 吨/天氢氧化铝煅烧装置技术改造、1000 吨/年高岭土等非金属矿煅烧中试、铁精矿熔态还原—流态化预还原中试、10 万吨/年褐铁矿磁化焙烧等。这些科研成果先后获中国科学院自然科学奖一等奖、中国科学院科技进步奖一等奖，国家自然科学奖二等奖及有关工业部门的多项奖励。

为了实现超细磁性粉体的国产化，郭慕孙亲自和中国科学院物理所的领导商讨，采用流态化技术，将超细铁黄脱水还原到四氧化三铁，再进一步氧化，最终制备成优质的纳米级 $\gamma-Fe_2O_3$ 磁记录粉。他支持和鼓励科研团队在广州磁性材料化工厂完成了我国自主设计、建设的 500 吨／年流态化技术生产磁记录粉生产厂，发明了多层旋转搅拌分布板流化床，解决了超细粉体堵塞、不稳定流动的难题，实现了流态化法连续生产超细磁粉的产业化。1986 年郭慕孙参加了由中国科学院和化工部组织的该项目鉴定会。

20 世纪 90 年代初期，他兴致勃勃地带领研究团队亲临用流态化技术建成的洛阳磁粉工业生产厂现场，提出了具体指导意见。在此基础上，科研团队又完成了"复印机磁粉—墨粉的研制和国产化"项目，并在无锡佳腾磁性粉有限公司建成了国内第一个复印机及激光打印机用磁粉的 3000 吨／年生产线，产品是具有高饱和磁化强度性能的高速激光打印机用磁性粉。该项目1997 年获国家科技进步奖二等奖。

郭慕孙还鼓励科研团队研制成功了彩色激光打印粉和耐久性防伪彩色激光打印粉，在无锡佳腾磁性

图 7-17　广州磁性材料化工厂 500 吨／年磁记录粉生产线的流态化装置

粉有限公司分别建成 800 吨／年的生产线，产品彩色打印效果好。耐久性防伪彩色激光打印粉获得发明专利，用于银行支票的印刷上。

在郭慕孙的支持和鼓励下，"微波流态化技术提取优质壳聚糖"的课题获得了国家"863"项目的支持，当第一个健康产品"海利惟康几丁聚糖"研制成功并获得国家发明专利时，他非常高兴地对研究人员说："我来吃产品，你来做试验。"郭慕孙的言行令人感动。郭慕孙还从国外带回

来五种保健品的说明书，并买了产品作为样品。在他的支持和鼓励下，研究团队又成功研发了修复骨关节提高骨密度的"氨糖硫酸软骨素葛根胶囊"产品。

悉心育人

郭慕孙把培养和指导年轻的科技人员和研究生作为自己的一项最重要工作，在科研实践中指导培养。他在研究所亲自讲授流态化的课程，培养青年骨干，指导刚毕业的大学生开展科研工作。郭慕孙亲自培养的博士、硕士共 32 人，间接指导培养的学生不计其数。

郭慕孙作为一位导师，非常注重学生创新精神的培养。他说"研究工作不是知识的传播，而是知识的创造"[1]。他常常告诫学生"不要跟在别人后面走，要力争吃第一口馒头。"[2] 帮助青年人理解原始创新的重要性，鼓励他们在自己的研究领域取得创新性的突破。

早在 1973 年，郭慕孙等率先提出了"快速流化床"的一维模型，预测并通过实验证明了快速流化床中颗粒聚团的存在。然而当时化工界对是否存在聚团仍存争议，甚至关于聚团假设的投稿也被拒之门外。郭慕孙始终坚持以聚团为核心建立模型研究，由此更加显示出当时郭慕孙选题的前瞻性和重要性。

郭慕孙坚持创新、永不放弃、严谨认真、追求卓越的科学精神深深地影响着年轻科技工作者。如今郭慕孙曾经指导过的这支年轻的科研团队正在全力推动实现工艺过程、设备全系统的三维实时模拟，努力为化学工程进入虚拟仿真的新阶段而奋力拼搏。这一发展过程凝聚了郭慕孙先生大量的心血。

---

[1] 郭慕孙：颗粒学和自主创新.《中国科学院过程工程研究所动态》，2010 年第 6 期，第 39 页。（摘自 2006 年 9 月 5 日郭慕孙接受腾讯网科技频道采访内容）

[2] 李洪钟：郭慕孙先生教我如何做学问.《中国科学院过程工程研究所动态》，2010 年第 6 期，卷首语。

图 7-18　2001 年郭慕孙参加走近科学家科普活动

郭慕孙经常应邀去国内外做流态化研究进展的演讲和学术报告，或给青少年做科普报告。他认为，自己还能继续为流态化做些工作，心中感到无比幸福。他呼吁要为青年人提供创新的平台[1]：

我们中国的工作要让外国人知道，同时要给我们的青年人提供舞台。所以，这些工作要做，而且要做好。

郭慕孙鼓励青年人要有创新目标、人生追求和锲而不舍的精神，他说[2]：

科研离不开创新为目标，但能够创新的人不一定都是超人或天才。可是至少他对所做的工作要有兴趣，再好一点，他能虔诚地追求工作的目标，向往最好的、甚至是完美的效果，具有锲而不舍的精

---

[1] 郭慕孙：颗粒学和自主创新。《中国科学院过程工程研究所动态》，2010 年第 6 期，第 40 页。（摘自 2006 年 9 月 5 日郭慕孙接受腾讯网科技频道采访内容）

[2] 同[1]。

第七章　春华秋实　硕果累累

神，不要因为有各种各样的干预，而不去追求自己的目标。这一点非常重要。创新能力部分出于人的性格，但并不是不可培养的。在当前的市场经济中，顶尖的创新、特别是离开应用较远的、前瞻性的创新，往往出自创新者的内在推动，要有这种追求，有这个耐心去等待、去坚持。

在郭慕孙73年的学术生涯中，正是由于这种永无止境的创新追求，锲而不舍的拼搏精神，严谨认真、脚踏实地的工作作风，才使他获得了一个又一个成功。

郭慕孙经常告诫学生："做研究就要多交流，有交流才可能碰出火花。"他喜欢和大家特别是年轻人一起探讨科学问题。无论是参加国内外会议还是所里的课题研究讨论，他大多数时间都在专心致志地听，有问题或疑问会发问。他这种孜孜不倦、不耻下问的科学态度时时刻刻激励着学生们发奋学习。

贡献卓越

郭慕孙自1945年从事流态化研究以来，在理论上有其独到见解并自成体系。20世纪40年代，提出了"散式"和"聚式"流态化的经典之作，建立了颗粒与流体相互作用的流动参数统一关联式；60年代，提出了"广义流态化"理论，分析了许多工程技术问题；70年代开拓了浅床、稀相、快速流态化，建立了"无气泡气固接触"理论；80年代用能量最小多尺度作用模型，突破了对两相流系统进行量化模拟计算的瓶颈，由过去单纯靠经验回归上升为理论分析，逐步形成了综合两相流各种现象的较为完整的统一理论，形成了一个完整的理论与技术体系。

由于郭慕孙对流态化学科和流体颗粒系统技术的突出贡献，1989年5月在加拿大召开的第六届国际流态化会议上，荣获"国际流态化成就奖"。

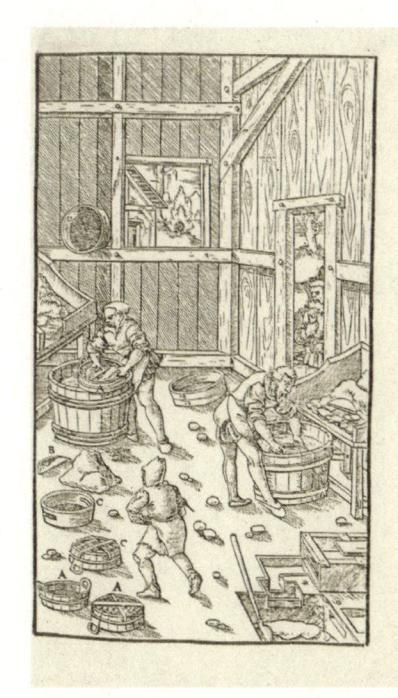

图 7-19　1989 年郭慕孙荣获"国际流态化成就奖"的奖状

郭慕孙在学术上一贯重视新思想的确立和贯彻，成绩显著，受到国内外同行的尊重。颁奖词中对他注重积累、追求卓越、重视教育的科学精神和所做出的突出贡献予以高度的评价[1]。

1994 年，郭慕孙获何梁何利基金科学与技术进步奖。

图 7-20　1989 年获国际流态化成就奖的四人合影［前排左起：国井大臧（日本）、郭慕孙（中国）、Davidson（英国）、Rowe（英国）］

1997 年 9 月郭慕孙当选瑞士工程科学院外籍院士，赴瑞士参加会议，

---

① 郭慕孙 1989 年荣获"国际流态化成就奖"奖状。资料存于采集工程数据库。

第七章　春华秋实　硕果累累

参观有关单位，并作了"颗粒技术与聚式流态化——50年回顾"的学术报告[①]；同年11月美国化工学会召开一年一度的流态化讲演奖报告会，郭慕孙成为被邀请的少数国外学者之一，并作了题为"探索流态化的多相特征"（Exploring the Multi-Phase Nature of Fluidization）的报告[②]，当时听众很多，有郭慕孙普林斯顿大学时的同学，还有许多在美的华裔和中国的访问学者也纷纷来参加。在这次会议上，郭慕孙被授予美国化学工程师协会流态化讲演奖。

---

① 郭慕孙：《颗粒技术与聚式流态化——50年回顾》报告，瑞士联邦理工学院，苏黎世，1997年9月24日。资料存于采集工程数据库。
② 郭慕孙：《探索流态化的多相特征》流态化获奖报告，美国化学工程师协会年会，洛杉矶。AICHE Symposium No. 318, Vol.94, 1998: 1-9。资料存于采集工程数据库。

第八章
老骥伏枥　学高为师

步入新纪元，耄耋之年的郭慕孙身体康健、精神矍铄，他依然每天坚持工作，将时间与精力集中在著书立说、为国献智、审阅论文、科学普及和教授英语等工作上。他竭尽全力将自己的知识、经验和技能传给后辈。他学高为师，身正为范，用自己的一言一行教育激励着年轻一代走创新之路，攀科学高峰。

科 学 总 结

作为一门现代科学技术，最早收纳流态化的化工教科书是 Brown 等人于 1950 年出版的 *Unit Operations*。在此之前，流态化技术早已出现在民间和手工制造业中，可见于我国明代宋应星撰写的《天工开物》和德国 Agricola 于 16 世纪用拉丁文撰写的 *De Re Metallica*，例如我国南方的淘米以及东西半球皆有的水析和跳汰法选矿。在现代化工业社会中，目前查到的最早应用流态化技术的为 1925 年 Fraster 和 Yancey 的美国专利，利用空气流化砂床选煤，较轻的煤粒上浮，较重的脉石下沉；以及 1926 年

Winkler 的德国专利所述的当今众所周知的 Winkler 煤气化炉。继此，于 20 世纪 40 年代后期，开始了具有科学背景的流态化工程研究；同时流态化技术被大量地应用于煤的气化和燃烧以及石油的催化裂化。围绕流态化科学和技术所发表的论文数目一度在化工界首屈一指。[1]

在此背景下，化学工业出版社的郭长生编审多次邀约郭慕孙组织专家编写《流态化手册》。筹备编撰《流态化手册》这部该专业领域第一部综合性的工具书，对于 80 岁高龄的郭慕孙来说，可谓是一项极具挑战性的艰巨任务，困难重重。他回忆说[2]：

> 这本手册的组织工作始于 2000 年夏季，所遇到的最大困难是需要众多专家撰写应用篇，但大家都忙于所从事的业务，可支配的时间有限。因此，对找不到作者的章节，我们只能编辑有关条文，以免遗漏。应用流态化技术的专家，对各自的对象有其特殊的思考和应用技术的风格，因此写作风格难免不一致，更谈不上统一，但也只能这样才能在科技方法上广开思路，进行有判断的选择。

尽管困难重重，但郭慕孙认为我国流态化学科经过半个多世纪的研究和发展，已独具特色，应用领域广泛，完全有条件编撰《流态化手册》。他充满信心，正如在序言中所写到的[3]：

> 半个多世纪以来，我国工程科学工作者在流态化技术的应用和基础研究方面，积累了不少经验和学识，有条件共同撰写这本手册，传播我国的特色。经多次研究，我们决定，为了向读者提供较全面的知识基础，流态化的主体科学技术应当一方面延伸到颗粒学的有关科学基础，另一方面展开到众多的生产应用工艺，以便相互渗透、参考和切磋。

---

[1] 郭慕孙：《流态化手册》。北京：科学出版社，2008 年，序言。
[2] 同[1]。
[3] 同[1]。

郭慕孙对编写《流态化手册》的诸多准备工作都亲力亲为，详细编写该书的写作提纲，除了组织和指导长期跟随他从事流态化研究的20位学生和同事共同编写和协助他工作之外，他还特地邀请国内其他大专院校和科研院所的43位学者和一位国外知名专家参与撰写工作，由郭慕孙和他的学生李洪钟共同任主编，副主编有李佑楚、马兴华、白蕴如。从2000年起，前后历经8年的不懈努力，2008年该部316万字的《流态化手册》终于由化学工业出版社正式出版，它凝聚了广大流态化科技工作者的心血和智慧。

图8-1　2008年郭慕孙组织编写的《流态化手册》（化学工业出版社出版）

《流态化手册》分为颗粒及颗粒系统、流态化、流态化应用过程3篇。广泛收集了流态化领域大量的基础数据和设计研究资料，列出常用的计算、设计方法、公式和图表；反映了各部门应用流态化技术于生产的经验。编排体系以流态化技术为主干，向外延伸扩展作为基础的颗粒学技术以及颗粒—流体系统，并涉及流态化技术的众多应用领域。详细介绍了各种类型的流化床，包括传统及新兴的流化床；对流态化的选型和设计提出指导原则；对流化床内的传热、传质、流化床结构和构件以及流化床性能及操作参数的检测和试验，提供了较翔实的实用资料。流态化技术应用部分是《流态化手册》的重要特色，全面而广泛地涉及应用流态化技术的各个行业、各个领域，覆盖了经典的应用领域以及近年来在石油化学工业、能源与生化工业开拓的应用新领域，并有实际应用流态化技术经验的研究、设计和生产单位提供的有代表性的具体流态化工艺流程实例、实用设计数据和操作数据、过程模型、计算设计公式等，堪称流态化技术领域的一部宝典。

2008年该书被评为国家新闻出版总署"三个一百"原创图书，2009年荣获中国石油和化学工业协会科学技术奖一等奖，2011年又获得国家图书出版最高奖——第二届中国出版政府奖图书奖。

2005年郭慕孙在他85岁生日之际，将自己早在1999年就精心分类，按时间排序，整理成册命名为《随笔———些思维的萌芽》的手稿，印发给所里的科研人员供参考，他选了67篇原始手稿，共计429页，未加改写。郭慕孙在该书的代序中写道[①]：

> 我十九岁进大学上化学试验课时，老师要求我们每人都要有一本笔记本，记录所有试验现象和数据以及个人的设想，从此我养成了"随想随记"的习惯。我三十六岁（1956年）回国后，很欣赏我们国家提倡"一步一个脚印"的工作作风。于是，40多年来，我积累了不少手稿。明年我即将资深，我没有什么具有物质价值的东西留给后人，将这些手稿略加整理，汇集成本，供人参考。

郭慕孙特别重视化学工程学科发展的前沿，力所能及撰写这方面的文章。1999年，他与同事撰写了"过程工程量化的科学途径——多尺度法"，介绍了多尺度法在发展过程工程中的前景，举例说明了这一方法的思路和有效性。在论文的摘要中指出[②]：

> 时空多尺度特征是过程工程中所有复杂现象的共同特征，实现其量化和系统集成，增强我国自主设计和开发过程工业的能力，是发展我国过程工业的关键。以"单元操作"和"传递过程"（被称为化学工程科学的第一和第二里程碑）为标志的传统方法已不能满足这一需求。研究流动、传递、分相和反应多尺度（范围小至分子，大至河流、大气）行为和同一尺度下这些现象共存的规律，通过分尺度研究和多尺

[①] 郭慕孙：《随笔—— 一些思维的萌芽》。过程工程研究所内部资料，2005年。
[②] 李静海，郭慕孙：过程工程量化的科学途径——多尺度法。《自然科学进展》，1999年第9卷第12期，第1073-1078页。

度综合，实现复杂现象的量化，是当前过程工业定量化的趋势。

2000年，他又与同事专门撰写了"三传一反多尺度"的论文，论文中[①]：

> 简述了化学工程科学演化的历史及其逐步扩展为过程工程的发展趋势，指出多尺度法在发展过程工程中的前景，并举例说明了这一方法的思路和有效性，最后提出了若干应当重视的问题。

2006年，郭慕孙在《中国科学（B辑 化学）》上发表了《化学工程的多层次结构》一文，为化学工程的多尺度结构、多尺度方法和化工复杂系统研究指明了方向。他在文章摘要中写道[②]：

> 进入本世纪前后，学界将化学工程看作一种复杂系统，企图在高层次组织化学工程的知识基础，为此不断在寻找易于进入化工复杂系统研究的切入点。本文从业已见到的颗粒群在流态化时形成的不同几何结构以及由此而开拓的多尺度分析，来揣测化学工程的其他结构，特别是面对产量少、价值高的功能材料，企图建立化工复杂系统多层次结构的研究平台，除了基于时空多尺度的化工多层次结构外，作者认为还可以考虑基于科学内涵的多层次结构，以及基于人力和资金投入为尺度的运转多层次结构。

郭慕孙指导和鼓励学生们聚焦化工过程多尺度问题的研究，形成了以"能量最小多尺度（EMMS）"原理为核心的理论体系，发现了EMMS原理对介尺度问题具有普适性，现在这一方向正逐步向"介尺度科学"拓展，

---

① 郭慕孙，李静海：三传一反多尺度。《自然科学进展》，2000年第10卷第12期，第1078-1082页。
② 郭慕孙：化学工程的多层次结构。《中国科学（B辑 化学）》，2006年第36卷第5期，第361-366页。

2012年成为我国化工界的自然科学基金委重大研究计划项目。也是"多相复杂系统国家重点实验室"的核心研究方向。

为国献智

郭慕孙对国家、对社会有着高度的责任感，几十年如一日，一直关心我国科技创新和教育事业的发展，积极向全国政协、中国科学院学部、北京市人大等建言献策。他曾多次就国家的科技、教育事业以及研究所的科技创新工作等提出富有前瞻性、战略性和可行性的建议，其中一些已被有关部门采纳。

关于创新

郭慕孙在深思熟虑的基础上，先后撰写了"贯彻落实自主创新，建立全民全龄的智力开发体系""关于实施自主创新战略的几点建议""中国科学技术自主创新：问题与对策""走中国特色自主创新之路""想象出创新"等建议。

在"贯彻落实自主创新，建立全民全龄的智力开发体系"建议中，郭慕孙指出自主创新要从小孩抓起，通过家庭、学校、社会等各方面的共同努力，启迪人生的定位。从小培养他们的创新习惯，树立创新的心态和毅力，培养创新的能力。他写道[①]：

> 贯彻自主创新，人才是根本，体制是保障，全国人民的智力和认识都要跟上。为此，建议按照不同年龄段、不同层次人群的特点，建立相应的组织措施。首先对于青少年人群，幼年是养成教育的最

---

① 郭慕孙：贯彻落实自主创新，建立全民全龄的智力开发体系。《科学新闻》，2006年第20期，第5-6页。

佳时期。因此，应当从幼年开始注意创新精神和能力的培养，启动人生的定位。因此，对于青少年人群的创新精神和能力的培养尤为重要。

  一要建树创新的动力：不断进取、坚忍不拔是成就事业的动力。在孩子幼年阶段就要培养他们追求完美、攀登高峰的心态和毅力，为今后不断创新提供原动力。二要形成创新的习惯：兴趣是探究科学奥秘的前提。要培养孩子从小就养成好奇好问、动脑创造、动手制作的好习惯。三要追求创新的能力：创新能力的培养需要家庭、学校、社会等各方面教育的共同努力，重点培养孩子的学习能力和获取知识的正确方法。四要培养有所建树、富有创新意识和能力的人，还要求孩子从小就要注重积累知识，并逐步培养他们分析问题、解决问题的能力。主要是学会用文字和语言的交流沟通能力，了解自然科学梗概，学好数学，为定量分析打基础。

为确保自主创新方针的贯彻落实，培养创新人才，实现全民全龄智力开发，郭慕孙提出了一系列具体建议[①]：

  建立全民全龄智力开发的管理体系，综合人事、教育、心理、医学、财政、科技等不同产业部门的专家，成立"全民全龄智力开发部"，请一位副总理牵头负责。同时，相应在地方成立"智力局"，以协调这一综合性很强的智力开发工作。建议国家设立智力开发基金，资助有关全民全龄智力开发的工作和相关活动，确保自主创新方针的顺利贯彻落实。

郭慕孙在"想象出创新"和"关于实施自主创新战略的几点建议"中提出从想象到创新是一个不断修正、调整、更换、学习的过程，只有坚持

---

① 郭慕孙：贯彻落实自主创新，建立全民全龄的智力开发体系。《科学新闻》，2006年第20期，第5-6页。

不懈的努力，才能不断完善，取得成功。他在建议中写道[①]：

> 想象要经过对其原发概念的不断修改、调整，甚至更换（包括思维）、学习有关科技知识和坚持不懈的努力，才能发挥社会作用，成为创新成果；不然，不假思索、分析、改造，将沦落为科幻小说。加入 WTO 后，经济建设需要许多我国自己的工艺。在化工历史中有不少具有突出想象力的创新，都经过了十年、几十年的努力而取得完善，现在已成了当前的标准生产工艺。
>
> 现在再列举一些未能完成到产生社会效果、但属原始想象的化工工艺的实例。在"文化大革命"期间，金川镍矿曾用氯化法试图从尾矿中提镍。但加入的氯气绝大部分被用于比镍含量高很多的铁的氯化，不但消耗的氯很高，且很难从所生成的氯化铁中分离出镍。提议的方案是在高温下将铁和有色金属氯化共同挥发出来，然后利用氧化铁和氯化铁在不同温度下的不同平衡常数，降低温度，使氯化铁自行再氧化成氧化铁，然后将与之共存的有色金属镍用水浸出。

邓小平同志曾指出要"保证科学研究人员每周至少必须有六分之五的业务工作时间"。郭慕孙呼吁要重视自主创新环境的建设，他觉得目前我国科技界的情况是行政干预太多，研究骨干要花很大精力去争取课题，课题到手后又要应付不断的检查和评估，放在科研工作上的精力太少了。因此，他建议科技部建立的平台要充分发挥作用，对有些已证明有发展前景的研究团队或个人要做到"给足钱、少评估、不干预"，使一部分精英充分发挥他们的创造力，深入开展有创新的工作。为此，郭慕孙在建议中写道[②]：

> 创新本来就是风险很大的活动，我国科技界的风险意识不强，同时我国的风险投资机制也没有真正建立起来，有些可能成功的重大创

[①] 郭慕孙：《思索 实践 创新——我的一些专著、论文和手稿》．北京：科学出版社，2010年，代序，第 i-iii 页．

[②] 郭慕孙：关于实施自主创新战略的几点建议．过程工程研究所内部资料．

新计划由于得不到支持而不得不搁浅。根据国际惯例，只要有10%—20%的科研成果产业化，就算是成功的。而我国的风险投资界审查过于严格，不肯冒险，导致很多可能取得市场成果的科研成果得不到支持。因此，要改进现有的科研成果评价体系和奖励制度，使科研人员具有充足的时间、精力和经费，从事有价值的研究；要促使我国科技界形成"科研容许失败"的观念，对于可能取得创新成果的重大科研计划要给予支持；逐渐在我国建立起成熟的风险投资机制，加大对科技成果产业化的支持力度，促使更多的科研成果转换为市场产品。

郭慕孙在建议中呼吁重视原始创新，提高科技成果的转化率，他写道[①]：

  原始创新往往可遇不可求。原始创新一方面受需求牵引，更重要的是凭个人兴趣、好奇心与悟性；原始创新一旦有突破可能产生极大影响，如李四光提出的"陆相生油学说"导致大庆油田的发现。这就要求对基础研究给以更大的投入，减少干预。技术创新的主体是企业，政府对企业的研发投入应给予鼓励政策，尤其是促使企业与科研单位及大学之间建立密切的合作关系。由于企业更重视短期效益，有时与政府长期目标有矛盾，还需要政府整合资源，实现政企合作，共同出资进行研发，提高科技成果的转化效率。

郭慕孙还就如何破解自主创新的两个瓶颈问题，建议国家尽快调整知识产权战略、整合知识产权管理，积极探讨"产学研"相结合的有效途径。他指出[②]：

  实现自主创新要解决两个瓶颈问题。一是目前我国知识产权制度的不健全带来了很大问题。学术交流不活跃，担心发明要点和重大

---

① 郭慕孙：关于实施自主创新战略的几点建议. 过程工程研究所内部资料。
② 同①。

创意被泄露，被他人所用；企业研发资金投入缺乏积极性，研发成果不能通过交易成为企业的收入来源，只能为其他企业作嫁；集体合作困难，成果所获得的各种收益不能按照实际贡献进行分配，特别是对国外影响极坏，经常受到非议。目前我国面临的挑战是：技术创新能力差、技术成果扩散难、知识产权运用能力弱、知识产权保护力度不够、受到国外技术创新战略的包围等。建议国家尽快调整知识产权战略、整合知识产权管理部门、优化知识产权管理职能，对侵权行为加大打击力度。二是创新成果的转化与应用。应尽快改变在科研项目中只有研发经费、没有转化（包括工程化）经费的状况。要鼓励技术经营业的发育，提高中介机构在科技成果转化中的作用。选择若干大型企业，作为技术创新和科技成果转化的试点，积极探讨"产学研"结合的有效途径。应设立"国家创新指导委员会"，指导和整合跨部门、跨地区、跨行业的创新目标和重大创新活动，国家还应出台鼓励原始创新的奖励政策。

郭慕孙的上述建议至今仍具有非常重要的现实意义。

关于能源利用

郭慕孙关于能源利用方面的建议包括："资源/能源节约型的小康社会""能源/资源/智力""21世纪我国该更好用煤""走小康社会的道路，来缓解我国能源的短缺""留给子孙更多能源和资源"等。

郭慕孙在与《中国科学报》记者谈秸秆做动力的能源问题时，提出利用生物质驱动农机、汽车等替代石油的建议，他说[①]：

把古老的上世纪40年代的技术拿出来，改进以后，马上就可以用，而且我们现在有一个有利的条件，即秸秆已经做了压块处理，除

---

① 刘欢：秸秆做动力 老树开新花。《中国科学报》，2010年5月31日。

掉了一部分水分，发热值按单位重量计算比直接燃烧木块还要高一些。

生物质驱动的汽车、农用机械可以使农民少用汽油，甚至不用汽油，就地利用了多余的秸秆，补充、替代石油等不可再生的燃料，还可以把秸秆燃烧以后的炉灰作还田处理，保持土壤原有成分，减少矿物质流失。

在解决技术问题的同时，还要转变观念，郭慕孙对此深有感触，他以使用生物质燃料为例向记者作了说明，在美国的农场，喜欢动手的美国人自己改装车辆，在车上加一个用于燃烧生物质的发生炉，就用自己农场的废弃物替代汽油做燃料。而在中国，这样的举动是很少见的。郭慕孙呼吁研究人员静下心来做研究，为国民经济建设服务，为民造福。

我国在秸秆利用方面已有很多实践，如以秸秆为主要燃料发电、推广户用气化炉等，但以压实秸秆为燃料驱动汽车或农用机械还十分鲜见，在郭慕孙看来，这种秸秆利用方式虽然显得有些朴素，却可以有效解决农村的能源利用问题，既节能环保，又降低农民的能源消费成本，他希望，在不久的将来，秸秆动力的利用应从观念到技术到应用都能有实质性的推进。

图 8-2 政协五届二次会上郭慕孙"关于软科学"提案手稿

关于科技政策

郭慕孙是全国政协四届、五届、六届、七届委员，非常关心国家的发展和科技、教育事业的进步，他积极参政议政。在全国政协五届一次会议

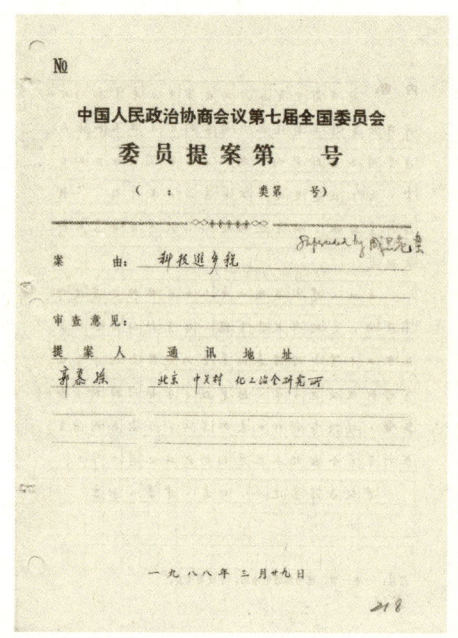

图8-3 郭慕孙在政协第七届会上"关于科技进步税"提案手稿

图8-4 政协五届二次会上郭慕孙关于"科学院的精兵简缩"提案手稿

上,先后提出了中国科学院应精兵简缩以及要重视软科学的提案,认为精兵简缩有利于提高科技水平,有利于节约国家的投资和经费。他在五届四次会议上,提出了"矿产综合利用设立专用科研基金"的提案。在六届四次会议上,又提出了"引进技术必须交纳消化吸收税""发展我国自己的钢铁新工艺"及"取消书刊发行限额"的提案。在1988年的七届政协会议上,还提出了"科技进步税"等提案。1991/1992年又参加了政协科技委员会"科技如何在国营大中型企业发挥作用"的专题调研。2005年又提出了"CAS要发挥骨干作用、引领作用"的意见。

教育及其他建议

郭慕孙非常关心我国的教育事业,他在院士会议或与领导、同行的谈话中曾多次讨论教育问题,如"关于缩短学制、建立全民全龄的智力开发及终身学习制度的建议""科技以人为本"。他还提出过"扩大奋斗目标，设立国家行业奖""抗震救灾建议""农民致富——过程工程能做些什么""发展为老年人服务的产业""小康意识持续行动""发挥过程工程研究所在国外学习和定居人员的知识和联络作用"等多项建议。

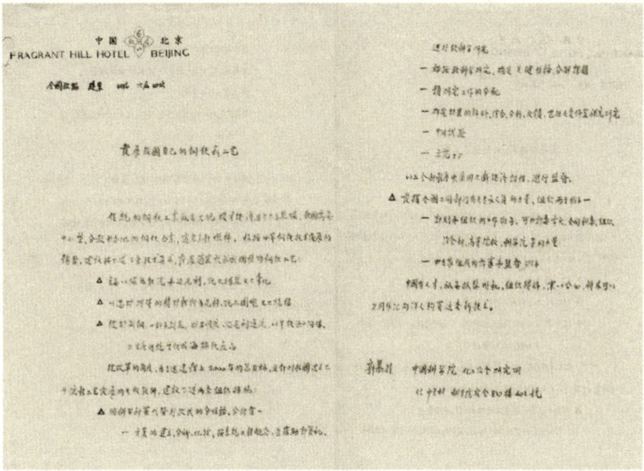

图 8-5　郭慕孙在六届四次政协会上"关于发展我国自己的钢铁新工艺"提案手稿

他在"关于缩短学制，建立全民全龄的智力开发及终身学习制度的建议"[①]中写道：

> Bill Gates 和 Steve Jobs 都读过大学，但没有毕业就开始工作，成绩非凡。追溯至古代，有 Euclid 的几何；至中世纪，有 Leonardo da Vinci 的科学与艺术的创作；至近代，有 Edison 的钨丝电灯。这些有创新的人才，都不属于现代教育的产物。因此提出了一个问题：为何他们的成绩超过许许多多大学毕业生？现在，我们的孩子自幼儿园出来，从小学经中学到大学，共计 16 年的学制是否值得审视、改进、甚至缩短，使青年人能更早地服务于社会，同时减轻社会教育他们的负担。
>
> 在当前的计算机时代，已没有必要过多地传授和记忆历史、事实性的内容，数学要辅助以计算机软件解公式，分析和设计也可用很多的计算机软件。在这样的时代背景下，是否可考虑减少知识以传递—记忆—反馈为主的教育，而着重知识的应用和开发。
>
> 另一方面，完成了 16 年教育或更多年教育的大学生和研究生，大都忽视后续工作年代中的继续教育。要做到这点，要求全社会都能高度重视并建立终身学习的组织和制度。

---

① 郭慕孙：关于缩短学制，建立全民全龄的智力开发及终身学习制度的建议。见：《中国科学院老专家咨询团专家咨询建议汇编》，第二集，2012 年，第 121 页。

第八章　老骥伏枥　学高为师　　149

他建议应加速推进教育体制改革，从幼儿园开始就要加强追求诚信的人格教育以及自学、交流、创新的能力教育，缩短现行大中小学16年学制为11年。

郭慕孙耄耋之年仍坚持创新，一如既往地为国家的科技、教育等事业建言献策，将自己的全部才智毫无保留地献给了深深热爱的祖国和人民。

科 普 教 育

郭慕孙始终关注着科学普及与知识传播工作。有新闻媒体采访时，他总是不失时机地宣传流态化、颗粒学和几何动艺等内容，用通俗易懂的语言让广大公众更好地了解和掌握科学知识。

流态化与颗粒学

郭慕孙一生对流态化和颗粒学情有独钟。2006年9月，他做客腾讯科技频道"院士访谈"栏目，通过互联网向全国观众畅谈了"颗粒学和自主创新"。郭慕孙从1956年回国以后将流态化技术用于处理我国贫铁矿和复杂矿的研究谈起，谈到流态化技术在其他领域的广泛应用，他说[①]：

> 从1956年回国后，好几十年从事用流态化法处理我国的贫矿和复杂矿的研究和开发。我国铁矿资源的特点是，不是贫（品位低）就是复杂，含有铜等其他金属，例如包头铁矿，含有稀土金属。近半个世纪，流态化技术延伸到许多颗粒的物理加工和化学反应工艺，其中一部分难于保证出现流态化现象，特别是小于微米（百万分之一米）的颗粒。这种亚微米颗粒的代表性尺度在纳米范围（十亿分之一米），

---

① 郭慕孙：颗粒学和自主创新。《中国科学院过程工程研究所动态》，2010年第6期，第37-38页。（摘自2006年9月11日郭慕孙接受腾讯网科技频道采访内容）

人的眼睛是看不到的。微颗粒极大的比表面积，使之具有其他物质所不具备的性能，形成了独特的纳米材料的新领域。另外，一些非生产型的颗粒领域也逐步成长，例如大气中的微颗粒、医疗中的气溶胶施药。综合这些有关颗粒的科技领域应用而形成，国际上称为微粒学、颗粒技术、粉体技术等，我国称之为"颗粒学"。

几何动艺

郭慕孙不仅是一位流态化研究领域里硕果累累的科学家，也是一位艺术家。早在20世纪40年代在美国求学期间，他已经注意到了"几何动艺"（geometry mobiles），偶尔也去尝试，但那时从未认真去设计和制作。特别是后来全身心投入科研工作，根本没有时间搞这项业余爱好。

郭慕孙对"几何动艺"颇有研究，有其独特见解[①]：

> 工业革命初期，有些艺术家对机械结构和运动感兴趣，将之纳入他们的作品，自称结构派（constructivism）。实际上，结构和运动不限于机械；广义化后，这一艺术发展到今日的动态艺术（kinetic art）。结构可用一切可能的材料造就，原动力也不限于机械，而可直接用流水或风力。为了采用工程技术开发的"构思—设计—制作"的习用方法，作者将结构限于便于定量描述的几何造型，对动力采用环境中的自然气流，并在此指导思想下，制作了数以百计的作品，称为"几何动艺（geometric mobiles）"（俗称"魔摆"）。

1956年回国时，郭慕孙带回来一个引人注目的木头箱子，里面装的都是一些精美小巧的锯弓、锯条、锥子、刀片等工具，这些工具既可制作"魔摆"，又可以自己动手做家具。20世纪60年代，流态化研究室的同事到他家里讨论工作或过年过节看望他时，一进门就能听到钉钉当当美妙音

---

① 郭慕孙:《几何动艺》。北京：科学出版社，2008年。序言，第 i 页。

乐般的响声，放眼看去，才发现过道和客厅篷顶上挂着各种可爱形状的物件，因开门微风吹动而发出的响声，关门后不久就停止了摆动。那时他解释这些挂物是用废料所制，是他的一种爱好。之后，还发现他的手工技能高超，就连自家客厅的沙发和靠背椅及长柜上摆放的艺术品都是他自己亲手作的，既美观，又实用，让人赞叹不已。

直到1986年，郭慕孙从所长岗位退下来以后，才逐渐将"几何动艺"制作的业余爱好发挥到了专业水平。在开始的两年中，他设计制作了二十多个"几何动艺"模型，并对如何形成概念、如何设计、如何进行数学模拟及制作，提出了一套制约条件。"几何动艺"的构思要求立体的思维、运动的设想以及一定程度的美感。设计要求运用简单的力学分析，主要运用几何、三角、代数等中等数学进行数学模拟，定量地指导自己如何动手。制作的物质要求不高，一般的手工工具和易得的材料就行。但另一方面，制作要求精确的手艺、耐心和不断地去想办法。郭慕孙制作的几何动艺作品，不仅是美妙绝伦的艺术品，也是不断解决了制作难题的科技作品，在国内首屈一指。凡是去过他家里的人，无不为那些悬挂在屋顶的精美作品所折服。只要你轻轻拍一下手或吹一口气，那些用纸板、铝片经他巧手"点化"的作品，就会有序地舞动起来，真是变幻莫测，美不胜收。被郭慕孙称为"几何动艺"的这些作品，是在精确计算的基础上创作的一种空间艺术，运用严谨的科学方法，建立艺术作品的数学模型，成功地把时间和运动的维度引进雕塑的三维空间，是科学与艺术相结合的结晶。

在亲朋好友的劝说和鼓励下，为了启发青少年的智力开发和动手

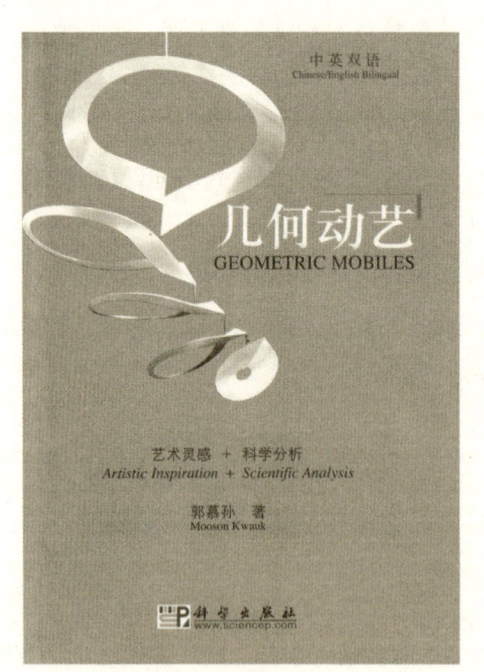

图8-6　郭慕孙撰写的《几何动艺》一书再版（2008年8月科学出版社出版）

能力，郭慕孙将长期积累的"几何动艺"知识和理念撰写成《几何动艺》一书，中英文对照，1998年由化工出版社出版，很快即售罄。应广大读者的需求，2008年又由科学出版社重新印刷出版。他在序言中写道[①]：

> 作者终生从事化工研究和开发，始终手脑并用、工程结合科学；从负责科研岗位退下时，看到这块手脑并用、艺术结合科学的领域，开始了探索，对制作的每一件作品保留详细记录，三五年中已汇总成书。

这是一本中英文对照的科普书籍，里面列有许多密密麻麻的方程式，人们乍一看还误认为是一部数学或物理化学方面的专著。这本书在读者中引起很好的反响，中央电视台、科技日报、中国科学报等媒体多次对郭慕孙进行了采访，向公众介绍这一美轮美奂的艺术形式。

制作艺术灵感与科学分析完美结合的几何动艺，既可以增强青少年的逻辑思维与艺术修养，更能提高他们的动手能力和创造能力，对中学素质教育来说是一种有益的课外活动形式。郭慕孙在书中寓教于乐，总结出了"三位一体"制作"几何动艺"的规则[②]：

> 几何动艺的"构思—设计—制作"基于作者提出的5条"制约条件"，即制作几何动艺的"游戏规则"，与象棋、围棋、棒球相似。三位一体的"构思—设计—制作"中的重点是定量的设计，包括造型和平衡，往往以数学习题方式出现，简单的几分钟可获解，提供造型、组件联结和平衡的数据，难者可供几天的思考。

郭慕孙对我国青少年寄予了殷切期望，希望他们从小就养成勤动手、善动脑、爱科学的心态，逐渐走向创新之路。为此，他撰写出版的这本《几何动艺》科普图书，借此表达他对中国青少年的殷切希望和深深的诚意[③]：

---

① 郭慕孙：《几何动艺》。北京：科学出版社，2008年。序言，第 i 页。
② 同①。
③ 同①。

图 8-7　2003年郭慕孙（中）向来访外宾介绍自己制作的几何动艺作品

原著的序"献给中国的青年"的动机是诚意和热心，目的是通过具有吸引力的活动培养青年手脑并用、专业结合科学的心态，只有正确的心态才能引导其走向创新，而这种心态的建立主要依靠实践，即手脑并用。但是具有吸引力的课外活动无可避免地会背离由应试教育通向成功的道路。而本书的读者必须懂得代数、几何、三角和解析几何，这正是即将考大学的青年。

科学和艺术本来就有着不解之缘，美中蕴含着科学，科学中蕴含着美。许多科学家都关注科学与艺术的关系，钱学森在收到郭慕孙赠送的《几何动艺》这本书后，专门致信向他表示衷心的祝贺[1]：

图 8-8　郭慕孙制作的几何动艺图形

> 尊作《几何动艺》已由罗沛霖院士送交给我，我要对您表示衷心的感谢！十几年前我初次接触到这种科学的艺术创作，曾称之为"灵像"。现在社会主义中国有您在推动这项艺术，真是可喜可庆！

---

[1] 郭慕孙：《思索 实践 创新——我的一些专著、论文和手稿》。北京：科学出版社，2010年，第57页。

由此可见，郭慕孙把从事化学工程研究中形成的一套方法移植到艺术领域中，抓住了动态形成的特点，凝练了构思、设计和制作三位一体的设计理念，巧妙地将其应用于艺术作品造型的创作中，制造出一系列艺术和科学完美结合的新作品，既美化了环境，又陶冶了情操，在愉悦舒适中，艺术的效果达到了新的层次。

在郭慕孙生前，"几何动艺"就已走进了北京二中的校园，该校"郭慕孙几何动艺实验室"是我国第一个在中学落户以院士命名的实验室。他曾在家中亲自给学生们上了第一课，身体力行地提高中学生们的学习兴趣和动手能力，使"几何动艺"真正在青少年中得到了广泛传播。北京市教委相关负责人表示，院士实验室落户高中，在北京尚属首次，将科学泰斗引入中小学教育，标志着教育人力资源的拓展和丰富。"几何动艺"同时也代表着新课改的方向，在以往的基础教育环节中，各学科相对封闭，而在新课改之后，打破学科壁垒将成为教学新趋势。

郭慕孙的"几何动艺"作品，曾在中国科学技术馆（新馆）一层大厅的显著位置展出，游客都惊叹于这个巧夺天工的精美作品。

教 授 英 语

知识、思维、信息的摄取和传播是科技人员不可或缺的素质，而用英文撰写科技论文并在国际期刊上发表，又是科技成果在国际学术界进行交流的有效途径。20世纪80年代初，国际学术交流不断增多，而当时化工冶金研究所大多数科研骨干学的第一外语是俄语，有的同志因为"文化大革命"耽误了英语学习。为了让他们尽快登上国际学术交流的舞台，广泛吸收国内外的科技信息，郭慕孙担任所长期间，自己工作繁忙，就让夫人桂慧君研究员为化工冶金研究所的科研骨干、高级研究人员举办多期英语口语培训班，有的几个月，有的长达一年多。王大光、李佑楚、马积棠、高玉璞、于淑秋、柯若儒、黄长雄等科研人员都参加了培训，由桂慧君研究员教授英语会话。每次上课她不是用现成的英语课本，而是她自编的实用英语会话教材，当时没有用计算机打字的条件，都是桂慧君自己用手动英文打字机打印，并用油印机印成教材，分发给每一位学员。她用纯正的标准美式英语教授英语会话，练习英语口语。有时郭慕孙所长还在百忙之中抽时间亲自前去旁听，检查和了解教学的效果。郭慕孙夫妇真可谓是用心良苦，在科研骨干的英语培训上如此下功夫，实属罕见。参加英语口语培训班的学员都感到非常实用、很有帮助，受益匪浅。时至今日，王大光等退休研究员们都还依然心怀感激和敬仰之情，称桂慧君先生是自己的英语口语启蒙老师。

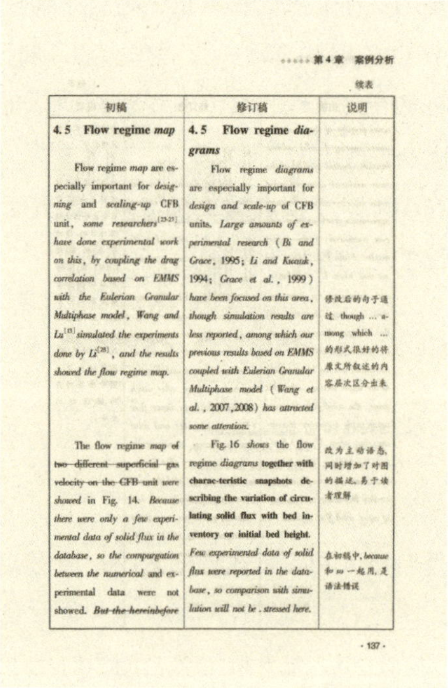
第4章　案例分析

续表

初稿	修订稿	说明
4.5　Flow regime *map* Flow regime *map* are especially important for *designing* and *scaling-up* CFB unit, *some researchers*[23-25] *have done experimental work on this, by coupling the drag correlation based on EMMS with the Eulerian Granular Multiphase model, Wang and Lu*[15] *simulated the experiments done by Li*[28], *and the results showed the flow regime map.*	**4.5　Flow regime *diagrams*** Flow regime *diagrams* are especially important for *design and scale-up* of CFB units. *Large amounts of experimental research* (*Bi and Grace*, 1995; *Li and Kwauk*, 1994; *Grace et al.*, 1999) *have been focused on this area, though simulation results are less reported, among which our previous results based on EMMS coupled with Eulerian Granular Multiphase model* (*Wang et al.*, 2007, 2008) *has attracted some attention.*	修改后的句子通过 though … among which … 的形式很好的将原文所叙述的内容层次区分出来
The flow regime *map* of ~~two different superficial gas velocity on the GFB unit~~ *were showed* in Fig. 14. *Because there were only a few experimental data of solid flux in the database, so the compurgation between the numerical and experimental* data were not showed. ~~*But the hereinbefore*~~	Fig. 16 *shows* the flow regime *diagrams* **together with charac-teristic snapshots describing the variation of circulating solid flux with bed inventory or initial bed height.** *Few experimental data of solid flux were reported in the database, so comparison with simulation will not be . stressed here.*	改为主动语态，同时增加了对图的描述，易于读者理解 在初稿中，because 和 so 一起用，是语法错误

·137·

图 8-9　郭慕孙为科技英语写作讲习班学员做的论文修改稿

20 世纪 90 年代，郭慕孙从所长的岗位上卸任后，亲自为年轻的博士、硕士生进行英语论文写作培训。正在攻读博士、硕士学位的研究生虽已通过大学英语四、六级考试，有的甚至通过了英语专业八级考试，但真正自己写起文章来，仍感吃力，特别是当稿件被退回就更加失望茫然，他们迫切希望得到名师在写作过程中的具体指导。

郭慕孙英文功底扎实深厚，连外国人都对他的英文水平也都赞叹不已。阅读和修改大量英文稿件的编辑工作经历，使得他对于英文科技论文的撰写颇有心得。尽管工作非常繁忙，但郭慕孙时刻关心着年轻学子的成长，为了提高研究生的科技英文写作水平，他主动要求为研究生提供科技英文写作的指导。为此，过程工程研究所教育办自 1997 年 10 月起至 2009 年止，共举办了 8 期“科技英语写作讲习班”，郭慕孙实行一对一的小班授课，每班 10 人左右，每期上课 8 至 11 次，用学员自己的论文作为授课教材。

郭慕孙不辞辛劳，利用周末休息时间义务开班上课，为每一位学员修改论文，从文章的结构、语法、图表、文字等仔细修改，连一个标点符号都不放过，并给予耐心细致的讲解，然后请学员在课上介绍撰文的科技内容，着重讲自己学习、修改撰文的过程和体会，与大家讨论共享。每一期讲习班结束前都要发学员调查表，详细了解学员在科技英文写作中的困难、问题、建议和收获，进行集体讨论及总结。

图 8-10　2006 年郭慕孙在第五期英文写作班上指导侯超峰

图 8-11　2006 年郭慕孙与第五期科技英文写作班学员合影

第八章　老骥伏枥　学高为师

在与学员的交流座谈会上,郭慕孙以精湛之语重申了写作要领[①]:

> 要写出一篇优秀的英文科技论文,首先要有创新的研究成果,其次要求论文的结构有利于传递信息和思想,同时语言表达是否准确、精练、流畅、逻辑清晰,也是论文能否被国内外核心期刊接受的重要因素,这就要求大家在撰写和不断修改的实践中提高写作水平。

同学们畅所欲言,希望将自己的收获与大家共享,希望"科技英语写作讲习班"能够成为提高英语撰写水平的一个窗口,使更多的人通过交流获得更大的收获。

过程工程研究所举办"科技英语写作讲习班"的做法得到了中国科学院领导的重视,为使更多的学生共享这一宝贵的学习资源,中国科学院研究生院(现中国科学院大学)特将第六期"科技英语写作讲习班"的现场录像制作成电子课件,以方便大家通过互联网学习。2009年郭慕孙又编辑出版了《怎样写好科技英文论文》一书,深受读者欢迎。他从优秀科技论文的内容要求,标题、摘要、实验方法、结果、结论等各部分的构思,语言、用词的逻辑关系等方面,通过对学员初稿与修改稿的对照分析,进行了精辟的论述。他在书中这样写道[②]:

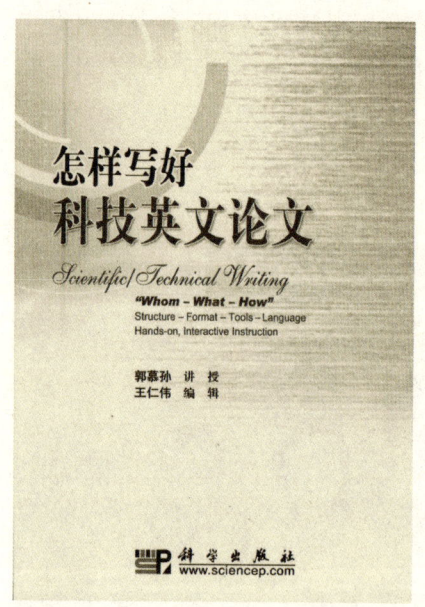

图 8–12 《怎样写好科技英文论文》一书(2009 年由科学出版社出版)

---

① 郭慕孙,艾菁,王维,刘新华:《科技写作 2004 年英语讲习班》,过程工程研究所内部材料。

② 郭慕孙,王仁伟:《怎样写好科技英文论文》。北京:科学出版社,2009 年。序言,第 iii 页。

写作编辑犹如艺术，第一遍改好，第二遍会改得更好，好上加好。但是最重要的是确切、可靠、优等的科学技术内容，其次是知识、思维、信息的组织，形成优美的树林，直至造句文字，犹如树林中的树、树桠和树叶。如此由大而小，写成优良的作品。

年逾九旬的郭慕孙毕竟上了年纪，腰不太好，不能久坐、站立或行走，否则就会疼痛不止。但即便是这样的身体状况，他仍坚持为所里学生开课指导科技写作，每一位学员的文章都由郭先生亲自修改并详细讲解，从不懈怠。他用行动在教育年轻的一代，那就是：每一个人，无论地位高低、能力大小，都要脚踏实地地做人、做事、做学问，真诚热心地待人处事。

研究生们通过"科技英语写作讲习班"的学习获益良多，不仅掌握了学位课上不曾涉及的科技英文写作技巧，而且深切感受到了老一辈科学家严谨治学的学风和厚德载物的品质。

第九章
为人楷模　风骨永存

2010年，郭慕孙出版了论文集《思索 实践 创新——我的一些专著、论文和手稿》，总结了他一生的科研活动和创新的经验与体会；年逾九旬，他仍兢兢业业，在生命最后几天依旧忙碌，构思未来；他静静挥别，但留给后人的知识和精神财富及学术风骨永存。

构 思 未 来

创新之路

2010年6月24日，在郭慕孙九十华诞之际，中国科学院过程工程研究所举办了"郭慕孙先生文集首发式暨学术思想研讨会"，《思索 实践 创新——我的一些专著、论文和手稿》与读者见面。该书指出"创新（Innovation）出自想象（Imagination），通过对想象的思索—实践—创新三个阶段，达到成功（写成论文、专著或被社会采用）。但成功并非必然。本书通过作者的一些专著、论文和手稿，记录了作者对想象的思索—实践—

创新的经历。其中因诸多原因而未成功的,并非没有继续努力的价值,未成也是推动成功的动力。"①

可以说,该书是郭慕孙为国家科技事业不懈奋斗和光辉历程的写照,是他科学思想和创新成果的凝练,是他几十年如一日思索和实践的升华,是他人生智慧和心血的结晶,也是过程工程领域一部弥足珍贵的精品文集,从中读者可以体会到一位科学家的人生追求和价

图9-1　2010年5月郭慕孙的《思索 实践 创新——我的一些专著、论文和手稿》由科学出版社出版

图9-2　2010年6月24日郭慕孙在文集首发式上致词

---

① 郭慕孙:《思索 实践 创新——我的一些专著、论文和手稿》。北京:科学出版社,2010年。内容简介。

第九章　为人楷模　风骨永存

值理念。

在首发式上，郭慕孙满怀深情地作了即席发言[①]：

感　谢

- 感谢　过程工程研究所领导同意：我到九十岁时不搞庆祝活动，而刊印本人一些写作、供后人参考；
- 感谢　父母对我的养育、师长的教导、领导的指引和支持；
- 感谢　我的同事和朋友的启迪，年轻的同学的实践，取得有用的新知识；
- 感谢　赵兰英同志梳理 50 多年的档案，编纂本书的素材，感谢科学出版社的吴凡洁编辑的帮助；
- 感谢　我的老伴桂慧君始终如一的支持、帮助和关怀。

这　本　书

原来，这本书只有现在的副题："我的一些 专著、论文和手稿"。同志们建议要有一个合适的主题。朱鹤孙教授建议了六个字的主题，后来改了其中一个字，成为现在的"思索—实践—创新"。

这符合我一向的信念，即本书代序的主题：想象出创新（from IMAGINATION to INNOVATION）。

党中央十分重视创新，最近胡锦涛主席又将人才列为第一资源。人的最高价值是他的创新能力，而这始于思索。本书不是一本画册，也不是一本教科书，而是具有历史坐标的仓库，展出本人从事科技工作 60 多年的活动；对领导是汇报，对比我年轻的科技工作者可做一种参考。思索一开始，就需带有创意、包括创新的种子，以后，创新的种子能长多少就是多少。大多数都中途夭折。就是那些取得社会认可的，也可能被历史取代，Edison 的炽热电灯不是正被 LED 所取代吗？

[①] 郭慕孙：在《思索 实践 创新——我的一些专著、论文和手稿》一书首发式的发言，2010 年 6 月 24 日。过程工程研究所内部资料。

一个人的能力有限、时间也有限，能贡献的仅属历史的瞬间、空间的一点。书中不适之处敬请指正。

一些希望

从事科研一生，转来转去，还是回到本行。我来化工冶金研究所工作时，主要对象是我国的金属矿产资源。现在，我国的科技能力提高了，有博士学位的研究人员远超过过去的大学生，但社会的资源越来越感不足，同时中国走上了世界重要大国的台阶。我们的视野不得不包括决定人类命运的大事。综观我所60年来的积累和现有的人员和能力，想对能源和人口提些建议。

1. 煤的综合利用。20多年前我们选定了快速裂解优先分离焦油的方案，望能逐步发展到煤矿坑口炼煤的企业。希望稳妥工作，多多参考我所50多年来从事流态化的积累。

2. 开展太阳热驱动的流态化焙烧，从较为简单的铁矿还原开始，逐步扩展到其他贫矿的化学转化，创造如何适应昼夜断续光照的既间

图9-3 构思未来的郭慕孙

歇又连续的工艺。继此,考虑太阳热流态化技术制造建筑材料。

3. 帮助农村开展压实秸秆替代内燃机石油燃料,就地解决农村交通和移动机械的动力自给。

4. 研究根瘤菌肥料的制作工艺,逐步取代耗能极高的合成氨企业。

5. 随着人口的不断增加、城市的不断扩展,上水下水的处理需要的占地面积越来越大。如何将水处理工艺向上空发展,可否参考我所半个世纪所积累的液固流态化技术,创造新的工艺。

在座的年轻同事们,你们有学问、有能力、有干劲、有经费、有场地。我们虽还没有搬进这座新楼,在这大厅内已经召开了几次国际会议,与国际的交流就在此地。研究什么,都得带有创意,精心培育创新的种子,必定早晚能事成。在张所长和陈书记的领导下,前途无穷。你们是幸福的一代、定有更大的作为。

该书以"想象出创新"(from IMAGINATION to INNOVATION)为代序,这是郭慕孙在中国科协2002年"科教兴国与可持续发展的战略思考学术会议"上的发言,全面总结了他一生进行科研创新的经验和体会,传授了创新方法。他在序中写道[1]:

> 对于科技工作者,创新是个渐变和渐进的过程,从所想象的原发概念开始,需要不断修改、调整、甚至更换,和坚持不懈的努力。但是,导致具有社会效果的创新,将受到科技工作者自己难于控制的因素制约,而需求诸社会的支持和领导的帮助。在化工领域,从原始想象开始直到产出社会能接受的创新成果,如下图所示,至少要经过五个阶段。首先对所提的想象要进行细致的预研究,主要包括软科学分析和必不可少的试验,然后进行鉴定,决定是否该立项继续研究。然后进行下一个阶段的工作,以此类推。阶段和阶段之间必须设有检查、鉴定和对下一步的决策的关卡。在当前社会分工的前提下,我们

---

[1] 郭慕孙:《思索 实践 创新——我的一些专著、论文和手稿》。北京:科学出版社,2010年。代序,第 iii-iv 页。

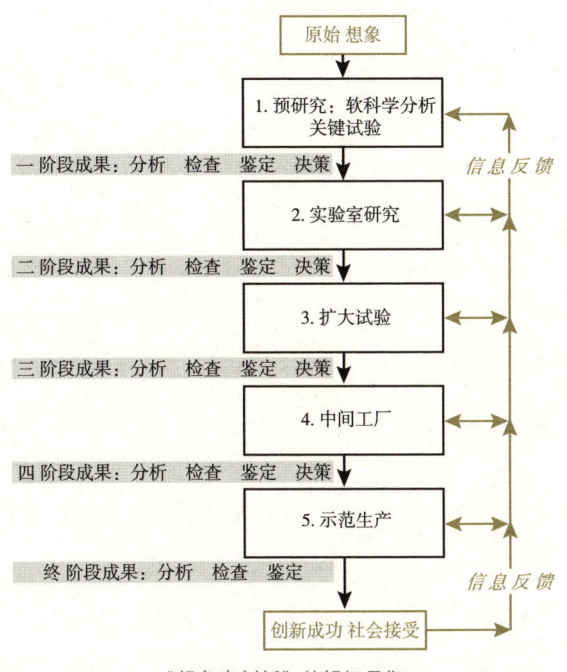

```
                    ┌─────────┐
                    │ 原始 想象 │
                    └────┬────┘
                         ↓
                  ┌──────────────┐
                  │ 1. 预研究：软科学分析 │←──┐
                  │    关键试验    │   │
                  └──────┬───────┘   │
  一阶段成果：分析 检查 鉴定 决策 ↓    信息反馈
                  ┌──────────────┐   │
                  │  2. 实验室研究  │←──┤
                  └──────┬───────┘   │
  二阶段成果：分析 检查 鉴定 决策 ↓    │
                  ┌──────────────┐   │
                  │   3. 扩大试验   │←──┤
                  └──────┬───────┘   │
  三阶段成果：分析 检查 鉴定 决策 ↓    │
                  ┌──────────────┐   │
                  │   4. 中间工厂   │←──┤
                  └──────┬───────┘   │
  四阶段成果：分析 检查 鉴定 决策 ↓    │
                  ┌──────────────┐   │
                  │   5. 示范生产   │←──┤
                  └──────┬───────┘   │
  终阶段成果：分析 检查 鉴定    ↓    信息反馈
                  ┌──────────────┐   │
                  │ 创新成功 社会接受│←──┘
                  └──────────────┘
```

"想象出创新"的组织贯彻

需要从事科技组织的专业队伍，借以加速从原始想象到能起社会作用的创新成果。

但是，必须肯定的是，凡是创新，其起点是其原始想象。想象的前提是对问题有兴趣，其次要有解决问题的愿望，第三是要具有解决问题的知识——科学、技术和其他。这些想象必须针对目标，内容要具体，科学上要可行，技术上要合理。

郭慕孙对于技术创新，不仅提出了许多自己的见解与建议，还要求自己的学生和同事们也这样做，他鼓励科研骨干不断创新，要求大家写"新思想、新方法、新设备"交给他，并建立了创新思想库。郭慕孙经常告诫大家，在阅读文献过程中、在同事之间交谈中、在日常生活中，往往会在脑海中出现"一闪念"，应把它记录下来，这个"闪念"很可能是新思想或发明的基础。以此促进科研新思想的萌生，避免重复做前人的研究工作。

过程工程

郭慕孙一直致力于推动过程工程学科的建设和发展,早在 1959 年就与杨纪珂一起撰写了"过程工程研究"[①]一文,字里行间透析着他对学科前沿趋势的深刻洞悉和独到见解,饱含着他对国家过程工业发展科技需求的高瞻远瞩和前瞻预见。该文全面系统地阐明了过程工程研究的对象、内容和方法。他利用 40 周年所庆等重要时机,多次对"过程工程"进行专题阐述,为研究所学科发展提出了战略性、前瞻性和全局性的意见和建议。2001 年他又专门发表了"过程工程"的论文,提出了"过程工程学"的基础理论是"三传一反 +X"的新科学论点,进一步诠释了过程工程学的科学内涵,鼓励科技工作者创造和发现其中的"X"。

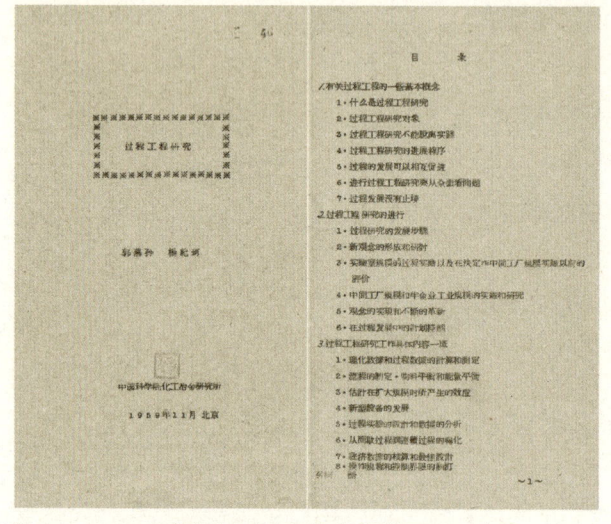

图 9-4 1959 年郭慕孙与杨纪珂撰文"过程工程研究"

2001 年 4 月中央机构编制委员会办公室正式批准中国科学院化工冶金研究所更名为中国科学院过程工程研究所,完成了研究所从"化工冶金"向"过程工程"的转变,是几代科技工作者共同努力奋斗和不懈追求的结果,是研究所发展史上的一个重要里程碑。为实现这一转变,郭慕孙亲自向相关部门解释改名的重要意义。

郭慕孙从 1956 年 12 月到化工冶金研究所工作,见证了研究所 50 多

---

① 郭慕孙,杨纪珂:过程工程研究。过程工程研究所内部资料,1959 年。

年的发展变迁，他为此付出了极大努力，倾注了毕生心血。研究所更名后，研究领域扩展，学科基础明确，从而进入了研究所又一蓬勃发展的黄金时期，综合实力和创新能力得到显著提高，取得一大批有代表性的重要科研成果，国内外的影响力不断增强。

2010年11月，在郭慕孙九十华诞之际，过程工程研究所组织所内外专家编写出版了《过程工程：物质·能源·智慧》，郭慕孙亲自担任顾问，进行学术指导和组织撰稿，并亲自撰写了"序"，对过程工程的科学定位、共性基础理论、新概念、新方法、发展现状和

图9-5 过程研究所组织编写，郭慕孙担任顾问的《过程工程：物质·能源·智慧》（2010年11月科学出版社出版）

展望，以及若干具体专业的新工艺、新过程、新方法逐一进行了系统的论述，涵盖了化工、冶金、材料、生物、能源、资源、环境等诸多工程领域，内容广泛，所述的基础理论、技术和方法，在原化学工程理论的基础上，又有很多创新和发展，理论与应用并重，体现了当今过程工程发展的水平。

郭慕孙在"序"中阐述了过程工程的来历，指出我国建立过程工程前沿的紧迫性[1]：

> 化学工程经过归纳、综合和与其他知识的交叉，形成了以传递和反应为主且还在不断发展的三传一反＋X的学识基础（过程工程学报2001年第1期）。这一学识基础的应用对象已远远超出了化工起家时的化学产品，覆盖了所有物质的物理和化学加工的工艺，将

---

[1] 郭慕孙，李洪钟：《过程工程：物质·能源·智慧》。北京：科学出版社，2010年。序，第i页。

化学工程提升至过程工程。过程工程的学识基础将如何扩展成长，面对 21 世纪，在我们国家又该如何建立过程工程的前沿将成为今后的热点。

"序"中还扼要阐述了化学工程与过程工程的相通、继承和区别，并介绍了过程工程的特色。在组织结构特色方面，郭慕孙指出[①]：

> 过程工程研究和开发（R&D）的运行包括三段：道（science）、术（technique）和企（industry），三者相互促进反馈，必须有效管理和领导，同时也表明过程工程的道和术向其他领域的延伸和扩散。所选研究并不一定跨越全进程的全套开发研究，但必须明确其范畴，按畴规划行动。以下试图从一个过程工程师所需的知识和能力和他的活动范围，来阐明过程工程的组织结构。

一个过程工程师的知识、能力和活动范围

研究或开发：道或（道+术）

管理或经营：道+术+延

道（基础知识，共性方法）	术（以雷同产物为目标的有效方法）	企（物质制造业）
单元操作 传递过程 化工热力学 反应工程 数学方法 实验设计、数据分析 过程设计和开发 颗粒学 化学气相迁移 离子液体 软物质	化工冶金 材料 生物化工 石油工程、石油化工 无机化肥 有机合成 制药 中药制作 食品加工	管理、经营、经济
		延（扩散、延伸） 能源 环境（气候、上下水、垃圾） 管理、经营、经济

---

① 郭慕孙，李洪钟：《过程工程：物质·能源·智慧》。北京：科学出版社，2010 年。序，第 i 页。

热 心 公 益

郭慕孙作为一名科研人员，开拓创新、严谨治学、勤勉敬业；作为一位导师，他非常注重培养学生的创新精神，常常告诫学生不要跟在别人后面走。他把获得的何梁何利奖的全部奖金用来设立"青年颗粒学奖"，并把发给他的科研奖金全部捐助给生活困难的学生，帮助他们完成学业。他性情温和、谦虚谨慎、心胸宽广、平易近人，特别关心公益事业，带头向灾区人民捐款捐物。

郭慕孙回国后每月工资为280元，这与他在美国的收入相比不是一个数量级的差别，但他很满足，还经常帮助别人。他还把稿费委托党支部同志代管，因为五六十年代稿酬很少，积累一定时间后就分给流态化研究室的全体同志，作为生活补贴。他的办公室都是自己打扫。在马鞍山做磁化焙烧中试期间，他身为组长，又是专家，又是长辈和师长，为了让年轻人多睡一会儿，总是比别人都起得早，打扫卫生，以便给大家营造一个舒适的工作环境。他对同事和学生关心备至，平等待人。但对不认真工作的同志，尤其是学术上不诚实的人，会给予严肃的批评。同事或学生生病住院或家中有困难，他一旦知道，工作再忙，头绪再多，也都会到医院或家中去探望，给予帮助。研究所筹建初期的一名业务处处长，"文化大革命"后调往植物所当副所长，2011年去世时，他还偕夫人亲自到家中慰问。他这种心系国家、乐于助人的高尚品德，令人敬佩。

郭慕孙十分支持夫人桂慧君一生热心的公益和慈善事业。桂慧君与著名爱国人士、社会活动家雷洁琼先生等一起，共同建立了弱智儿童社会福利基金，桂慧君和志愿者们不辞辛苦，到处奔波，为弱智儿童社会福利基金筹集到许多款项。之后，从1984年开始，桂慧君在北京市社会学学会主席雷洁琼教授的领导下，组织志愿者，自筹经费，开创弱智和自闭症儿童教育与康复的研究和服务工作。这期间，郭慕孙曾多次捐赠他的稿费、奖金给予支持，以帮助自闭症和痴呆症的儿童等社会福利事业。他们的爱心温暖了成千上万弱智儿童的心。郭慕孙夫妇参与的这项公益事业，如今已能欣喜地看到成效，第一批弱智儿童已经健康长大，并在学校学会了烹调、计算机、刺绣等本领，已能自食其力，在社会上立足。

他们还经常关心化工冶金研究所有病、有困难的职工。郭慕孙夫妇在抗震救灾中总是在第一时间做出表率，四川汶川大地震，他们慷慨解囊，几乎捐出了一个月的退休金，后来又汇款给中华慈善总会，支援学校重建。桂慧君热爱社会工作和公益事业，20世纪70年代她曾担任中国科学院归国华侨联合会副主席，为解决回国侨胞的各种生活事宜尽心尽力，被中国科学院统战部聘为华侨联谊会资深顾问。在他们身上充分体现了甘于奉献助人为乐的优秀品德。

20世纪80年代，化工冶金研究所仅有50年代建所时购买的一辆小汽车，远远不能满足研究所外事活动和公务用车的需求。但是，当时购买小汽车既没有买车指标，又缺乏经费。郭慕孙夫妇看在眼里、记在心上。1986年至1987年，郭慕孙偕夫人赴美讲学时，为了工作方便，他们自费购买了一辆别克车，自驾自用。回国以后，郭慕孙夫妇想方设法才把这辆别克车运回北京，赠送给化工冶金研究所和弱智儿童社会福利基金会，既为化工冶金研究所接待外宾和公务活动提供服务，也为弱智儿童社会福利基金会的志愿者活动提供方便用车。

为人师表

2009年10月，郭慕孙出席了在北京召开的第五届中美化学工程会议。这次会议的主题是"化工促进可持续发展"，目的是使学术界科学家和工业界工程师一起分享他们的经验，交流新思想、新观点以及研究成果等所有化学工程领域的问题；讨论实际遇到的挑战和有效的解决方案。美国工程院院士韦潜光、黎念之、范良士等与会来宾，利用会议期间的空隙聚会，祝贺郭慕孙90岁生日。

图 9-6　2009 年 10 月 16 日郭慕孙（前排左三）及夫人桂慧君（前排左四）与老朋友们聚会

90 岁的郭慕孙功成名就，儿孙满堂，本可享受天伦之乐。但他老当益壮，身体力行，生命不息，工作不止，每天从早到晚都在不停地工作，参加重要学术会议、编辑审阅学报来稿、指导学生英语写作。从活动日程中能够看出他依然很忙碌：在两院资深院士联谊会上作报告聚焦"三农"问题；在工程院"稀土与环境的问题"研讨会上建言献策；出席基金委双清论坛围绕"复杂化工过程的介尺度机制关联与调控"进行学术交流；应邀参加清华大学 100 周年校庆活动。

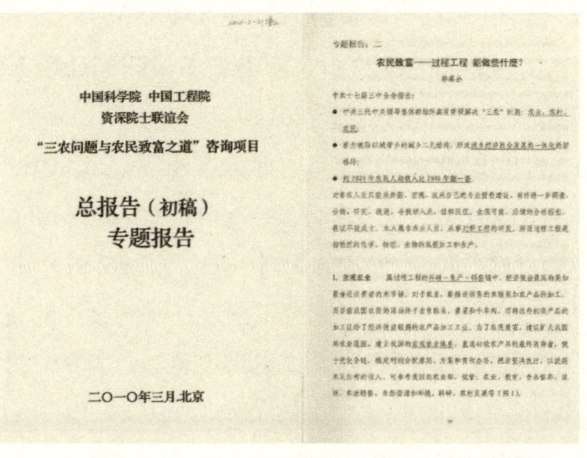

图 9-7　2010 年 3 月郭慕孙在两院资深院士联谊会上有关"三农"的专题报告

第九章　为人楷模　风骨永存　　*171*

图9-8 2012年10月21日郭慕孙（左）出席世界资源论坛会时与Prof. Lothar Reh（右）合影

2012年悄然而至，郭慕孙好像有感于时间的紧迫，抓紧生命的每分每秒筹划着过程工程研究所以及颗粒学会、颗粒学报的发展。他建议所内尽早开设"过程工程"的课程，他希望后辈担起学会和学报的重任，他期盼"几何动艺"帮助更多青少年提高动脑动手能力。除了出席院士活动外，他还受邀参加了一系列国际学术会议。

2012年7月28日，参加发展中国家科学院东亚、东南亚及太平洋地区化学工程前沿研讨会（2012-TWAS）。

2012年9月27日，应邀出席第四届过程工程中的多尺度结构与系统国际会议（Multi-Scale 2012）。

2012年10月21日，他应邀出席在北京举行的2012年世界资源论坛（WRF2012），无论什么会议，你总会看到，他总是坐在前排，最认真听讲，他坚持一生形成的习惯，聚精会神听讲并认真做笔记。

郭慕孙熟悉的身影经常出现在国际会议的会场，他像往常一样，在会上全神贯注聆听报告，边记录边思考，发言时总能有的放矢，与会者无不钦佩他清晰的思路、敏锐的洞察力以及提出发人深省的问题。

2012年10月28日，郭慕孙和夫人桂慧君还和往年一样，兴致勃勃地出席原流态化研究室和多相反应开放研究实验室老同志的聚会，共进午餐。他和曾一起共事的同志们在工作中结下了深厚的友谊，情真意切地问长问短，回顾往事，共叙友谊。在聚餐会上他了解到老同志与地方企业合作采用流化床进行生活垃圾综合处理建厂的情况，十分高兴。他还亲切地询问大家退休后的生活、工作、学习和健康，会后与大家合影。谁都没想

图 9-9 2012 年 9 月 27 日郭慕孙（中）出席多尺度结构与系统国际会议

图 9-10 2012 年 10 月 28 日郭慕孙和夫人桂慧君（前排左四和左五）与流态化研究室和多相室老同志聚会合影

第九章 为人楷模 风骨永存

到，这竟然是他那亲切而又熟悉的音容笑貌同大家最后的一次合影留念。

2012年11月17日是一个周六的晚上，多相复杂系统国家重点实验室主任去探望郭慕孙，他们促膝谈心，特别说到当前推动介尺度科学取得的进展和遇到的困难，也回忆了20世纪90年代多尺度研究遇到的同样问题，并没有感觉到丝毫的异常。郭慕孙依旧同往常一样叮嘱两件事：一是鼓励推动介尺度科学，不要因暂时的困难而放弃；二是再次表示自己体力不够了，建议实验室主任辞去 Powder Technology 的编委，接替他把 PARTICUOLOGY 刊物办好。万万没有想到，这竟是郭先生的临终嘱托。

2012年11月19日下午，郭慕孙在家中迎来了几位客人，他们是中国科学院工作局及上海市科协等单位负责科普工作的同志来家中拜访。上海市科协提出在次年的全国科普日期间安排一个科学与艺术展，希望他能够携"几何动艺"作品参加。当日晚间，郭慕孙感觉身体有些不舒服，便在沙发上休息片刻，不久就陷入昏迷，被120急救车送往海淀医院急救。经过医护人员三个多小时的紧张抢救，郭慕孙于11月20日0时55分抢救无效，永远离开了人世，留给身边的人难言的悲痛和无尽的思念。

2012年11月26日，郭慕孙遗体告别仪式在八宝山革命公墓举行。郭慕孙安详地躺在百合铺就的花床上，身上覆盖着鲜红的中国共产党党旗。在大厅两侧摆满了党和国家领导人及各单位所送的花圈。中国科学院院长白春礼和党组副书记方新也敬献了花圈，向他的家属表示慰问。中央有关部门、科研院所、高等院校等85个单位敬献了花圈。发来唁电的还有郭慕孙生前好友、国内同行、专家177人和国外38名知名学者。在《送别》的音乐声中，郭慕孙的家属、生前友人、学生晚辈以及过程工程研究所的职工和学生数百人送先生最后一程。原全国人大常委会副委员长、中国科学院院长路甬祥院士参加了遗体告别仪式，陈家镛先生坐着轮椅前来送别五十六年共同工作的老友。国内同行特地从外地赴京，郭慕孙的学生专程从国外回来参加悼念。在八宝山告别仪式大厅门口的挽联：

开创流态化呕心过程工程科学风范树丰碑
躬耕九十载沥血桃李芬芳为人师表传后世

充分表达了大家对郭慕孙的敬仰,也是对他特别人生最好的诠释。

许多外国友人也纷纷发来唁电,对郭慕孙的逝世表示深切哀悼,向家属致以诚挚慰问。

日本东京大学著名化学工程学家、国际流态化成就奖获得者国井大藏教授(Daizo Kunii)在唁电中深情地痛惜"我们失去了一位对探索、研究化学工程近代发展作出巨大贡献的大师",他写道:

It was a surprising information that Professor Kwauk passed away on 20th, because we all thought he has been active, guiding young scientists and engineers.

Surely we lost the great leader of Chemical Engineering, who contributed enormously to the recent development of research and investigation. I sincerely condole with his intimate people on the greatest loss.

Through the close association with Professor Kwauk, I was impressed very much by his sincere and elegant personality as well as his pure and progressive attitude to Chemical Engineering research activities. He made splendid contributions to international collaborations, and we believe he was a great and excellent leader for us.

Not only young people but also senior ones as myself, learnt a lot from him how scholar should behave, and do not forget the nice and fruitful association with him.

Remembering the vivid memories with Professor Kwauk, I heartily pray for him to sleep in the absolute peace.

郭慕孙的生前好友瑞士联邦理工大学Lothar Reh教授深表惋惜和悲痛,发来唁电:

Your message about the passing away of my good friend and great mentor Mooson Kwauk has deeply dispressed me! Did not he join us at the opening session of WRF 2012 in relatively good condition as the pictures taken with him in the foyer proof. So it remains for us to keep him in good memory as a great scientist who led responsibly the way even in difficult times for gas/solid processing, and to respect highly his great personality!

I very much regret, being unable to join the farewell ceremony, but my sincere thoughts will be with you!

Powder Technology 期刊主编 Jonathan Seville 教授在唁电中写道：

As you say, it is scarcely believable that Prof. Kwauk would ever die—he seemed to sail on serenely and unchanged. He was a very great man & it was a privilege for me to have met him.

威廉姆斯教授（Richard A Williams）发来唁电，代表伯明翰大学表示悲伤和哀悼：

我谨代表伯明翰大学对郭慕孙教授（Professor Mooson Kwauk）的不幸逝世表达我们的悲伤和哀悼。

郭教授是真正意义上的亚洲化工和颗粒技术之父和先驱者。几十年来郭教授也是世界上这个领域的一位主要权威。他在流态化方面的研究对相关工业的实践产生了深远的影响，作为一名学者和工程师，他的领导地位非常优秀和杰出。我们几位在伯明翰大学的同事有幸惊喜地亲眼目睹了郭教授如何终其一生始终孜孜不倦地教导和帮助学生，如何始终孜孜不倦地致力推动学科的发展，包括对颗粒学报的关怀和支持。他在杂志社的编辑工作中和与科研同事的共事中是那样的耐心和细致，我们将怀念这一点，但同时我们也为能够结识郭慕孙教授感到荣幸，并深深敬佩他对社会所做出的全部成就和贡献。

谨献上我们对郭慕孙教授家人的慰问，与此一并请转达的还有我们对郭教授多年来的友谊和支持的衷心的谢意。

剑桥大学 Davidson J F 教授在唁电中写道：

I was so sorry to hear of the passing away Mooson Kwauk. He was a good friend of mine over many years. He made important contribution of Fluidization Science, which will be lasting memory.

I think of Mooson Kwauk with great affection.

郭慕孙先生逝世后，国内外化工界以及他的朋友、同事和学生以各种方式缅怀他一生的学术成就和贡献，追忆他一生生活和工作中用一点一滴的具体行动践行认真严谨、求真务实、追求卓越的学术风范和价值理念，弘扬他留给后人的精神财富。

2013年在荷兰举行的第14届国际流态化会议的论文集中发表的纪念文章，回顾总结了他的经历以及学术成就，其中一段文字这样描述作者眼中的郭慕孙[①]：

His image remains indelibly impressed upon our memory and we often feel he were still busy working at home as usual. As Mooson's friends for several decades, we witnessed his unwaveringly high standards of excellence and his great passion for research. We consider him a fearless climber who would never stop the endless journey to the summit of Mount Science. We all feel a strong sense of loss of his passing away and a deep grief as thousands of words well up in our hearts……

The world has lost a great man of science. We have lost a revered friend and mentor. Mooson's family has lost a devoted father and loving husband.

---

① Edited by Kuipers J A M, Mudde R F, van Ommen J R and Deen N G, *Fluidization* XIV。the Netherlands，2013年5月26—31日。第 xxi 页。

永久财富

纵观郭慕孙 92 年的特别人生和科研生涯，他做人做事做学问，乃至做每一件事情都追求卓越，他给研究所的题词也勉励大家要追求卓越。他爱祖国、爱科学、爱人才、爱创造的优秀品德令人敬仰，他学高为师、为人楷模的学术风骨让人折服，给人们留下了永久的精神和知识财富。

热爱祖国、热爱科学的高尚情操

郭慕孙少年立志，青年时期出国留学寻知识救国之路，回国后在为实现科技强国之梦的道路上，辛勤耕耘，经过半个多世纪的探索、实践、积累、创新，贡献卓著。在"文化大革命"冲击的逆境中，理想信念不动摇；在将流态化应用于化工冶金的实践中，遇到困难执着追求不退缩；在荣誉面前不止步。他倾尽终生报效祖国的高尚情操，给后人留下了宝贵的精神财富。

与时俱进、建功立业的执着追求

郭慕孙作为化工冶金所的创始人之一，为研究所的创立、建设和发展倾注了毕生的精力和睿智，功勋卓著。担任所长，拨乱反正，将研究所的科研力量聚焦于"一个对象、两个学科、三种技术"的学科方向任务，为国民经济建设服务；他呕心沥血，经过 56 年坚持不懈的努力，终于将他 1956 年亲自创建和领导的"流态化研究室"晋升为"多相反应开放研究实验室"（1986），最终获批成立"多相复杂系统国家重点实验室"（2006），并提出了"注重积累、追求卓越、瞄准前沿、服务需求"的创新要求，已"成为我国化学工程应用基础研究方面一个有利于新思想萌生和青年人成长的场所"[1]。

---

[1] 郭慕孙：《思索 实践 创新——我的一些专著、论文和手稿》。北京：科学出版社，2010 年。

他与时俱进，学术思想敏锐，倡导"生物化工"，推动和引领"过程工程学"的发展。

引领前沿、身正为范的大师风采

郭慕孙一生担任过许多社会兼职，曾连任四届全国政协委员，曾担任中国化工学会副理事长、中国颗粒学会理事长等重要职务。他对任何事、任何职务都尽心尽力尽责，作为全国政协委员，积极为科技强国进言献策；他曾三次受聘参加我国化学工程全局性的规划；创办了英文版"颗粒学报"，83 岁高龄亲任主编，对每篇文章都逐句逐字进行审阅修改，是 ELSEVIER 与中国合作的典范；1962 年主持召开全国第一届流态化会议以来，亲自组织并指导召开了六届全国流态化、十届中日流态化、中日美颗粒学、国际循环流化床等各种国内、国际学术会议，展示了他引领学科发展的大师风采。

勇于创新、追求卓越的科学精神

郭慕孙一生钟爱流态化研究，率先发现和区分"散式"和"聚式"流态化；建立了系统的广义流态化理论；提出了"无气泡气固接触"概念，并与同事们开拓了"稀相"、"快速"、"浅床"三者能相互贯穿的理论体系和实施方案，以及实现无气泡气固接触的实际方法、工艺、设备设计和基础理论；为经济建设创造了新的工艺和设备；指导学生进行了"多尺度法"的研究。他的科学研究独树一帜、自成学术体系，为化学工程领域特别是流态化学科的研究和发展提供了大量宝贵的知识财富。他一生永无止境的科学追求，永远激励后人"思索、实践、创新"。

罕见的严谨、求真务实的优秀品质

1986 年至 1997 年，郭慕孙担任国际期刊 CES 的编委，在这期间他处理过大量的稿件，每一篇文章都经过他反复认真修改，在 CES 的历史上，这种情况绝无仅有。他就是这样，用自己严谨的学术风范和一点一滴的艰辛劳动，赢得了国际学术界的广泛赞誉和尊重。自 2003 年开始，他亲任 PARTICUOLOGY 主编，严把文章质量关，对所有入载文章的逻辑问题、用词不当、标点错误等，都一字一句认真修改，该刊已成为 SCI 源刊。他为中国学者的文章走向世界发挥了重要作用，罕见的严谨认真为国际同行为之赞叹。

为人师表、悉心育人的学者风范

郭慕孙对他自己招收的研究生，悉心培育，严字当头，从选题的前瞻性到查阅资料的系统性，从实验研究的创新性到撰写论文的科学性，他都言传身教，悉心指导；学生的实验结果要演示给他看，眼见为实；学生撰写的论文他要修改七八遍，哪怕一个标点符号也不放过，直至可发表为止；他培养了数十名硕士、博士研究生，并指导了与他有接触的所有青年人，桃李满天下。

郭慕孙亲自为研究所的研究生开设英语学习培训班，进行示范教学，传授怎样写英语科技论文的经验。

郭慕孙对同事热情相助，协同攻关，共商方案，引领学科发展方向。

郭慕孙对同行谦虚谨慎，海纳百川，共拟学科发展规划，组织召开各种学术会议，推动流态化、颗粒学、化学工程学的发展。

郭慕孙对青少年寄予殷切希望，进入校园，走进课堂，进行几何动艺示范教育，寓教于乐。捐出何梁何利奖的奖金设立"青年颗粒学奖"，激励青年创新人才的成长。

风骨永存

学术界应当有学术界的规则，科学家应该有科学家的风骨，这是郭慕孙一生坚持的信念。之所以用"风骨"二字，反映的是所有与学术相关的问题，都纯粹要用学术原则处理，绝不搞任何违规的事情，从不例外。他的学生撰文回忆[①]：

1. 奖励荣誉从来不去争取。他认为一个人的成就和贡献应当是被大家认可的结果，而不是自己索取的。他获得过多种荣誉，比如，他被美国化学工程师协会评选为"化学工程百年开创时代"50位杰出化工科学家，事前他自己毫无知晓，而是事后由他的母校普林斯顿大学告知的。

2. 所有评审（被评或评别人）的唯一标准是学术。拉关系、走后门这样的事，在他一生中是没有的。他在申请项目时，从来不会找人帮忙，唯一做的是自己下功夫准备材料，一丝不苟，精益求精；评别人的项目时，仔细审阅材料，做出独立的判断，从不搞人情票。即使为别人写推荐信，也是实事求是、从不夸张。

3. 宽容别人的质疑。对待学术质疑的态度，也表现出一个大科学家的风范。如果你要开展前瞻性的研究，求新求真，你必然会受到质疑。他面对质疑的态度是宽容的，无论他人出发点如何，总是从纯学术的角度，多找自己的不足，用释疑来化解质疑，这一直是他坚持的风范。对待别人质疑时那种宽容的心态，质疑别人工作时那种平和且有建设性的方式，是一个科学家应具备的良好素质。

郭慕孙是享誉世界的著名化学工程学家，他的科学研究具有独创见解，并自成学术体系，为化学工程领域特别是流态化的研究和发展提供了大量宝贵的知识财富。1997年获"美国化学工程师协会流态化讲演奖"，同年当选瑞士工程科学院外籍院士，2008年入选美国化学工程师协会"化学工程百年开创时代"50位杰出化工科学家，成为50位之中唯一获此殊荣的亚洲学者。

[①] 李静海：音容笑貌尤在 学术风骨永存.《中国科学院院刊》，2013年第1期，第111—114页。

图 9-11　2008 年郭慕孙入选美国化学工程师协会"化学工程百年开创时代"50 位杰出化工科学家

郭慕孙把自己的一生毫无保留地献给了祖国的科学事业，对流态化、颗粒学、过程工程学的发展做出了杰出贡献。他热爱祖国、热爱科学的高尚情操，与时俱进、建功立业的执着追求，引领前沿、身正为范的大师风采，勇于创新、追求卓越的科学精神，罕见严谨、求真务实的优秀品质，为人师表、悉心育人的学者风范，赢得了大家的敬重和爱戴。郭慕孙院士一生坚持严谨治学、求真务实、追求卓越的科学精神和价值理念永远值得学习和颂扬。

结 语
追求卓越的一生

郭慕孙先生生前并不赞成别人给他写传记，我们理解，他担心的是别人写成赞美性的文学传记。而他自己用英文写的自传，又没能完成，所以"采集工程"拟定的传记撰写计划一直拖延。

郭先生去世两年后，中国科学院学部决定出版他的传记，这也是我们这些学生和同事的愿望，因此这一出版计划又一次提到日程上来。

此时，摆在我们面前的第一个问题就是写一个什么样的传记？为此，编写组经过多次讨论并请教一些专家，大家认为：写出的传记，如果郭先生还在世的话，应该使他感到欣慰，而不是尴尬；其次传记要反映他独特的思想、精神和理念，应当对后人启示和教育作用。

为此，我们决定以郭先生的科研生涯为主线，写一本体现他一生践行的科学精神和价值理念的"科研生涯"型传记，另外，我们还特别注意了该传记以传主为核心的原则，并以郭先生的精神来写郭先生。通过撰写过程，一方面缅怀郭先生的一生，另一方面我们又一次得到教育和启迪，好似与他在一起回忆共同经历的岁月。

当前，正值我国实施创新驱动发展战略，经济发展模式正发生根本性的变革；在国际范围内，应对全球挑战，迎接新的科技革命，构建新的科研范式正逐步成为当今时代科学技术发展的特征之一。这对我国科技界是挑战,更是机遇!在任何挑战和机遇并存的时代,正确的发展战略和方向以及追求卓越的实干精神都是最为关键的实现跨越发展的要素。郭先生虽已离开我们,不能再与我们共同研究新的发展战略,但他独特的科学精神,尤其是他追求卓越的事业观却是这一时期最为重要的精神力量。这一认识给予我们鼓励,下决心写一本传记,并拟定了"追求卓越"作为反映郭先生特质的主题和传记的灵魂。

一个科学家的价值和贡献,不仅体现在他对科学技术自身的贡献和成就,而且也(或许更)体现在他对科学精神方面的引导和示范性作用,因为前者能影响无数的后来人做出更大的贡献。

科学精神的语言描述处处可见,但是真正践行科学精神,则需要科学家在大事小事上时时刻刻予以体现。郭先生就是这样一位很特别的科学家,他用一生一点一滴的"小事"诠释了什么是"科学精神",什么是"追求卓越"。

本书试图突出郭先生敏锐的学术思想、罕见的严谨认真、纯粹的学术风骨、与时俱进的时代精神等几方面的科学家风范。我们并不想把先生写成完人,但以上这些特质在他身上体现的十分特别则是学术界公认的。老一代科学家的这些风范,是当前科技界最为宝贵的精神财富。

郭先生就是用平时一点一滴的行动践行这些科学精神,从而赢得国内外学术界的广泛尊重。只要举出一些小的例子,就能让人产生心灵的震撼。比如书中提到的:他担任 CES 国际期刊编委时,对投稿的稿件从接受投稿到正式接受发表有时他要一字一句修改 10 稿以上,这是期刊编辑少有的;又比如,他在去世前出席国际会议时,对每一个报告都认真听讲并做笔记的情形,也是一个 92 岁老人不容易做得到的,如此等等。只要举一些小的例子,就比任何华丽的语言更有说服力。

我们之中谁都没有写传记的经历,所以写这本传记,是因为受郭先生的精神的鼓舞,尽管水平有限,谬误难免,但仍希望所介绍的郭慕孙先生追求卓越的科学精神能够感染和启迪更多的人。

附录一　郭慕孙年表

1920 年

6月24日（农历五月初九），郭慕孙出生于湖北汉阳的一个知识分子家庭。父亲郭承恩（伯良）(1884—1946)，1915年毕业于英国歇菲尔德大学，是一位机电工程师，他的言传身教对郭慕孙人生理念的形成起到了重要作用。母亲周石南（1895—1974），小学教师，是一位贤妻良母。

1925 年

随父母移居上海，暂住保安坊二叔父家里。

1928 年

父亲工作变动，随父母移居杭州。同年，入明敏小学二年级就读。

1930 年

随父母迁回上海，在昌平路150号定居，入协进小学四年级就读。

1933 年

入上海圣约翰青年会中学读初中，在初中三年级时，曾获两个英文写作奖（Essay 和 Fiction）。这期间，全家迁住海格路潘园。

1937 年

考取了英国人在上海创办的雷士德中学，但因抗日战争爆发，学校停止办学，只好在家里自学一个学期。

1938 年

2 月，考入圣约翰大学附属高中读高二，又跳了一级，所以高中三年课程一年半完成。这期间全家在胶州路 369 号居住。

1939 年

9 月，入上海沪江大学化学系就读。进大学以后没有住校，一直住胶州路 369 号。大学一年级时，开始参加一些课外活动，如办英文报、做英文报编辑。

同年，与同在沪江大学就读社会学系的同学桂慧君相识。

1940 年

在大学一年级暑假，参加沪江大学组办的义务小学。桂慧君当选暑期义务学校校长，郭慕孙为副校长，在两人共同的工作中，建立了深厚的友情。

1941 年

大学三年级时，被选为英文校报《上海观察者》（*Shanghai Spectator*）的编辑。此外，还担当化学学会执行委员。

1943 年

6 月，从沪江大学毕业。在沪江大学读书的四年期间，各课成绩优秀，四年总成绩为 89.5 分（见毕业证书 1499 号），获沪江大学理学学士学位。

9月，入上海汉堡化工厂任化学师。

11月，入上海生化药厂任化学师。

1944年

4月，只身前往重庆。在父亲的朋友薛次莘家里暂住。凭借自己优异的学习成绩，申请并获得了普林斯顿大学免交学费的入学许可。

1945年

3月，离开重庆前往美国留学。首先在重庆乘飞机到印度孟买，然后，再改乘美国用来运送回国轮休士兵的运兵船，历经一个多月抵达美国。

4月15日，入普林斯顿大学化工系，师从威尔汉姆教授，开始进行流态化的研究工作。

1946年

10月23日，父亲郭承恩去世。

10月，从普林斯顿大学毕业。导师威尔汉姆教授与郭慕孙共同撰写"固体颗粒的流态化"一文，1948年发表于美国《化工进展》杂志上。该文对液—固和气—固体系进行了统一关联，指出两体系截然不同的特点，并列出了大量的实验数据。长期以来，此文在流态化领域中被广泛引用，成为这一领域的经典文献之一。

同年，经威尔汉姆教授的联系介绍，郭慕孙进入位于纽约的碳氢研究公司，在该公司的研究和开发部任化学工程师。

1947年

成为美国荣誉学术组织 Sigma Xi 会员。

1948年

1月，在美国化学会报上刊登了求职广告，被美国可口可乐公司录用，获得了做中国区化学工程师的职位。

7月17日，被美国可口可乐公司派往上海。其间，住父母老家胶州路369号。

12月，可口可乐公司由于战争，将设在上海的机构从中国撤出。郭慕孙被派往印度锡兰区印度分公司任工程师。

1950 年

10月，在印度新德里参与建造了印度第一个可口可乐工厂，在这段时间，因工作劳累和生活环境极差，郭慕孙得了肝炎，后被公司调回纽约总公司。

11月15日，从印度孟买回到美国纽约，主管该公司设在纽约的一个技术实验室的工作。这期间，住144-24 Village Rd, Parkway Village, Jamaica。

12月9日，在纽约Riverside Church教堂，与沪江大学同学、社会学硕士桂慧君举行了婚礼，并在哥仑比亚大学教师俱乐部举办了茶会。

1951 年

4月，撰写"差压法测定汽水中含二氧化碳"的论文，获1950年美国汽水行业会契斯特曼奖（Chesterman Award）。

5月，任可口可乐纽约总部实验室主任。这期间，在200 W90th New York, NY居住。

11月17日，长子郭伟明出生。

同年，朝鲜战争开始，美国政府发通令：凡是在美国学工、学理的华人，暂时不得离开美国。无奈，回国的愿望耽搁下来。

1952 年

5月，又回到从前工作过的美国碳氢研究公司，受到时任研究和开发部主管Arthur M. Squires先生的欢迎，恢复他曾从事的过程工程开发和研究。

3月5日，与P. W. Garbo合作，含碳固体的气化"Gasification of Carbonaceous Solids"获准英国专利（Brit. Pat. 667, 692）。

5月19日，获得美国化学工程师协会高级会员证书。

1954年

1月5日，固体碳质材料的气化工艺"Process for the Gasification of Solid Carbonaceous Materials"，获准美国专利（U. S. Pat. 2,665,200）。

4月6日，含碳固体的气化"Gasification of Carbonaceous Solids"获准美国专利（U. S. Pat. 2,674,525）。

4月19日，女儿郭瑞明出生。

1955年

4月27日，撰写"用低温丙酮吸收净化合成气"（Purification of Synthesis Gas by Absorption with Acetone at Low Temperatures）专利申请。

1956年

8月，偕妻子和一双儿女乘船离开旧金山绕道香港回国，暂住上海老家胶州路369号，然后去北京受聘。

11月，到北京，住在位于前门的永安饭店。时任化工部副部长侯德榜、中国科学院化工冶金研究所所长叶渚沛、石油部北京石油化工研究院的侯祥麟，先后前往永安饭店与郭慕孙见面，商谈回国后的工作事宜，都表示希望郭慕孙能到他们各自所属的部门去工作。

11月8日，在侯德榜副部长的安排下，在比郭慕孙早几个月回国的侯虞钧陪同下，郭慕孙先后参观访问了大连、沈阳、吉林、上海、南京等地化工部所属的研究所，了解我国东北有关合成氨的情况，并写了考察报告。

12月，接受叶渚沛先生的邀请，被聘为中国科学院化工冶金研究所研究员。

1957年

5月，开展从大冶含铜钴氧化铁矿的硫酸化焙烧，提取铜和钴的研究。

6月20日，成为中国化学工程学会会员。

1958 年

1月17日，在中国科学院院部（文津街三号）第三会议室，参加实验高炉技术委员会议，讨论苏联对我国炼铁研究方向的建议。

5月17日，被聘请担任《科学通报》第四届编辑委员会委员。

9月4日，撰稿从大冶矿中提铜。论述在流态化床内进行选择性硫酸化焙烧，从而经济地提炼该矿中的铜。

11月，从事大冶含铜铁矿的流态化硫酸化焙烧中间试验。

12月，撰写完成的《流态化技术在冶金中之应用》一书，由科学出版社出版。

1959 年

4月7日，"低温气体吸收"（"Low Temperature Gas Absorption"）获准美国专利（U. S. Pat. 2,880,591）。

10月30日，参加全国群英会，被授予全国先进工作者的称号，并在大会上做了发言。

11月，与杨纪珂联名撰文，提出"过程工程"这一基本概念，明确过程工程的定义和内涵。

1960 年

1月18—22日，出差鞍钢，讨论磁化焙烧中间试验事宜。

8月19日，撰写"化冶所向哪里去"一文。

12月22日，三室讨论磁化焙烧，比较包钢和呼和浩特两地方案，决定哪里进度快，就去哪里做试验。

1961 年

1月9—10日，到包头出差。10日，参观河西选矿厂地址，下午参加由包钢选矿厂厂长周同藻工程师召开的会议。

2月2日，提出关于铜官山烟尘中提取硒（Se）、碲（Te）的建议书。

3月1—5日，领导完成大冶中间工厂最后实验。

4月10日，撰写探索用流态化技术进行固体的连续逆向浸取的论文，推导出一套适于逐级连续逆向流态化浸取的经验公式，作为实验工作的依据。

5月26日—6月12日，参加在捷克斯洛伐克举办的第一届国际流态化会议。会议由捷克斯洛伐克科学技术协会的化学工业科召集，在布拉格的交通运输文化宫举行。我国代表团有3人，郭慕孙为团长，并作报告，团员有蔡志鹏和南京化学公司的黄以恪。

7月28日，提出化工冶金研究所未来的三个研究方向：强化现有冶金过程、发展新的冶金过程和发展新的冶金设备。

8月22日，起草"关于从大冶铁矿中提取铜钴"工作报告。报告阐述了大冶氧化矿用选择性硫酸化焙烧法提取铜、钴的方法。

10月20日，汇报参加捷克斯洛伐克国际流态化会议的收获以及开展国内流态化工作的一些初步意见。

1962 年

5月22—26日，去呼和浩特新生钢厂参观考察，并与有关人员讨论焙烧选矿之事。得出结论：焙烧优于浮选，流态化好于转炉。

与叶渚沛先生共同完成《关于合理利用包头稀土稀有元素的建议》。

8月20—28日，受中国科学院之命，在北京组织第一届全国流态化学术会议（NFC-1），并在第一届全国流态化会议上作大会报告。郭慕孙先生自1962年至1993年共组织或参与组织了六次全国流态化会议。

9月，接受国家科学技术委员会聘请，任本委技术科学学科组组员。

接受国家科学技术委员会机械组聘请，为气体分离及液化气体设备分组组员。

10月，接受中国科学院院长郭沫若聘请，任中国科学院科学仪器委员会委员。

10月30日，与郑建生一起提出对于大冶冶炼厂钴车间初步设计的意见。

12月5—15日，在上海参加冶金过程物理化学学术报告会。参观中国科学院上海冶金研究所、华东化工学院、上海化工研究院、上海硫酸厂等。

1963 年

出任《化工学报》第三届编委会委员（哈尔滨）。

1 月 21 日，准备向中国科学院院务会汇报有关全国流态化会议的材料：介绍会议的内容和收获及对今后工作的建议。

2 月，被推荐担任《科学通报》第五届编辑委员会编委，担任这一职务一直延续到 1973 年 7 月。

5 月，与戴殿卫合作撰写"流态化冶金中的稀相传递过程"一文。

8 月，参加在青岛召开的中国金属学会暨第二届会员代表大会，会上当选为中国金属学会第二届理事会理事。

10 月，与庄一安合著的《流态化垂直系统中均匀球体和流体的运动》一书由科学出版社出版。

1964 年

1 月 17—25 日，在杭州制氧机厂参加一机部召开的 3200 立方米 / 时制氧机流程方案审查会议并发言。

3 月 19 日，与叶渚沛合作撰写"从低品位铜钴氧化铁矿中提取铜和钴"，申请获得专利（流态化硫酸化焙烧）。

4 月，接受国家科学技术委员会技术科学学科组聘请，任国家科委技术科学学科组冶金学分组组员及国家科学技术科学学科组化学工程学分组组员。

8 月，接受中国化工学会聘请，任《化工学报》编委会委员。

8 月 5 日，接受《化学工程手册》编辑委员会主任委员侯德榜聘请，任《化学工程手册》编辑委员会委员。

8 月 18 日，接受中国金属学会聘请，任冶金过程物理化学专业学术组副组长。

8 月 31 日—9 月 5 日，在上海衡山宾馆参加国家科委技术科学组化学工程专业分组会议，讨论协调技术科学纲要中有关化学工程的两项重点的计划任务书。

9月6—7日，参加《化学工程手册》编委会会议。

10月14日，撰写对501厂铝土矿预脱硅沸腾多层焙烧炉设计的意见。

11月13—22日，在长沙湖南宾馆，参加由中国金属学会与中国科学院联合召开的第二次冶金过程物理化学学术报告会。

12月21日，参加全国政协第四届全国委员会。

12月，接受国家科学技术委员会聘请，任该委员会有色冶金组成员。

1965年

1月1日，被选为第四届全国政协委员。

2月10日，参加在北京科学会堂召开的聚式流态化讨论会，并在会上介绍国内外流态化技术情况和发展趋势。

3月11日，幼子郭向明出生。

4月1日，汇报酒泉铁矿的磁化焙烧情况。

4月10—30日，在包头参加"415"会议。此会是有关我国稀土矿的应用会议，由时任科委主任韩光同志主持，全国200多人参加，大会分为地质、地矿、冶炼、应用和防护五个组。

6月10日，在兰州参加支援西北会议。

8月，到酒泉钢铁厂出差，讨论酒泉矿细粉磁化焙烧试验方案。

1966年

1月2日，撰写白银多金属硫化矿综合利用的建议意见。白银是有色金属基地，除了综合利用有色金属外，要考虑铁和硫的回收。

2月16—19日，撰写马鞍山流态化组讲稿——为什么要进行贫铁矿的流态化磁化焙烧的研究以及马鞍山出差汇报。

3月9日，撰写甘肃镜铁山贫铁矿的磁化焙烧—磁选方案。

5月，赴马鞍山主持贫铁矿流态化磁化焙烧中间工厂试验。在马鞍山进行流态化磁化焙烧贫铁矿和复杂铁矿的试验，这些中间试验成果均获得国家或中国科学院科技成果奖。

6—9月，完成马鞍山热试以前的准备工作。参加试验人员学习，内容有操作规程、设备的修改和检查；做马鞍山工作情况的总汇报（包括工程问题、试验方案工作的进展、存在的问题等）。

1967年

1月2日，起草对于化工冶金研究所三室1967年工作的一些设想，旨在以流态化磁化焙烧为主攻方向。

3月20日，起草对铜陵有色公司两种沸腾加热炉的意见。

10月16日，写思想汇报——下乡上庄劳动一周的体会。

11月22日，撰写流态化讲解题纲第一部分：流态化的基本概要、国内外流态化发展的情况及国家对流态化技术的需求。

1968年

4月9日，参加311会议室全所会议，收听粟裕同志报告的有线广播。

8月8日，参加在311会议室全所大会，内容是精兵简政。

11月22日，学习《文汇报》7月5日题为"必须批判反动的资产阶级世界观"的文章。

1969年

5月28日，离北京下放劳动。

6月1日到达冶金部886厂（即金川有色金属公司）。该厂地处我国大西北弋壁滩，他被分在中间试验厂劳动，用流态化氯化焙烧从金川含镍贫矿中回收有色金属。计算、设计和撰写了包括"用气相迁移法从含有色金属复杂铁矿中提取有色金属"等文稿。

8月15日，参加金川试验工作总结大会。

1970年

1月10日，结束了历时7个月的下放劳动，离开河西堡（金川），于

1月14日回到北京。

7月20日，拟定关于阿尔巴尼亚红土矿提镍的具体流程方案。

8月29日，撰写阿尔巴尼亚矿还原焙烧扩大试验的方案和主要中间实验结果及意见，具体为还原焙烧炉修改方案设想及七次开炉的情况汇总。

1971—1972年

1971年7月29日至1972年2月14日，1972年3月24日至6月3日、10月23日至11月23日，先后三次到上海冶炼厂，累计长达约9个月。这期间，进行通过流态化焙烧和湿法冶金从阿尔巴尼亚红土矿中提取镍的中间扩大试验。这是外经部下达给中国科学院的援阿项目，由方毅任组长。参加单位有上海冶炼厂、北京矿冶研究院和中国科学院化工冶金研究所等。郭慕孙写出了有关焙烧、洗涤柱的意见，撰写了阿尔巴尼亚矿试验流程方案设想。

该项目即阿尔巴尼亚红土矿还原焙烧—氨浸—氢还原湿法提取镍钴新流程的小型实验，于1978年获全国科学大会奖，郭慕孙为第一获奖人。

1973年

1月6日，撰文"从氧化镍矿中提镍"。

1月19日，撰文"化工冶金中的散式流态化"。

2月27日，参加上海援阿工作会议汇报。

5月10日—6月1日，在伊朗色拉之（Shiraz）参加第一届国际化工会议，并在会上宣讲"散式流态化"的论文。后来被《中国科学》转载。

7月30日，撰写攀枝花钒钛磁铁矿（40矿）焙烧电冶探索性方案。西南地区钒钛磁铁矿储量大，焦煤储量少，但有较多的天然气，故用天然气电力冶金的流程炼钢和提钒，有其天然能源基础。

8月，赴太原，参加在晋祠宾馆举办的全国流态化技术经验交流会，郭慕孙和杨贵林为任会议主席。

8月18日，《光明日报》刊登以"交流经验　增进友谊"为题，报道了郭慕孙教授作为中国化工代表团成员，在伊朗参加第一届化工大会的情况。

10月16日，在攀枝花参加钢铁冶炼新流程科学研究会议，42个单位共计216人出席。

1974年

3—4月，起草"天然气流态化还原钒钛磁铁矿：还原—造气—动力综合流程"；起草"流态化还原钒钛磁铁矿建议"的汇报提纲。

5月25日，参加上海援阿项目科研汇报交流会。

8月26日，母亲周石南故世。

9月19日，撰文"如何综合利用我国的矿产资源"。针对我国矿石资源的贫、杂特点，提出了工作的对象、目标、方向。

1975年

1月9日，参加湖北应城县硫酸厂沸腾炉焙烧石膏制硫酸的试验协作攻关汇报会。

1月31日，撰写题为"对于气体炼铁的一些考虑"的文章。

3月6日，出差四川，参加四川省冶金局召开的天然气还原钒钛磁铁矿技术座谈会，并走访了成都粉末冶金厂、成都工学院、成都钛所、四川省化学所、四川省科委。

5月11—14日，作为中国化工学会代表团成员之一，参加在德黑兰召开的第二届伊朗国际化工会议。会后，与会代表参观了在德黑兰举行的国际能源和石油化学工程展览会。

8月25日—9月3日，在包头市包钢参加全国稀土推广应用会议。这次会议是经国务院批准，由国家计委、中国科学院和冶金工业部共同主持召开的。出席会议的有300多个单位，共计400多人。

9月11日，提出关于白云鄂博矿综合利用的意见。建议采用流态化磁化焙烧新工艺处理像白云鄂博这样的特殊矿。

11月11日，参加北京市友好代表团访问日本。应日中文化交流协会与日中经济协会的邀请，中国科学技术协会代表团一行8人（团长为严济慈，团员有：潘梁、郭慕孙、王成业、张建中、方铎荣、李安定、崔泰山），为期三周。期间，对化工冶金方面进行了 10 次参观交流。回国后，对这次参观交流的内容，按照化工冶金、气体炼铁、流态化技术等内容，撰写了汇报材料。

1976 年

3 月 31 日，撰文"攀枝花钛和铁精矿流态化氢还原反应器设计"。

4 月 21 日，提出在沧州利用大化肥厂驰放气进行气体炼铁的方案建议，旨在综合利用资源。

7 月 16—20 日，应湖北省科委邀请，前往湖北应城参加石膏制硫酸的设计方案的评审会议。

12 月 23 日，向外经部汇报阿尔巴尼亚红土矿镍钴提纯流态化还原焙烧的科研工作。

1977 年

4 月 13 日，执笔中国科学技术协会代表团访问日本的汇报总结，内容主要是有关反应工程和流态化技术方面的情况。

4 月 16—20 日，参加流态化反应器的模拟放大技术交流协调会。

7 月 9 日，起草中国科学院工作会议汇报提纲，传达全国科学大会筹备情况等。

8 月 25 日，起草化冶所规划远景设想，关于化工冶金的学科—技术—任务的三结合。

11 月 3 日，去北京师范大学讲学，介绍工程化学的过程。

11 月 12 日，提出气体炼铁——攀枝花钒钛铁矿综合利用的一些个人意见。

1978 年

1 月 24 日，撰文"攀枝花钢铁冶炼新流程——流态化还原法"，这是一个全部采用粉料的流程。

3 月 18—31 日，参加全国科学大会，"化工冶金中的散式流态化"和

"阿尔巴尼亚红土矿还原焙烧—氨浸—氢还原湿法提取镍钴新流程的小型实验"获得全国科学大会奖;"两相流态化磁化焙烧贫铁矿"和"从低品位铜钴氧化铁矿中提取铜钴"获中国科学院重大科技成果奖。在这些奖项中,郭慕孙均为第一获奖人。

参加中国科学院规划讨论,提出科学院化工学科研究的四个重点:反应、传递、颗粒和生化,将化工冶金研究所的工作逐步从产业部门有力量从事的工作转向基础和前沿。

6月24日,组织撰文给方毅副总理并中国科学院院领导的报告〔即(78)化冶所第01号文〕。

7月12日,对78级研究生进行口试,并完成"文化大革命"后第一批研究生的录取工作。

9月11—21日,参加在上海召开的中国化学会年会,并在会上做了专题报告"复杂矿物的化学问题"。在此年会上,由理事扩大会讨论通过,郭慕孙被增补为中国化学会第二十届理事会理事。

9月22日,到浙江大学讲学,题目为"稀相流态化"。

10月5日,被中国科学院党组任命为化工冶金研究所负责人。

10月24日,参加攀枝花资源综合利用科研专题组长会议,是新流程组召集人之一。

11月7日,与夏麟培和曹蓉江(有色院)及李国勋到重庆天原化工厂商讨有关攀枝花钛精矿选择性氧化问题。随后由李国勋陪同前往遵义906厂,商讨电炉炼高钛渣的流态化预还原事宜。

11月15—22日,在长沙参加中国化工学会年会,当选为化工学会第31届理事会副理事长(1978—1993)。出任《化工学报》第四届编委会委员。

11月,接受国家科学技术委员会聘请,任科学技术委员会化学工程学科组副组长。

12月17日,提出化冶所的改造的设想。

1979年

1月24日,当选中国金属学会第三届理事会理事及常务理事。

3月，接受国家科学技术委员会聘请，出任科学技术委员会冶金学学科组组员。

3月29日—4月8日，参加中国科学院代表团出访美国。中国化学代表团一行12人，代表团领队由时任中国科学院副秘书长李苏担任。郭慕孙在此会上做报告，题为"Fluidized Roasting of Oxidic Chinese Iron Ores"。美方由Seaborg教授（Nobel laureate）接待。会后，代表团前往美国本土参观访问了哥伦比亚大学、伊利诺伊大学、美国化学学会等9个单位，此次出访历时28天。

5月，撰写的《流态化浸取和洗涤》一书由科学出版社出版。

参加在成都召开的第三次攀枝花资源综合利用科研会议。

5月15日，向方毅副总理汇报化工冶金研究所的工作。

6月13日，被选为第五届全国政协委员。

6月22日，参加政协五届二次会议。会上，郭慕孙提了四项提案："科委学科组和专业组应包括三个组成部分案"、"科学院的精兵简缩案"、"成立科研骨干调研组案"和"要重视软科学案"。

6月26日，提案发明"三审、三议、三奖励制"。

7月18—20日，参加在北戴河召开的关于攀枝花矿综合利用理论课题座谈会。

8月14日，到广西藤县氮肥厂，指导重点科研项目流态化气体炼铁吨级试验工程。对如何确保施工质量、加速工程进度、尽快进行试验等问题进行了座谈；对试验的设计和施工中存在的问题提出了具体的改进意见，并承担还原钛铁矿小试验和提供溢流伐操作规程。

9月14日，被中国科学院任命为化工冶金研究所代所长。

9月，"气控式多层流态化床及其在净化气体中的应用"荣获国家科学技术委员会颁发的发明奖三等奖，获奖人：郭慕孙，刘大陆，王永安，袁渭康。

10月5日，撰写向联合国申请协助化工冶金研究所建立化学反应工程实验室的报告。

10月15日，《人民日报》刊登了关于国家科委召开发明评选委员会第三次会议，审查批准了15项发明创造奖的报道。其中有郭慕孙、刘大陆等获得发明奖三等奖的内容。

12月24日，化工冶金所三室党支部大会通过郭慕孙的入党申请。

12月，应浙江大学校长钱三强聘请，兼任浙江大学化学工程学系教授。

12月28日，被全国总工会授予全国劳动模范的称号。出席全国劳动模范的表彰大会，由时任国家副主席李先念颁发奖章和证书。

同年"流态化气体还原铁鳞制铁粉"获中国科学院科技成果奖一等奖。

1980 年

1月12日，化工冶金所党委讨论通过，郭慕孙为中国共产党的预备党员。

3月，与李佑楚共撰文"贫铁矿流态化磁化焙烧的实践和展望"，探索这一工艺在我国贫铁矿红土矿选矿中的前景。

5月14日，参加中国科学院党组扩大会议。

6月，签订了联合国开发署UNDP援助项目："提取冶金中的化学反应工程（Chemical Reaction Engineering Laboratory for Extractive Metallurgy, CREEM）"，建设1600m^2实验楼，派遣人员出国进修。项目的开展为化工冶金研究所进行应用基础研究培训了骨干，至1986年，成立了多相反应开放研究实验室。

7月，接受《有色金属编辑委员会》聘请，任《有色金属》编辑委员会编委。

7月27日，撰稿"从煤取能"。阐述煤的能源地位的重要性、煤取能的方法及技术道路，并简单介绍有关工艺。

8月，当选中国科学院学部委员（后改为院士）。

8月1—8日，郭慕孙一行3人（刘大陆，李佑楚）赴美国，参加第三届国际流态化会议（FLUIDIZATION III）。化工冶金研究所提交了两篇论文："Dynamics of Fast Fluidization"和"Pneumatically Controlled Multi-Stage Fluidized Bed"。

8月24—27日，出席澳大利亚1980化工大会（CHEMECA 80）。应澳大利亚化工学会邀请，在大会上做了题为"中国的化工"（Chemical Engineering in China）和"流态化"的报告。会后，参观访问了学校、研究所、工厂，这期间，共作了7次讲学报告。

10月29日，被中国科学院任命为化工冶金研究所所长。

11月，在南宁，参加中国化工学会第32届会员代表大会。并当选中国化工学会第32届副理事长。

12月14—18日，在北京国务院第一招待所参加第二届全国流态化会议（NFC-2）。郭慕孙先生为学术报告的主持人，并在大会上做报告，题为"国内外流态化技术进展与稀相技术"。

同年，"攀枝花钢铁冶炼新流程——流态化还原法"获中国科学院重大科技成果奖一等奖，郭慕孙为第一获奖人。

1981年

1月12日，转为中共正式党员。

同年，"流态化粮食干燥机"获中国科学院重大科技成果奖二等奖，郭慕孙为第一获奖人。

同年，争取到联合国开发计划署对"提取冶金过程中化学反应工程"研究的资助。

2月1日，在二机部五所讲学，题为"流态化浸取和洗涤"。

3月10—13日，参加在英国伯明翰举行的国际粉体会议（POWTECH）。郭慕孙应拉夫保罗大学化工系主任Freshwater D F教授邀请，在会上作题为"流态化浸取和洗涤"的报告。

3月17日—4月30日，参加中国科学院组织的代表团访问南美洲三国：巴西、委内瑞拉、阿根廷。时任中国科学院副秘书长李苏为团长，成员有苏凤林（外事局）、吴征镒（植物所）、涂光炽（地球化学所）、郭慕孙、孙玉昆（生物所）。

5月13日，出席中国科学院第四次学部大会，讲解散式流态化。

6月12日，受国务院学位委员会聘请，任国务院学位委员会（工学）

学科评议组成员。

7月16日，为Froment G F与Bischoff K B合著的 *Chemical Reacter Aanlysis and Design* 一书的中译本写序。

10月24日，应联合国系统发展业务活动协调代表夏龙先生邀请，在联合国办公楼（三里屯东七街）出席为庆祝联合国日举行的招待会。

11月3日，被批准为全国首批博士生导师。

11月，出席全国政协第五届全国委员会第四次会议，会上提出了"为矿产综合利用设立专用科研基金"提案。

11月27日，参加首届研究生毕业典礼。

12月14日，应邀去华侨大学讲学，题为"流态化"。

1982年

执笔给方毅副总理写报告，申请联合国对于"冶金化学反应工程"第二期（1982—1986）的资助。

4月4—9日，参加在杭州召开的第一届中日流态化会议（CJF-1）。此会旨在互相介绍和交流两国近几年来在流态化方面所取得的成就和进展，并讨论流态化新技术和发展趋势。

7月13—17日，在哈尔滨出席关于中美化工双边会议的预备会议。

7月，"化工冶金中的散式流态化"获国家自然科学奖二等奖，郭慕孙为独自获奖人。

8月12日，参加山东省冶金厅组织的氢氧化铝流态化闪速焙烧技术鉴定会，并任氧化铝流态化闪速焙烧技术监定委员会主任委员。

9月17—24日，在北京京丰宾馆参加中美双边化学工程会议。郭慕孙为该会的学术会议预备会成员，并有两篇文章被大会录用。

10月23—24日，出席在北京人民大会堂举行的全国科学技术奖励大会。

12月18—24日，出席五届五次政协会议。

1983年

3月13日，出席北京市第七届人民代表大会第六次会议，提出"解决中关村下水道案"、"中小学生负担过重和考试方法案"和"科学院黄庄新建宿舍间的宰猪场搬迁案"。

5月10日，当选第六届全国政协委员会委员。

5月12日，执笔向中国科协申请成立中国颗粒学会的报告。撰文"发展新兴学科——颗粒学"。

5月15—17日，在北京香山饭店参加"应用床层塌落法判别流态化的特性"的鉴定会。会上介绍了应用床层塌落法判别流态化的特性的原理和实验结果，以及塌落过程床面动态测定和数据处理装置。

5月29日—6月3日，在日本Kashikojima参加第四届国际流态化会议（FLUIDIZATION IV）。

6月1—16日，作为日本学术振兴会访问学者赴日本访问。在东京大学、名古屋大学及科学研究单位进行学术交流，主要由国井大藏教授接待。讲学的题目为"Bubble less Gas/Solid Contacting"。

7月，受中国石油化工总公司聘请，任中国石油化工总公司第一届技术经济顾问委员会顾问。

8月1—4日，参加在美国檀香山召开的Fine Particle Conference会议。

8月5日，访问夏威夷大学。

10月18—25日，参加由中国科学院化学部主持的关于对大连化学物理研究所的评议工作，任副组长，会议在棒槌岛宾馆举行。

11月20日，在福州市梅峰宾馆参加中国化工学会第33届会员代表大会，任理事会理事、常务理事，当选中国化工学会第33届理事会副理事长。出任《化工学报》第五届编委会委员。

11月26—29日，在福州市梅峰宾馆参加化学反应工程学科讨论会。

12月，接受化学工业部聘请，任化工科技图书编审委员会委员。

12月，接受中国科学院生物学部聘请，任中国科学院上海生物工程实验基地专家委员会成员。

同年，"用床层塌落法判别散体物料流态化特性"获中国科学院科技成果奖二等奖（第一获奖人）；"流态化还原制磁粉"获中国科学院科技成果奖三等奖（第三获奖人）。

1984 年

1月11日，接受中国科学院聘请，任《当代中国》丛书"中国科学院卷"编辑委员会委员。

3月29日，出任中国化工学会化学工程学会第二届理事会理事长。

4月3日，《经济日报》以"两张科学家的工作时间表说明什么？"为题，刊登了郭慕孙的工作时间统计表，呼吁要保证科技人员的科研时间。

4月4日，在德胜门外国际经济技术交流中心参加由经贸部与UNDP代表处联合举办的项目主任"讲习班"，郭慕孙应邀在会上介绍经验，主讲：如何编写项目报告、聘请国际专家、派出培训人员等内容。

4月23—27日，在太原晋祠宾馆参加第三届全国流态化会议（NFC-3）。

5月2日，到达旧金山，在美国科学院（NSF）作高级访问学者。先后访问了大小17个城市，6所大学（纽约市立大学，耶鲁大学，普林斯顿大学等）和17个研究单位。

12月4日，应邀参加浙江大学在杭州召开的第四届校际化工报告会议，并在会上作了题为"迎接化学工程新发展"的报告。

1985 年

1月10日—2月6日，受英国拉夫保罗（Loughborough）大学化工系主任Freshwater教授邀请，16日作Davis-Swindin第九次纪念演讲。郭慕孙此次演讲选题为"Fluidization for Development"，概述中国的流态化发展和郭先生本人20多年来的工作。妻子桂慧君也受邀同行。为了充实这次学术交流，邀请还包括了访问其他6个单位，共计讲学7次。回国时途经香港，与住港澳的前化工冶金所职工进行了交谈。

2月16日，接受国务院学位委员会聘请，任国务院学位委员会第二届学科评议组（化学工程和工业化学分组）成员。

3月，接受国家科学技术进步奖评审委员会聘请，任国家科学技术进步奖化工行业组评审委员（副组长）。

3月30日，参加全国政协第六届全国委员会第三次会议并发言。

4月1日，由中国大百科全书出版社聘请，任《中国大百科全书·化工》编委会委员。

4月10—15日，在昆明参加第二届中日流态化会议（CJF-2），并致开幕词。

4月，接受中国科学院聘请，任中国科学院科学技术进步奖评审委员会委员。

接受中国金属学会聘请，任中国金属学会第三届理事会理事并任常务理事。

5月，接受国家科学技术委员会发明评选委员会聘请，任国家科委发明评选委员会特邀审查员。

9月，接受博士后科研流动站管理协调委员会聘请，为该站的技术科学学科专家组成员。

9月8日，在人民大会堂的安徽厅参加庆祝教师节研究生指导教师座谈会。

11月10—14日，赴芝加哥参加美国化工学会（AIChE）年会。

11月15—16日，访问CCNY纽约市立大学。

11月18—20日，参加在加拿大哈利法克斯（Halifax）召开的第一届国际循环流化床会议（CFB-1）。会议期间，成立了由13人组成的国际顾问委员会，郭慕孙是顾问委员会成员之一。在此会上，郭慕孙作了"Fast Fluidization at ICM"的专题报告。会后对新斯科舍工业大学、西安大略大学、哥伦比亚大学等进行了访问。

12月8—16日，参加中国科学院代表团访问苏联：团长为胡永昌，团员有郭慕孙、沈允钢、霍裕平和刘慎芒。回国后撰写了访苏简报：概述了苏联的社会、人民生活、政府支持科学研究、苏方原意恢复中苏两国科学协作等内容。

12月，被中国金属学会聘为冶金物化学会名誉理事长。

12月25日，在北京燕京饭店参加由国际科学技术数据委员会召开的CODATA中国全国委员会第二次全体委员会议，会议由时任中国科学院副院长周光召主持。

同年，出版了*CREEM-Seminar*。1978—1985年，为了从事国家长远的基础性研究，郭慕孙先生申请到联合国开发署（UNDP）资助的项目"提取冶金中的化学反应工程"（Chemical Reaction Engineering Laboratory for Extractive Metallurgy），包括派人员出国进修。*CREEM-Seminar* 是完成该项目的总结报告。联合国相关部门对此项目完成情况非常满意，并且专门召集了地区性会议，特别邀请了一些亚太地区国家的学者参加会议，以传播经验。

1986 年

中国科学院批准成立多相反应开放研究实验室，郭慕孙被中国科学院任命为室主任兼学术委员会主任。

1月18日，《潮汕乡讯》刊发了"光辉业绩赤子心——记化工冶金科学家郭慕孙"的报道文章。

1月18—20日，参加中国科学院和美国国家科学院举办的第二次科技政策讨论会。

2月25日，在北京友谊宾馆北工字楼参加由中国科学院科技合同局召开的"生物技术"国家重点项目有关文件评审的会议。

3月，出席六届四次政协会议。提出"引进技术必须交纳消化吸收税"、"发展我国自己的钢铁新工艺"和"取消书刊发行限额"3项提案。

4月7日，在中南海第一会议室，参加国家领导人征求与会者对发展高技术的意见的会议。

5月，卸任化工冶金研究所所长，任名誉所长。

5月8—18日，应丹麦工业大学化工系前主任 Knud Østergaard 邀请，访问该系，作了两次讲学：一次是在该校的化工系，题为"化工冶金所的快速流态化研究"；另一次是在丹麦工程科学院，题为"中国的化学工程"。

5月18—23日，赴丹麦哥本哈根，参加第五届国际流态化会议（FLUIDIZATION V）。受邀主持了湍流/快速流态化分组会议（Session XVII Turbulent/Fast Fluidization），并就流态化发展作了简短发言。在 Session XVII 作邀请报告，题为"Trends in Fluidization Research"。

6月11日，在成都参加中国科学院计划局召开的世行贷款备选子项目评审会第四组会议。被评的单位有：化冶所、华南植物所、上海分院、植物所、昆明植物所、微生物所。

同月，接受中国石油化工总公司聘请，任中国石油化工总公司第二届技术经济顾问委员会顾问。

6月23日，在北京国谊宾馆参加中国科学技术协会第三次全国代表大会。

7月14—19日，作为国际数据库CODATA中国委员会国家代表（1984—1988，1989年起为名誉代表），参加在加拿大渥太华举行的国际数据库讨论会（CODATA Conference）。CODATA中国委员会以周光召为团长，郭慕孙为副团长，率团出席1986年的CODATA第10届国际学术会议和CODATA成员国第15届工作会议。这是CODATA历史上的一次盛会，也是我国入会以来第一次参加CODATA的重大活动。代表团成员包括了我国各主要有关方面的代表和专家。郭慕孙在17日全体大会上作了报告，题为"中国科学数据活动概述（Overview of China's Scientific Data base）"，讲述中国自参加CODATA之后，数据库工作的情况，受到与会者热烈欢迎与好评。

7月18—19日，郭慕孙作为国家代表参加了第15届CODATA工作会议。拜见了时任我国驻加拿大大使余湛同志。会后，参观了加拿大能源矿产与资源部，访问了多伦多大学等。

7月28日，访问纽约市立大学。

7月31日—8月7日，访问弗吉尼亚工业大学（Virginia Polytechnic Institute）。

8月，被中国科学院聘任为中国科学院能源研究委员会委员。

9月21日，为10月17日在大连召开的"化学工程、热能工程等领域中流体流动、传热、传质学术报告会"的会议文件前言撰稿。

10月，受中国金属学会聘请，任中国金属学会第四届理事会理事。

11月27—29日，出席中国颗粒学会第一届会员代表大会，并致开幕词，作大会报告。出任中国颗粒学会第一届理事会理事长。

12月6日，离开北京，到达美国华盛顿，在美国弗吉尼亚工业大学任客座教授，至1987年7月31日，历时7个月。这期间，主要是著书（1992年出版）。同时，开始了"几何动艺"的制作。

同年，"非理想气固广义流态化分区研究及统一关联"获中国科学院科技进步奖二等奖，郭慕孙为第一获奖人。

同年，"跳汰流态化煤还原铁矿"获中国科学院科技进步奖三等奖，郭慕孙为第一获奖人。

1987 年

在北京，当选中国化工学会第34届副理事长。

4月9—13日，第四届全国流态化会议（NFC-4）在兰州召开，为会议的名誉主席（当时人在美国）。

7月，接受中国科学院聘请，任中国科学院生物技术专家委员会委员。

7月30日，受聘为中国科学院生物技术专家委员会委员。

8月，应邀出任 Chemical Engineering Science 期刊驻中国编辑。

10月15—18日，参加在大连举行的第五届化学工程学校际学术报告会与中国化学工程学会年会（5th Intercollegiate/CIESC Conference on Chemical Engineering），并在会上作化工见闻报告。

11月6—9日，在北京万寿路西街7号中组部招待所，参加由中国科学院生物科学与技术局召开的中国科学院生物技术专家委员会第一次会议，主要议题为讨论、修改并通过该委员会的工作简章；"七五"攻关和院重大项目的检查和指导；确定上海生物工程基地今后的方向和任务等事宜。

11月15—20日，赴无锡参加中国科学院学部委员会召开的学术报告会，并在会上发言，题为"化工的跨学科生长"。

12月3—5日，出席中国化工学会在成都召开的第34届理事会，被聘为《化工学报》第六届编委会委员。

12月7—12日，组织在化冶所召开亚洲及太平洋地区"提取冶金过程中化学反应工程"（CREEM）会议。在开幕式上作项目总结报告。

同年，组织了以熔融还原技术为研究内容的钢铁冶炼新流程方案论证会，此项研究同年被中国科学院批准为院"七五"重大科研项目。

1988 年

3月6日，当选第七届全国政协委员。

3月14—18日，赴法国COMPIEFNE参加第二届国际循环流化床会议（CFB-2）。郭慕孙是国际顾问委员会成员，担任分组主席，于18日上午主持Session V会议。CFB秘书处提出在中国召开第三届国际循环流化床会议。

3月29日，在中国人民政治协商会议第七届全国委员会上，提出"科技进步税"的提案。建议以产品为目标的企业交纳科技进步税，以保证用于产业部门的科研经费，利于改进生产技术，改善产品质量。

5月19日，赴上海参加生物工程实验基地专家委员会举行的第五次会议。会议由王应睐主任主持，与会同志听取基地经理张申碚基地筹建情况综合汇报并对基地当前工作提出意见和建议。

5月23日，华东化工学院受中国化工学会化学工程学会委托，在上海召开全国化学工程青年学术研讨会，应邀参加会议并在会上讲话。

7月，利用世界银行贷款获准在化工冶金研究所建立了生物化学工程重点实验室。

8月7日，提出"对中国科学院生物工程'八五'计划的意见"（初稿）。内容分为三个方面：规划整体、生化工程、规划格式。

9月4—8日，在北京参加中日美颗粒学讨论会（Trilaterial Symposium on Particuology）。该会在中国科学技术协会、国家基金委的支持下，由日本粉体学会、美国颗粒学会和中国颗粒学会三方共同主办。郭慕孙为会议的总负责人，并致开幕词。

9月9—16日，在北京新世纪饭店参加第三届中日流态化会议（CJF-3），并致开幕词和闭幕词。

9月23—10月1日，应Dr. Philipp H的邀请赴联邦德国，在卡斯鲁厄市（Karlsruhe）会议与展览中心参加国际科技数据委员会（CODATA）第11届国际学术会议及第16届CODATA工作会议。同年，12月29日，在北京召开的国际科技数据委员会中国全国委员第五次全体委员（扩大）会议上，郭慕孙院士作了参加本次会议的情况汇报。

10月3—4日，参观访问了慕尼黑Max-Planck生化研究所的计算中心等6个单位。

10月6日，访问英国伯明翰大学，住在Staff House。

12月3—4日，在北京中关村中国科学院第一招待所，参加化学化工学科优先发展领域研讨会。

1989年

1月，受中国科学院聘请，任《中国科学院院刊》编委。

3月23日—4月21日，赴美国弗吉尼亚工业大学作访问教授。

5月2日，赴英国伦敦作第四届Danckwerts Memorial Lecture演讲，题目为"Chemical Engineering in China"。

5月3日，出席 Chemical Engineering Science 期刊编委会会议。

5月7—12日，参加在加拿大Banff举行的第六届国际流态化会议（FLUIDIZATION VI），演讲题为"Fluidization Regimes"。被授予"国际流态化成就奖"。

5月15日—6月4日，应美国俄亥俄州州立大学范良士教授邀请，作访问教授。

6月5—10日，相继访问了美国International Fine Particle Research Institute、Argonne National Research Laboratory、University of IIIinois, Champaign，并作邀请报告，题为"Fluidization in China"

8月，接受中国石油化工总公司聘请，任中国石油化工总公司第三届技术经济顾问委员会顾问。

11月，"无气泡气固接触"获中国科学院自然科学奖一等奖，郭慕孙为第一获奖人。

12月，参加在美国蒂内克（Teaneck）召开的国际细颗粒研究会（IFPRI）。

郭慕孙、谢裕生、欧阳藩、王宁德四人在联合国开发署资助下，访问东南亚三国（巴基斯坦，新加坡，斯里兰卡）。考察、探讨建立多相反应网络的可能性，期待得到 UNIDO 的支持，进行自然资源开发和人类智力开发，改进发展中国家经济文化技术，为亚太地区的科学进步和资源综合利用作出贡献。考察结束后，撰写了"多相反应网络——亚太地区考察报告"。

接受中国科学院数理化学局聘请，任数理化学局化学化工学科专家组成员。

任国家科学技术数据委员会中国全国委员会（CODATA）第一届、二届委员会国家代表。

同年，"无气泡气固接触"获国家自然科学奖二等奖。获奖人：郭慕孙，李佑楚，刘淑娟，董元吉，李静海。

1990 年

1 月，被国务院批准享受政府特殊津贴。

2 月 20 日，《中国科学报》学部委员近况栏目，报道了郭慕孙院士的科研业绩。

3 月，由汪家鼎，郭慕孙等院士联名，提出了国家自然科学基金重大研究项目的建议书。

4 月 9—13 日，参加在北京清华大学召开的第五届全国流态化会议（NFC-5），并致开幕词。

6 月 24 日，参加全所为郭慕孙庆祝 70 岁生日大会，并作"祝七十岁谢词：侃化工"发言。

7 月 4—7 日，在京丰宾馆参加由中国科学院生物科学与技术局召开的关于推荐"八五"国家科技攻关计划预选项目会议。

8 月 22—30 日，中国石化总公司在青岛举办"炼厂科技进步与挖潜增效讲座"厂长学习班，应邀在会上作题为"我国的生物化工研究"和"无气泡流态化"的报告。

11 月 21—23 日，参加在荷兰 Delft 召开的全欧化学大会（European Chemistry Congress），应邀在 22 日下午的会议上作题为"Fludization

without Bubbles"的报告。

11月26—28日，应邀赴瑞士苏黎世高等工业大学讲学，题为："Chemical Engineering in China"。

11月，应中国科学技术出版社聘请，任《中国科学技术专家传略·工学编·化工卷》编纂委员会编委。

12月，接受中国化工学会、全国自然科学名词审定委员会聘请，任《化工名词》审定委员会顾问委员。

1991年

4月10—13日，在杭州参加由天津大学、清华大学、华东化工学院、浙江大学四校联合承建的国家重点化学工程联合实验室验收会议和学术委员会第一次会议，被聘为该联合实验室学术委员会委员。

5月23—27日，在京西宾馆参加中国科学技术协会第四次全国代表大会。

5月，接受化学工业部聘请，任化工科技图书编审委员会委员。

7月8—13日，在青岛市石峰宾馆，参加中国科学院"八五"重大应用项目专家评议会，被邀请作为"生物反应器工业化系统研究与开发"项目的主审专家。

7月19—28日，参加1991/1992政协科技委员会"科技如何在国营大中型企业发挥作用"的专题调研工作，由时任全国政协科技委副主任严东生、张维为组长，陈能宽、郭慕孙、成思危等委员参加，调研组考察了辽宁、吉林两省大中型企业科技进步情况，着重了解机械、化工两个行业。并起草调查报告的讨论提纲。

7月，接受国家科学技术进步奖评审委员会聘请，担任国家科学技术进步奖化工行业组评审委员，任期3年。

9月11—14日，在北京华都饭店参加由中国石油化工总公司和中国科学技术协会联合举办的国际石油炼制和石油化工学术会议。

9月16—19日，在北京21世纪饭店参加第四届中日流态化会议（CJF-4），致开幕词。

10月24日，中日化工会议在天津大学召开，应邀担当该会议的学术委员会委员，并在大会上作报告，题为"Chemical Engineering in China"。

11月14—16日，参加在成都举行的第六届化学工程学校际学术报告会和中国化工学会化学工程学会1991年年会，在会上作题为"化学工程学研究现状与发展趋势"的报告。

1992年

3月24日，在香山饭店二楼多功能厅，出席七届五次政协会议并发言，提议地方政协及其他基层单位，在政协委员视察时要简化接待。

6月28日，在意大利Torino，参加 Chemical Engineering Science（CES）期刊编辑会议。

6月29—30日，出席第12届国际化学反应工程会议（ISCRE12）。

6月，出版：*Fluidization: Idealized and Bubbleless with Applications*（科学出版社出版，2008年再版）。书中所述的科研成果，曾获1978年全国科技大会奖和1982国家自然科学奖二等奖。2008年，科学出版社再版此书，并由李佑楚研究员增补了有关快速流态化和磁场流态化的两章。

接受化学工业部聘请，任《化学工程手册》第二版编委会委员。

9月13—17日，参加在美国哥伦布（Columbus）举办的第一届国际气/液和气/液/固反应工程会议，在会上的演讲题为："Magneto fluidized G/L/S Systems"。

11月，接受科学出版社聘请，任《博士丛书》专家指导委员会委员。

同年，"钢铁冶炼新流程"获中国科学院科学技术进步奖二等奖，郭慕孙为第一获奖人。

1993年

4月8日，接受中国科学院聘请，任中国科学院第二届生物技术专家委员会顾问。

6月，接受中国化工学会聘请，任《化工学报》编辑委员会委员。

接受中国化工学会聘请，任 *Chinese Journal of Chemical Engineering* 国际

编辑委员会委员。

被中国化工学会聘为中国化工学会荣誉理事。

8月1—5日，在美国Hidden Valley参加第四届国际循环流化床会议（CFB-4）。

10月6—9日，参加在武汉召开的第六届全国流态化会议（NFC-6），致开幕词并作大会报告，题为"流态化技术的前沿与发展"。

10月12—14日，第五届全国化学反应工程学术报告会在天津大学召开，应邀出席大会，并在开幕式上讲话。

10月23日，"颗粒流体两相流型结构与区划模拟"获中国科学院自然科学奖一等奖，郭慕孙为第二获奖人。

12月，接受国家科学技术委员会聘请，任国家发明奖励评审委员会化学化工评审组委员。

1994年

2月16日，在中国科学院科技政策与管理所会议室参加《中国科学院院刊》编委会会议。

3月1日，在北京科学会堂参加中国科学技术协会第四届第四次全体委员会议。

5月22—27日，在日本名古屋出席第五届中日流态化会议（CJF-5），并致开幕词。

6月21日，赴英国牛津参加Chemical Engineering Science（CES）期刊编辑会议。

8月17—21日，参加在美国丹佛召开的国际颗粒学讨论会（First International Forum of Particle Technology）并发言，题目为"无气泡流态化"（Bubbleless Fluidization）。

10月30日，出席在清华大学召开的化工前沿学术讨论会，作了题为"发展中中国的化工前沿"的演讲。

11月13—18日，应邀赴旧金山参加美国化学会年会，作题为"Fluidization Regimes"的报告。

12月，获何梁何利基金科学与技术进步奖。

12月21日，参加由周光召院长倡导的香山科学会议第27次学术座谈会：青年科学家科学前沿研究报告会。会议主题为科学前沿探索，会议执行主席为白春礼和李静海研究员。

12月22日，在人民大会堂参加由国家计划委员会、财政部、国家科学技术委员会、国家教育委员会、农业部、卫生部、中国科学院、国家自然科学基金委员会联合召开的国家重点实验室建设10周年总结表彰大会。

同年，与李静海共撰 Particle-Fluid Two-Phase Flow—The Energy-Minimization Multi-Scale Method（EMMS）一书由冶金工业出版社出版。

编著的 Fast Fluidization 一书由 Academic Press 出版。

1995 年

1月25日，撰文"煤的拔头工艺"。

2月26日，参加中国科学技术协会第四届五次全体委员会议。

3月10日，与郑传根等人合作的研究成果"循环流化床空隙率再分配工艺"获得专利。

4月，接受中国科学技术协会聘请，任中国科学技术协会初选中国科学院院士候选人委员会委员。

5月，接受国家科学技术委员会聘请，任国家科学技术奖励化学学科评委会评审委员。

10月24日，参加在北京龙都宾馆召开的由国家科委生物工程开发中心主持的国家生化工程技术研究中心专家评审会。听取联合申报"国家生化工程技术研究中心"的三个依托单位（中国科学院化冶所、华东理工大学、南京化工大学）的汇报，对可行性报告进行评审。

11月14—17日，赴日本东京参加东亚粉体技术教授讨论会（East Asia Professors on Powder Technology），并在会上介绍中国的颗粒学会工作情况。

12月，"颗粒流体两相流型结构与区划模拟"荣获国家自然科学奖三等奖。获奖人：李静海，郭慕孙，陈爱华，钱贵华，杨励丹。

12月18日，在科学院化学研究所参加中国化学会第24届理事会第三次常务理事会，由执行理事长严东生教授主持。会议听取和审议了中国化学会1995年工作报告等事宜。

同年，应邀参加纪念实行博士后制度10周年（1985—1995）活动。

1996年

5月23—25日，中日颗粒学术技术会议在北京清华大学举行，致开幕词，欢迎来自日本、韩国、瑞士等国的学者和专家出席会议。

5月28—31日，第五届国际循环流化床会议（CFB-5）在北京香山饭店召开，郭慕孙为会议主席。

6月3—8日，参加中国科学院学部大会。

6月10日，在清华大学甲所参加国家重点化学工程联合实验室第五次学术委员会会议。

6月26—28日，在北京昌平参加第一届亚太地区化学反应工程会议（APCRE1），任本届科学委员会主席。

7月，接受中国颗粒学会聘请，任中国颗粒学会第二届常务理事。

7月13—18日，受国家基金委资助，赴美国旧金山参加第五届世界化工大会（5th World Congress of Chemical Engineering）。并在大会上作报告，题为"散式和聚式流态化的50年回顾"。受到与会者的热烈赏识，并被索要报告全文。

11月22日，由中国科学技术协会和中国科学院共同发起、组织百位院士面向社会作科技系列报告。应化工学会和颗粒学会的邀请，在北京化工大学科学会堂作了题为"流态化：回顾与展望"的报告。

1997年

2月22日，参加中国科学技术协会第五届第二次全体委员会议。

3月16日，撰文"前沿化工"。

4月12—14日，在美国旧金山，参加 Chemical Engineering Science

（CES）期刊编辑会议。会上，郭慕孙推荐中国石油大学的郭天民教授接替他任（CES）期刊驻中国编辑。

5月19—22日，参加在北京召开的第二届中美化学工程会议。

9月16—18日，中国颗粒学会首届年会在清华大学近春楼招待所召开，任会议主席。

9月23日，当选瑞士工程科学院（Swiss Academy of Engineering Science）外籍院士，赴瑞士参加入会仪式和参观有关单位，并在瑞士的第三大城市巴赛尔瑞士工程科学院作关于中国颗粒学会的报告。

9月24日，在瑞士联邦理工学院（ETH, Zurich）作题为"Particulate and Aggregative Fluidization—50 Years in Retrospect"的报告。

10月9—11日，在北京清华大学参加第六届中日流态化会议（CJF-6）。

10月27日，《中国科学报》刊登了郭慕孙署名文章"怀念方毅同志"。

11月7日，《中国化工报》院士谈化工栏目刊登了郭慕孙署名文章，题为"流态化研究进展及前景"。

11月11日，参加在人民大会堂举行的第九届国际科学与和平周科学家与能工巧匠交流会。

11月16—21日，应美国化学工程师协会流态化专业组的邀请，在洛杉矶参加美国化学工程师协会1997年年会，郭慕孙获得了"美国化学工程师协会流态化讲演奖"。

11月，接受化学工业部聘请，任化工科技图书编审委员会第三届委员。

12月7—10日，赴日本参加第三届国际气/液/固反应工程会议（GLS'97），任该会的顾问委员会委员。

同年，"移动床气固两相流理论及应用"获中国科学院自然科学奖二等奖，郭慕孙为第二获奖人。

1998年

3月28日，《光明日报》刊登了题为"郭慕孙和他的'魔摆'"，介绍他的著作《几何动艺》一书。

4月，接受中国化工学会聘请，任《化工学报》第八届编辑委员会顾问。

5月8—10日，赴上海参加第17届国际化学反应工程会议（ISCRE 17）筹备会议，住在上海园林宾馆。

5月17—22日，在美国Durango参加第九届国际流态化会议（FLUIDIZATION IX）。

5月31日，在西郊宾馆参加国家重点化学工程联合实验室二届一次学术委员会，被聘任为化学工程联合国家重点实验室第二届学术委员会荣誉委员。

5月，撰写的《几何动艺》（中、英文）由化学工业出版社出版（该书2008年8月由科学出版社再版）。

7月1—2日，应邀参加国际细颗粒研究所（IFPRI）年会。

7月3—9日，应美国科学基金（NSF）的Dr. Roco邀请，在英国布莱顿参加第三届世界颗粒大会（3rd World Congress of Particle Technology）。会上作了关于中国颗粒学的现况的报告"Emerging Particle Science & Technology in China"。

7月27日，在北京化工大学参加"用超重力技术进行锅炉水脱氧的开发研究"和"40吨/年纳米级超细碳酸钙"两项技术鉴定会。作为专家组组长，对于两个项目提出了具体意见。

9月23日，在中国科技会堂参加纪念中国科学技术协会成立40周年大会。

10月1日，荣获化工冶金研究所建所40周年所庆颁发的荣誉证书。

10月12—15日，在香港与余宝乐教授讨论有关第二届亚太地区化学反应工程会议（APCRE）的事宜。

1999年

1月12日，参加中国科学技术协会第五届四次全体委员会议。

3月16日，《光明日报》第五版刊登了郭慕孙署名文章"设立科管人员硕士班"。

6月13—16日，参加在香港举办的第二届亚太地区化学反应工程会议（APCRE2）。该会由香港科技大学主办，郭慕孙和余宝乐教授任本届会议的主席，参于了会议的筹备、组织和审稿等工作，会议期间，又多次担任分会小组会的主席。

6月21日，在清华大学甲所参加国家重点化学工程联合实验室第二届二次学术委员会，主要议题为：学术委员会审议实验室主任评估工作报告和各分室工作及学术报告，审批1999年度开放课题。

7月16日，他将40年的手稿汇集成《随笔——一些思维的萌芽》。

8月22—27日，参加在德国伍兹堡举办的第六届国际循环流化床会议（CFB-6）。

9月24日，参加中国科学院学部在香山饭店召开的咨询院创新会议。

10月1日，中华人民共和国成立50周年大庆时，受邀在天安门东6台观礼。

10月18—20日，在北京中关村北二条客座公寓参加由中国科学院高技术研究与发展局召开的重点实验室进入知识创新试点工程评审会。

11月1日，出席在人民大会堂庆祝中国科学院建院50周年活动。

同年，"气固流态化的散式化理论与方法"获中国科学院自然科学奖一等奖，郭慕孙为第二获奖人。

2000年

1月27—29日，在客座公寓参加中国科学院高技术研究与发展局方向性项目评议会。

2月21日，起草《流态化手册》框架。

4月23—26日，在香山饭店参加139次香山科学会议。

6月11日，出席化工出版社召开的化工学报编委会议。

6月24日，出席化冶所举办的贺郭慕孙院士80岁华诞活动。

7月7日，接受中央电视台（CCTV）东方时空栏目记者的采访。

8月21日，国际期刊 *Powder Technology* 为庆祝郭慕孙先生80生日出版了专刊 [111, 1-2（2000）]。

9月27日，中国科学院路甬祥院长来化工冶金研究所视察指导工作，郭慕孙院士向路院长介绍多相反应开放研究实验室情况。

10月20—22日，参加在西安怡园宾馆召开的第七届中日流态化会议（CJF-7），任大会名誉主席并致开幕词。

10月，在北京参加第六届颗粒制备与处理学术会议。

12月2日，参加煤科院煤化所评议煤液化、洁净煤会议。

12月27日，在客座公寓参加青年化工前沿会，下午在人大会堂参加归侨会议。

2001年

1月13日，与钱梓文、李洪钟合作的研究成果"流态化特性定量方法"获得专利。

4月，化工冶金研究所获准更名为过程工程研究所，旨在贯彻郭慕孙等于1959年曾提出的"过程工程"的理念。

5月21日，参加并组织在北京举办的第10届国际流态化会议（FLUIDIZATION X），任会议主席并发言。

5月31日，参加中国美术馆"艺术与科学国际作品展"展览会开幕式。郭慕孙有作品"翔"展出。

6月22日，在人民大会堂参加中国科学技术协会第六次全国代表大会，并于23日在大会上发言。

7月11日，在铁道大厦参加由国家科委主管的何梁何利（HLHL）奖的评选工作。

11月11日，在西郊宾馆出席国家重点化学工程联合实验室（SKLOCHE）学术委员会会议。

2002年

2月4日，在友谊宾馆参加中国科学院的迎春会。

2月21日，编辑"化工前沿"讲稿。

2月28日，撰写《流态化手册》有关"历史"的提纲。

3月4日，参加国家自然科学基金委员会在九华山庄召开的化工优先发展方向讨论会。

4月20日，在人大会堂参加粉体会议并在开幕式讲话。

5月21日，在世纪坛科技文化周讲解几何动艺。

5月29日，在科技会堂参加纳微粉体制备与技术应用研讨会，并致开幕词。

7月8日，赴徐州参加在中国矿业大学召开的首届国际干法选煤—洁净煤技术学术研讨会，9日上午，郭慕孙作大会报告，题为"气固流态化的散式化"（与李洪钟、吕雪松合作撰写）。中国矿业大学的陈清如教授和日本的Tanaka Z 教授为会议主席。当天下午，在南山宾馆，参加学委会举办的庆祝陈清如教授任教50年的活动。

7月10—11日，在铁道大厦出席评审何梁何利（HLHL）奖。

8月25—29日，与李静海一起赴香港参加在香港科技大学召开的第17届国际化学反应工程会议（ISCRE-17）。郭慕孙作为名誉主席，在会上代表主办国中国致词。

9月3日，出席在成都召开的中国科学技术协会2002年学术年会，会上的发言题为："想象出创新"。

9月，撰稿回忆化工冶金研究所的创始人、所长叶渚沛院士。

9月17日，参加香山会议开幕并做报告。

11月4日，参加在桂林召开的中国颗粒学会2002年会暨海峡两岸颗粒技术研讨会，卸任中国颗粒学会理事长的职务，担任名誉理事长。李静海院士当选新一届理事会理事长。

11月，与李洪钟共著的《气固流态化的散式化》一书，由化学工业出版社出版。

11月25日，参加接待路甬祥院长视察化工冶金研究所的会议。

12月10日，参加198次香山科学会议，主题为生态工业。

12月，与李洪钟共著的《非流态化气固两相流——理论及应用》一书，由北京大学出版社出版。

2003 年

2 月 14—17 日，飞往上海，住华东师范大学逸夫楼，参加程津培科技政策讨论会。

4 月，《中国颗粒学报》（China PARTICUOLGY）创刊。郭慕孙亲任主编。

8 月 7—8 日，在铁道大厦参加何梁何利（HLHL）奖评审。

9 月 4 日，在科技会堂出席纳微粉体制备与技术应用研讨会，并致开幕词。

10 月 17 日，在国际会议中心参加第三世界科学院（TWAS）会议。

10 月 20 日，在香山参加纪念香山科学会议 10 周年。

11 月 30 日，在清华大学甲所参加评估国家重点化学工程联合实验室（SKLOChE）。

12 月 2—6 日，参加在日本岐阜召开的第 8 届中日流态化会议（CJF-8），并致词。

12 月 24 日，接受中央电视记者（CCTV-10）李雪琴采访。

2004 年

1 月 14 日，上午在友谊宾馆参加中国科学院召开的迎春茶话会，下午在钓鱼台国宾馆菲芳苑参加中国科学技术协会召开的迎春茶话会。

1 月 15 日，在客座公寓参加多相反应开放研究实验室学术委员会会议。

5 月 17 日，到呼和浩特参观和慧开发区煤系高岭土中间试验车间。

5 月 23 日，在香山饭店 1 号会议室，参加国家长期科学技术规划座谈会。

6 月 2—6 日，在京西宾馆参加中国科学院院士大会

8 月 25—30 日，由朱庆山研究员陪同出席香港理工大学化工系成立 10 周年纪念会，并在亚洲化学工程之教学、科研及发展研讨会上作报告，题为："Extending the Knowledge Base of Chemical Engineering"。

同年，与李静海共同编辑 Chemical Engineering Science（CES）专刊 Complex Systems and Multi-scale Methodology 出版。

10月10日，去上海参加国际粉体暨散装技术展览/培训会议。

10月24—31日，参加在北京召开的中德颗粒技术研讨会（Sino-German Workshop on Chemical and Physical Interactions between Particles and Fluids）。

11月1日，在人民大会堂参加纪念中国科学院成立55周年活动。

11月5—9日，去南京参加第一届全国化学工程与生物化工学术年会，并在6日的开幕式上作大会报告。

11月20日，为过程工程研究所人事教育处组织的第三届科技英语写作讲习班（共8课）讲授第一课。

2005年

2月4日，在北京科技会堂参加中国科学院老科学家团拜活动。

6月3日，在人民大会堂参加庆祝中国科学院学部50周年活动。

6月17—19日，去昌平虎峪园林山庄参加过程工程研究所的战略研讨会。

6月24日，出席过程工程研究所举行的祝贺郭慕孙院士85生日活动。

6月26日，参加在北京西郊宾馆召开的中国科学院过程工程研究所多相反应开放研究实验室第四届顾问委员会和学术委员会联席会议第一次会议。会议由学术委员会主任袁权院士与副主任袁渭康院士共同主持，主要内容：实验室研究工作的方向与科学布局。

7月13日，在铁道大厦参加何梁何利奖评选。

8月15—19日，去北戴河总政休养所参加资深院士会，讨论自主创新问题与对策。

8月20日，参与由徐光宪院士提出的联名发出的紧急呼吁，即"关于保护白云鄂博矿稀土和钍资源，避免黄河和包头受放射性污染"上报国务院。并补充了一些在回国后的前20年，从事低品位和复杂铁矿流态化还原焙烧实验研究的经验（包括包头含稀土铁矿），并表示，如包头需要，愿意在耄耋之年，再次投入一份力量以实现年轻时的心愿。

9月2日，出席九华山庄教师座谈会。

9月16日，在人民大会堂三层小礼堂，出席侯祥麟院士先进事迹报告会。

11月4—7日，参加在北京九华山庄召开的第二届全国化学工程与生物化工学术年会。

12月8—12日，去海口博鳌索菲特大酒店参加资深院士会议。师昌绪院士在大会上作了题为"材料与社会可持续发展"的报告；作报告的还有程津培院士，题为"自由创新与中国发展"；徐匡迪院士题为"微小液滴凝固"；曹湘洪院士题为"我国石油瓶颈压力和对策"。

2006 年

2月8日，"循环流态化碳氢固体燃料的四联产工艺及装置"获得发明专利权。

2月9日，在香山饭店参加中国科学院中长期规划评议会。

3月27日，在香山饭店参加中国科学院院士工作局召开的科学技术自主创新问题与对策咨询研讨会。撰文建议：贯彻落实自主创新建立全民全龄的智力开发体系，《发表在院士建议》（总150期）和《北京科技工作者建议》（第7期）内部刊物上。

5月15日，在中关村中国科学院院士活动中心，参加资深院士咨询组会议，讨论确定研究提纲，会议由师昌绪院士主持。

6月5—8日，在京丰宾馆参加中国科学院召开的院士大会。

6月10日，在多相反应开放研究实验室，为第五届科技英语写作讲习班讲授第一课，本期共7讲。

6月17日，到八宝山革命公墓参加杨嘉墀同志的告别仪式。

6月23—24日，出席秦皇岛绿色化工园区策划会议。

8月15—18日，在密云云湖度假村宾馆参加中国科学院技术自主创新：问题与对策咨询第三次研讨会，讨论"创新文化"和"科学教育"咨询报告初稿，会议由师昌绪院士主持。

8月19日，参加在北京召开的中国颗粒学会2006年会暨海峡两岸颗粒技术研讨会，并作大会报告。

9月6日，在人民大会堂参加庆祝魏寿昆教授100岁生日活动。

10月30日，在清华大学参加国家重点化学工程联合实验室学术委员会会议。

11月10日，在中关村中国科学院院士活动中心参加"关于当前我国实施自主创新战略的若干建议"和"关于进一步深化大学体制改革大力培养创新型人才的几点建议"咨询报告会议。

12月6日，应邀在清华大学蒙民伟楼出席由化学工程系学生会主办的著名科学家系列讲座郭慕孙专场，演讲的题目为"我的二十岁"。

12月22—23日，参加由中国科学院、基金委、中粮集团联合举办的生物质能源与化工发展战略研讨会，并在会上发言。

12月25日，参加在北京西郊宾馆召开的多相复杂系统国家重点实验室第一届学术委员会及顾问委员会第一次联席会议。

2007 年

1月，与李洪钟等合编的《流态化手册》一书，由化学工业出版社出版。

1月18日，参加中国科学院在人民大会堂主办的春节团拜活动。

2月23日，为李佑楚的《流态化过程工程导论》一书写序。

4月15日，参加在北京皇苑大酒店由中共海淀区委、海淀区人民政府主办的《百名院士寄语海淀———精品邮票珍藏册》首发式。

6月，被聘请为中国石油和化学工业协会第五届科技图书编审委员会名誉委员。

6—8月，为第六届科技英语写作讲习班授课，共10次。

6月13日，在多相反应科研楼三层接待白春礼院长。

7月6日，在北京钢铁研究院参加金属学会成立50周年纪念会。

7月7日，为北京市海淀区举办的百名院士、百名教授"寄语奥运，寄语海淀"征集活动题写了寄语：迎奥运　赛友谊　讲文明　促和谐。

8月17—20日，在青岛北海宾馆参加新时期科技体制改革问题咨询研讨会。师昌绪院士主持。

8月29日，在香山饭店参加过程工程研究所与联合利华共同举办的第一届联合利华国际会议。

9月3日，在顺义春晖园参加第三届亚太颗粒学会议（APT2007）。

10月22—25日，在上海光大会展中心参加2007年全国粉体工业技术大会，24日出席中国颗粒学会理事会会议。

11月25日，应邀去杭州参加庆祝浙江大学化工系80周年活动。

12月3日，参加在北京西郊宾馆召开的由中国科学院过程工程研究所多相复杂系统国家重点实验室举办的第一届第二次学术委员会和顾问委员会联席会议。

2008年

2月19日，参加接待路甬祥院长视察化冶所的会议，并陪同路院长到多相复杂系统国家重点实验室考察大型计算机运行情况。

3月12日，在院机关704会议室参加"微藻能源技术"研讨会。

4月23日，在多相反应开放研究实验四楼会议室参加与澳大利亚青年学者余艾冰教授进行学术交流活动。

5月8日，参加过程工程研究所内新区建设的奠基式。

6—8月，在过程工程研究所201室为第七届科技英语写作讲习班授课，本期共讲授10课。

6月23—27日，参加在人民大会堂召开的中国科学院院士大会。

9月1日，被中国科学院聘为中国科学院能源研究委员会顾问组成员。

9月，被美国化学工程师协会评选为"化学工程百年开创时代"50位杰出化工科学家之一，是唯一一位获奖的亚洲学者。

9月，为庆祝中国科学院过程工程研究所建所50周年题词：承前启后，瞻望未来，立足基础，引领创新。

10月13—15日，在宁波大学宾馆出席中国科学院化学部常务委员会十四届二次扩大会议暨资深院士学部咨询和学科发展研讨会议。

11月16—19日，在深圳海景酒店参加中国科学院、中国工程院资深院士工作研讨会。主题研讨"三农问题与农民致富之道"。撰文"农民致富——过程工程能做些什么？"。期间与深圳市第二实验中学的学生面对面进行交流，告诉学生们，他父亲对他自己的教导是："我们给予社会的要多于我们取自社会的"。

12月28日，参加在北京西郊宾馆召开的中国科学院过程工程研究所多相复杂系统国家重点实验室第一届第三次学员会和顾问委员会联席会议，会议由学术委员会主任袁权院士主持。实验室主任李静海院士，代表多相复杂系统国家重点实验室作了实验室总体工作汇报。

2009 年

1月5日，接待春节前到家中看望院士的中国科学院院长路甬祥院士和中国科学院院士工作局局长马扬一行6人。

1月6日，参加中国科学院在人民大会堂举办的团拜活动。

1月22日，参加过程工程研究所报送院士候选人的遴选会。

5月16日，在中国科学院招待所客座公寓参加能源调研启动会议。

6月21—23日，在上海参加中国科学院能源研究委员会顾问组调研活动，期间，分别参加对硅酸盐研究所、技术物理研究所、光机所进行的调研会议。并就能源基地相关研究所发展战略研究项目撰写了专家意见与建议。

9月，撰写的《怎样写好科技英文论文》一书，由科学出版社出版。

10月13日，参加在北京香山饭店召开的第六届中美化工会议。

同年，《流态化手册》获中国石油和化学工业协会科技进步一等奖（第一主编）。该书2011年获第二届中国出版政府奖图书奖。

10月19—22日，参加在北京怀柔区红螺园饭店举办的两院资深院士联谊会，主要讨论三农问题及如何处理讨论结果。会议由资深院士联谊会会长师昌绪院士主持。

10月30日，在人民大会堂参加中国科学院建院60周年的庆祝活动。

12月18日，在北京龙城丽宫国际酒店参加多相复杂系统国家重点实验室第二届学术委员会第一次会议。会议议题：实验室发展的思考、四个重要方向的汇报、关于实验室发展的讨论。会议由学术委员会主任何鸣元院士主持。

12月22—23日，在深圳麒麟山庄参加中国科学院和中国工程院资深院士联谊会，专题研讨三农问题、向中央决策层提出咨询建议的几个问题（提纲）。

同年，郭慕孙先生为实验室题词：注重积累、追求卓越、瞄准前沿、服务需求。

2010 年

3月29—30日，在北京香山饭店参加由中国科学院学部召开的两院资深院士联谊会，主题为"三农"问题专题研讨会，并在会上作题为"农民致富——过程工程能做些什么？"的专题报告。会议由资深院士联谊会会长师昌绪院士主持。

4月13日，在扬州迎宾馆参加中国科学院化学部常委会十四届八次（扩大）会议，资深院士咨询。

6月7日，在人民大会堂参加中国科学院召开的院士大会，胡锦涛主席出席。

6月12—13日，在过程工程研究所多功能厅参加3rd International Conference on Multiscale Stuctures and Systems（第三届多尺度结构与系统国际会议）。

6月，撰写的《思索 实践 创新——我的一些专著、论文和手稿》一书，由科学出版社出版。

6月24日，中国科学院过程工程研究所，为郭慕孙院士举行《思索 实践 创新——我的一些专著、论文和手稿》文集首发仪式暨学术思想研讨会。中国科学院有关领导前来祝贺，与郭慕孙院士共事多年的老同志、学生们及化工界的同仁代表，也应邀出席了庆祝活动。晚间，出席了过程工程研究所在文津国际酒店举办的庆祝郭慕孙院士90华诞晚宴。

为庆祝郭慕孙先生90华诞，过程工程研究所的《动态》出版了专刊。

7月18—21日，在内蒙古满洲里大饭店参加中国科学院和中国工程院资深院士联谊会，"三农"问题咨询项目结题会。撰文"过程工程能为三农做些什么？-2"。

8月15日，参加在西安召开的中国颗粒学会第七届学术年会暨海峡两岸颗粒技术研讨会。

10月14日，在北京会议中心参加教育项目启动会，师昌绪院士主持会议。教育界知名专家杨福家、朱清时、韦钰等院士作大会报告。

12月1日，在中国科学院机关参加中国科学院能源研究委员会工作会议。会后为中国科学院能源领域技术发展如太阳能利用、生物质能、煤的分级利用等研究课题撰写了个人建议。

12月8—12日，在厦门金沙湾宾馆参加资深院士联谊会。主要议题是研究并确定教育咨询项目框架。

12月13日，参与由资深院士联谊会理事会会长师昌绪执笔向中央决策层提出解决"三农"问题的三点建议的报告。撰写的文章题为"农民致富——过程工程能做些什么？"

2011年

1月14日，中国科学院院长白春礼春节看望郭慕孙夫妇。

1月17日，参加在人民大会堂举办的中国科学院团拜活动。

1月23日，《经济日报》刊发了题为"深耕过程求真美"的文章，介绍郭慕孙院士的求学经历及他所取得的成就。

2月22日，在九华山庄参加国家基金委组织的双清论坛会，主题为复杂化工过程的多尺度机制关联与调控。

2月23日，在中国工程院参加关于稀土与环境的问题的研讨会。主题是稀土生产和应用与环境的关系。

4月24日，在人民大会堂参加清华大学举办的100周年校庆活动。

6月13日，在中关村中国科学院学术会堂出席北京第二中学设立"郭慕孙院士几何动艺实验室"颁牌典礼，旨在启发青年的动脑、动手、创新能力。

7月15日，在房山参加过程工程研究所战略研讨会。主题是务实创新，开创"十二五"规划新局面。

7月17—19日，在清华大学参加第三届全球华人化工学者研讨会（GCCES），并致开幕词、作演讲，题为"化学工程：集成、创新与国际化"。

9月6—7日，在北京会议中心参加中国科学院和中国工程院资深院士联谊会，讨论"深入推进素质教育、培养新型人才的问题与对策研究"。

9月18—19日，在北京九华山庄参加第六届亚太地区化学反应工程会议（APCRE 11），并致开幕词。

10月20日，在友谊宾馆参加创新人才培养工作座谈会。

12月5日，在过程工程研究所多功能厅参加多相复杂系统国家重点实验室第二届学术委员会第三次会议。会议内容为实验室发展情况介绍，学术委员会主任何鸣元院士主持了会议。

2012年

1月10日，在人民大会堂出席中国科学院组织的团拜活动。

2月15日，在过程工程研究所多功能厅出席陈家镛先生90华诞座谈会暨绿色化工冶金学术研讨会并致辞。

3月6日，在颗粒学会讨论年会和有关WCPT 7会议事宜。

5月25日，为新书 *From Multiscale Modeling to Meso-Science* 撰写"FOREWORD"。

6月11—15日，在京西宾馆参加中国科学院第16次院士大会。11日，在人民大会堂聆听胡锦涛讲话，下午在京西宾馆聆听温家宝报告。13日，京西宾馆礼堂聆听刘延东讲话。15日，中国科学院第16次院士大会闭幕。

6月29日，在过程工程研究所多功能厅出席纪念叶渚沛先生诞辰110周年活动。

7月15日，在河北承德参加过程工程研究所战略研讨会。

7月28日，在西效宾馆金缘厅参加发展中国家科学院——东亚、东南亚及太平洋地区化学工程前沿研讨会（2012-TWAS）。

9月20日，在北京会议中心出席化工出版社编辑会议。

9月27日，在北京参加第四届过程工程中的多尺度结构与系统国际会议（Multi-Scale 2012）。郭慕孙任荣誉主席。来自美国、英国、德国、澳大利亚、比利时、荷兰、法国、中国等十几个国家和地区约200名专家学者、工业界代表和研究生参加了会议。

10月21日，在北京国家会议中心参加由中国科学院主办的2012年世界资源论坛。李静海副院长担任本论坛主席并主持了开幕式。中国环境保护部副部长李干杰先生，世界资源论坛组织主席Xaver Edelmann先生，瑞士国务秘书兼联邦环境事务厅（Director State Secretary Swiss Federal Office for the Environment）主任Bruno Oberle先生，瑞士工程院副院长Arthur Ruf先生，分别在开幕式上致辞。

11月19日下午，接待中国科学院院士局及上海科学技术协会等从事科普工作的同志的家访。上海科协提出在2013年全国科普日期间举办一个科学和艺术展，邀请郭慕孙院士携几何动艺作品参加。

11月20日0时55分在北京逝世，享年92岁。

附录二　郭慕孙工作经历和社会兼职

工作简历与任职

1943.09—1943.11　　上海汉堡化工厂任化学师

1943.11—1944.03　　上海生化药厂任化学师

1944.04—1945.03　　在重庆为出国留学做准备

1946.10—1947.12　　美国碳氢研究公司开发部任化学工程师

1948.01—1952.05　　美国可口可乐公司任工程师

1952.05—1956.08　　美国碳氢研究公司开发部任化学工程师

1956.12—1979.08　　中国科学院化工冶金研究所　研究员　流态化研究室主任

1978.10—1986.05　　中国科学院化工冶金研究所负责人、代所长、所长

1984.05—1984.07　　美国科学院　高级访问学者

1986.06—2012.11　　中国科学院化工冶金研究所　名誉所长

1986.07—1991　　中国科学院多相反应开放研究实验室　主任兼学委会主任

1986.12—1987.07　　弗吉尼亚工业大学　客座教授

1989.05—1989.06　　美国俄亥俄州州立大学　客座教授

1991—1996　　中国科学院多相反应开放研究实验室　学术委员会主任

1991—2006　　中国科学院多相反应开放研究实验室　名誉主任

2006—2012　　多相复杂系统国家重点实验室　　名誉主任

1980年当选中国科学院学部委员（后改为院士）

1997年当选瑞士工程科学院外籍院士

中国人民政治协商会议全国委员会第四、五、六、七届委员（1965—1992）

专业学会任职

[1] 美国化学工程师协会会员（1947—2012）
[2] 国际循环流化床顾问委员会成员（1985—1996）
[3] 中国化工学会第31、32、33、34届副理事长（1978—1993）
[4] 中国化工学会—化学工程学会第二届理事长（1984.03.29 受聘）
[5] 中国金属学会第二、三、四届理事（1963—1992，第三届常务理事）
[6] 中国化学会第20、21、22、23、24届理事（1978—1998 第23届常务理事）
[7] 中国颗粒学会理事长（1986—2002，自2002年为名誉理事长）

国内外学术期刊等任职

[1] 国际期刊 *Particle Characterization* 顾问组成员
[2] 国际期刊 *Chemical Engineering Science* 驻中国编辑（1987—1997）
[3] 国际期刊 *Chemical Engineering Research and Design* 编委
[4] 国际期刊 *Advanced Powder Technology* 顾问组成员（1990—2002）
[5] 国际科学技术数据委员会（CODATA）第一、二届委员会中国代表（1984—1988），1989年为荣誉代表
[6]《科学通报》第四、五届编辑委员会编委（1958.4—1973.7）
[7]《化工学报》编委会委员(1964—1998)
[8]《化工学报》国际编辑委员会委员（1993年受聘）

[9]《化工名词》审定委员会顾问委员（1990年受聘）

[10]《钢铁》（*Iron and Steel*）期刊编辑委员会委员

[11]《中国科学院院刊》编委（1989—1993）

[12]《博士丛书》专家指导委员会委员（1992）

[13]《自然科学进展》杂志第二、三届编辑委员会委员（1993—1999）

[14]《中国科学技术专家传略·工学编·化工卷》编纂委员会编委（1990）

[15] 国家学位委员会成员（1975）

[16] 国务院学位委员会（工学）第一、二届学科评议组成员（1981、1985）

[17] 国家科学技术进步奖化工行业组评审委员、副组长（1985、1991—1993）

[18] 国家科委发明奖评选委员会特邀审查员（1985—1993）

[19] 国家发明奖励评审委员会化学化工评审组委员（1991—1993）

[20] 国家科学技术奖励化学学科评委会评审委员（1995—1998）

[21] 中国科学院科学技术进步奖评审委员会 委员（1985）

[22] 国家重点化学工程联合实验室学术委员会 委员（1991）

[23]《化学工程手册》编辑委员会委员（20世纪60年代，1992年第二版）

[24] 国家科学技术委员会化学工程规划组成员、副组长（20世纪60年代初和70年代末）

[25] 中国石油化工总公司第一、第二、第三届技术经济顾问委员会顾问（1983—1989）

[26]《中国大百科全书》"化工卷"编委会委员（1985）

[27]《当代中国》丛书"中国科学院卷"编辑委员会委员（1984）

附录三 郭慕孙获奖项目

国家级奖励项目

序号	项目名称	获奖时间与获奖等级	获奖人
1	气控式多层流态化床及其在净化气体中的应用	1979年9月，获国家科委发明奖三等奖	郭慕孙、刘大陆、王永安、袁渭康
2	化工冶金中的散式流态化	1982年7月，获国家自然科学奖二等奖	郭慕孙
3	无气泡气固接触	1989年，获国家自然科学奖二等奖	郭慕孙、李佑楚、刘淑娟、董元吉、李静海
4	颗粒流体两相流型结构与区划模拟	1995年12月，获国家自然科学奖三等奖	李静海、郭慕孙、陈爱华、钱贵华、杨励丹
5	全国劳动模范	1979年12月28日，李先念副主席颁发奖章	郭慕孙
6	化工冶金中的散式流态化	1978年获全国科学大会奖	郭慕孙
7	阿尔巴尼亚红土矿还原焙烧—氨浸—氢还原湿法提取镍钴新流程的小型试验	1978年获全国科学大会奖	郭慕孙、陈家镛、夏成运、金成用、夏麟培、欧阳藩、毛铭华等

国际奖励项目

序号	项目名称	获奖时间与获奖等级	获奖人
1	国际流态化成就奖	1989年5月,国际流态化组织在加拿大彭富城召开的工程基金会议上授予该奖	郭慕孙
2	美国化学工程师协会流态化讲演奖	1997年11月,获美国化学工程师协会流态化讲演奖	郭慕孙
3	瑞士工程科学院外籍院士	1997年9月,当选瑞士工程科学院外籍院士	郭慕孙
4	组织第10届国际流态化会议奖	2001年5月,荣获联合工程基金(UEF)颁发组织国际会议奖	郭慕孙
5	"化学工程百年开创时代"50位杰出化工科学家之一	2008年9月,美国化学工程师协会评选	郭慕孙是50位中唯一获奖的亚洲科学家

中国科学院奖励项目

序号	项目名称	获奖时间与获奖等级	获奖人
1	化工冶金中的散式流态化	1978年获中国科学院重大科技成果奖	郭慕孙
2	阿尔巴尼亚红土矿还原焙烧—氨浸—氢还原湿法提镍钴新流程的试验	1978年获中国科学院重大科技成果奖	郭慕孙、陈家镛、夏成运、金成用、夏麟培、欧阳藩、毛铭华等
3	从低品位铜钴氧化铁矿中提取铜钴	1978年获中国科学院重大科技成果奖	郭慕孙、刘淑娟、王永安、戴殿卫、郭铨、郑建生、杨若熏
4	两相流态化磁化焙烧贫铁矿	1978年获中国科学院重大科技成果奖	郭慕孙、郑建生、白万海、王凤鸣、李佑楚、刘大陆
5	流态化气体还原铁鳞制铁粉	1979年获中国科学院科技成果奖一等奖	郭慕孙、杨云奇、王亚东、郑建生、王永安、郭铨、王文录
6	攀枝花钢铁冶炼新流程——流态化还原法	1980年获中国科学院重大科技成果奖一等奖	郭慕孙、欧阳藩、刘淑娟、郭铨、杨若熏、庄一安
7	流态化粮食干燥机	1981年获中国科学院科技成果奖二等奖	郭慕孙、郭铨、江汝坤、黄长雄

续表

序号	项目名称	获奖时间与获奖等级	获奖人
8	用床层塌落法判别散体物料流态化特性	1983年获中国科学院科技成果奖二等奖	郭慕孙、董元吉、杨子平、秦绍宗、钱梓文、刘广源
9	流态化还原制磁粉	1983年获中国科学院科技成果奖二等奖	甘耀昆、郭铨、郭慕孙
10	非理想气固广义流态化分区研究及统一关联	1986年获中国科学院科学技术进步奖二等奖	郭慕孙、李佑楚、王凤鸣、陈丙瑜、王永生、朱谦
11	跳汰流态化煤还原铁矿	1986年获中国科学院科学技术进步奖三等奖	郭慕孙、郭铨、夏麟培、宋宝珍、刘淑琴
12	250吨/年流态化法制磁粉工业性实验	1988年获中国科学院科学技术进步奖三等奖	甘耀昆、宋宝珍、郭铨、郭慕孙
13	无气泡气固接触	1989年获中国科学院自然科学奖一等奖	郭慕孙、李佑楚、刘淑娟、董元吉、李静海
14	钢铁冶炼新流程	1992年获中国科学院科学技术进步奖二等奖	郭慕孙、王大光、姚建中、刘淑娟、谢裕生、宣德茂、邹良柱、马积棠、沈天临
15	颗粒流体两相流型结构与区划模拟	1993年10月，获中国科学院自然科学奖一等奖	李静海、郭慕孙、陈爱华、钱贵华、杨励丹
16	移动床气固两相流理论及应用	1997年，获中国科学院自然科学奖二等奖	李洪钟、郭慕孙、李佑楚、王兆霖、柳华
17	气固流态化的散式化理论与方法	1999年，获中国科学院自然科学奖一等奖	李洪钟、郭慕孙、于兆霖、钱梓文、周涛

省部级及其他奖励项目

序号	项目名称	获奖时间与获奖等级	获奖人
1	流态化还原制备磁粉新工艺	1983年，获化工部科技成果奖三等奖	甘耀昆、郭铨、郭慕孙
2	流态化还原制备磁粉新工艺	1984年，获广州市科技成果奖二等奖	甘耀昆、郭铨、郭慕孙
3	催化裂化混合提升管—高效再生技术	1990年10月，获石油工业总公司科技进步奖二等奖	郭慕孙、董元吉、杨子平、秦绍宗、钱梓文、刘广源
4	何梁何利基金科学与技术进步奖—化学奖	1994年，获何梁何利基金评选委员会奖	郭慕孙
5	主编《流态化手册》	2009年，获中国石油和化学工业协会科技进步奖一等奖 2011年，获第二届中国出版政府奖图书奖	郭慕孙、李洪钟、李佑楚、马兴华、白蕴如、郭长生、张红兵、辛田
6	彻斯德曼奖（Chesterman Award）	1951年，获美国汽水行业会奖	郭慕孙

附录四 郭慕孙主要论著目录

论文

[1] WILHELM R H and MOOSON KWAUK. Fluidization of solid particles[J]. Chem. Eng. Prog., 1948, 44(3): 201-218.

[2] MOOSON KWAUK. How to hunt down beverage spoilers[J]. 1949, Food Ind. 21, 896.

[3] MOOSON KWAUK. A system for counting variables in separation processes[J]. AIChE. Journal, 1956, 2(2): 240-248.

[4] MOOSON KWAUK. Hydrogen in industry[J]. Science（中文刊）, 1957, 33(2): 82-90.

[5] MOOSON KWAUK. Intensification of metals extraction by fluidization[J]. Kexue Tongbao, 1959, (5): 141-144.

[6] MOOSON KWAUK. Ternary separation operations under condition of nonideality[J]. Scientia Sinica, 1962, 11(4): 549-574.

[7] MOOSON KWAUK. Generalized fluidization I. Steady-state motion[J]. Scientia Sinica, 1963, 12(4): 587-612.

[8] MOOSON KWAUK. Generalized fluidization II. Accelerative motion with

steady profiles [J]. Scientia Sinica, 1964, 13(9): 1477-1492.

[9] KWAUK M, Dai D W. Transport processes in dilute-phase fluidization as applied to chemical metallurgy I. Transfer and system pressure drop as criteria for selecting dilute-phase operations [J]. Acta Metallurgica Sinica, 1964, 7(3): 263-280.

[10] KWAUK M, Dai D W. Transport processes in dilute-phase fluidization as applied to chemical metallurgy II. Application of dilute-phase technique to heat transfer [J]. Acta Metallurgica Sinica, 1964, 7(4): 391-408.

[11] KWAUK M. Particulate fluidization in chemical metallurgy [J]. Scientia Sinica, 1973, 16(3): 407-430.

[12] MOOSON KWAUK. Chemical reaction engineering [J]. Huaxue Tongbao, 1977, 14(6): 334-337.

[13] MOOSON KWAUK. Comprehensive utilization of titanmagnetite by fluidized reduction [J]. Steel and Iron (China), 1979, 14(6): 1-12.

[14] MOOSON KWAUK. Fluidized roasting of oxidic Chinese iron ores [J]. Scientia Sinica, 1979, 22(11): 1265-1291.

[15] DALU LIU, XIGUNG LI, MOOSON KWAUK. Pneumatically controlled multi-stage fluidized beds [C]. Third International Fluidization Conference, 1980, Proceedings: 485-492.

[16] YOUCHU LI, MOOSON KWAUK. The dynamics of fast fluidization [C]. Third International Fluidization Conference, 1980, Proceedings: 537-544.

[17] MOOSON KWAUK. Towards a unified hypothesis for fluidized systems [C]. Chemca 80, 8th Australian Chemical Engineering Conference, Australian, 1980.

[18] MOOSON KWAUK. YONGAN WANG. Fluidized Leaching and Washing [C]. Powtech Birmingham, England, 1981, Proceedings, D4/BB/1.

[19] YI LI, CHEN B, WANG F, WANG Y and KWAUK M. Rapid fluidization [J]. International Chemical Engineering, 1981, 21(4): 670-678.

[20] YUANKI TUNG, MOOSON KWAUK. Dynamics of collapsing fluidized beds [C]. China-Japan Symposium on Fluidization, Hangzhou, China, 1982: 155-166.

[21] JIANSHENG ZHENG, SHUJUNG LIU, MOOSON KWAUK. Aspects of fluidization in China [C]. China-Japan Symposium on Fluidization, Hangzhou, China, 1982: 12-23.

[22] XIGUANG LI, DALU LIU, MOOSON KWAUK. Pneumatically controlled multi-stage fluidized beds II [C]. CIESC-AIChE Joint Meeting of Chemical Engineering, Beijing, China, 1982: 382-391.

[23] 郭慕孙. 稀相流态化 [J]. 化工进展，1982（1）：3-4.

[24] YAN Z, Yao J Z, Wang W L, LIU S J and KWAUK M. Concurrent shallow multi-stage fluid-bed reactor [C]. 4th International Fluidization Conference, Kashikojima, Japan, 1983: 607-614.

[25] MOOSON KWAUK. Fluidized roasting [M]. Chinese Encyclopedias, Volume on Mining and Metallurgy, 1984: 426-431 (in Chinese).

[26] 马兴华，赫彤，白淑琪，郭慕孙. 均匀磁场中铁磁颗粒的散式流态化 [C] // 第三届全国流态化会文集，1984：258-267.

[27] 曲志捷，郭慕孙. 流化颗粒的光致发光显示法 [C] // 第三届全国流态化会文集，1984：41-51.

[28] 郭慕孙，王永安，金涌. 流化态反应工程 [J]. 化学工程，1984（2）：5-19.

[29] ARTHUR M SQUIRES, MOOSON KWAUK and AMOS A AVIDAN. Fluid beds: At last, challenging two entrenched practices [J]. Science, 1985, 230(4732): 1329-1337.

[30] YONGAN WANG, YONG JIN and MOOSON KWAUK. Challenges in Fluidization [C] //2nd China-Japan Symposium on Fluidization, 1985, Proceedings: 11-24.

[31] MOOSON KWAUK. Remarks at the opening section [C] //2nd China-Japan Symposium on Fluidization, 1985, Proceedings.

[32] ZHIJIE QU and MOOSON KWAUK. Visualization of particle movement by photoluminescence [C]. 2nd China-Japan Symposium on Fluidization, 1985, Proceedings: 477-488.

[33] XIA YASHEN and MOOSON KWAUK. Micro-visualization of fluidizing behavior of binary particle mixtures [C] //International Symposium on Heat Transfer, 1985, Proceedings.

[34] BINGYU CHEN, MOOSON KWAUK. Generalized fluidization of non ideal systems [C]. 1st International Conference on Circulating Fluidized Beds Technology, Halifax, Nova Scotia, Canada, 1985: 127−132.

[35] MOOSON KWAUK, NINGDE WANG and YOUCHU LI, et al. Fast fluidization at ICM [C]. 1st International Conference on Circulating Fluidized Bed Technology, Halifax, Nova Scotia, Canada, 198: 33−62.

[36] MOOSON KWAUK. Fluidization for development [C]. Davis−Swindin Memorial Lecture, England, 1985.

[37] DALU LIU, JUHUA LIU, TONGLAN LI and MOOSON KWAUK. Shallow−fluid−bed tubular heat exchanger [C]. 5th International Fluidization Conference, Elsinore, Denmark, 1986: 401−408.

[38] MOOSON KWAUK. Overview of China's scientific data base [C] //10th International CODATA Conference, Ottawa, Canada, 1986, Proceedings.

[39] ZIWEN QIAN and MOOSON KWAUK. Computer application in characterizing fluidization by the bed collapsing method [C] //Computer Handling and Dissemination of Data, 1987: 243−251.

[40] BAOLIN LUO and MOOSON KWAUK. Particle−gas heat transfer in shallow fluidized beds [C] //Fine Particle Society, 18th Annual Meeting, Boston, 1987, Proceedings.

[41] JINGHAI LI, YUANKI TUNG and MOOSON KWAUK. Method of energy minimization in multi−scale modeling of particle−fluid two−phase flow [C] // 2nd International Conference on Circulating Fluidized Beds, Compiegne, France, 1988, Proceedings: 89−103.

[42] JINGHAI LI, YUANKI TUNG and MOOSON KWAUK. Energy transport and regime transition in particle−fluid two−phase flow. [C//2nd International Conference on Circulating Fluidized Beds, Compiegne,

France, 1988, Proceedings: 75−87.

[43] JINGHAI LI, YUANKI TUNG and MOOSON KWAUK. Axial voidage profiles of fast fluidized beds in different operating regions [C] //2nd International Conference on Circulating Fluidized Beds, Compiegne, France, 1988, Proceedings: 193−203.

[44] ZHIJIE QU, JINGHUA WEI and MOOSON KWAUK. Holographic imaging of clusters in dilute fluidized suspensions [C] //Trilateral Symposium on Particuology, Beijing, China, Proceedings. Beijing: Science Press, 1988: 252−260.

[45] ZHIGANG WANG and MOOSON KWAUK. Distributor stability in gas fluidization [C]. 3rd China−Japan Symposium on Fluidization, Beijing, China, 1988, Proceedings: 17−27.

[46] YUANKI TUNG and MOOSON KWAUK. Fast fluidization——A growing technology [C]. Third China−Japan Symposium on Fluidization, Beijing, China, 1988, Proceedings: 106−129.

[47] YUANKI TUNG, JINGHAI LI and MOOSON KWAUK. Radial voidage profiles in a fast fluidized bed. 3rd China−Japan Symposium on Fluidization, Beijing, China, 1988, Proceedings: 139−145.

[48] YUANXIANG WU, FAN OUYANG and MOOSON KWAUK. Magnetic Control of Bubbles in three phase fluidization [C]. 3rd China−Japan Symposium on Fluidization, Beijing, China, 1988, Proceedings: 268−275.

[49] HONGZHONG LI and MOOSON KWAUK. Vertical pneumatic moving−bed transport−I Analysis on flow dynamics [J]. Chem. Eng. Sci. 1989, 44(2): 249−259.

[50] HONGZHONG LI and MOOSON KWAUK. Vertical pneumatic moving−bed transport−II Experimental findings [J]. Chem. Eng. Sci., 1989, 44(2): 261−271.

[51] MOOSON KWAUK. Legacy and growth——Chemical engineering in China [J]. Chem. Eng. Sci. 1989, 44 (11): 2421−2434.

[52] YUANKI TUNG, ZIPING YANG, YASEN XIA, WEIGUO ZHENG, YI YANG and MOOSON KWAUK. Assessing fluidizing characteristics of powders [C]. Sixth International Fluidization Conference, Banff, Canada, 1989: 169-178.

[53] JINGHAI LI, YUANKI TUNG, and MOOSON KWAUK. Mathematical modeling of particle-fluid two-phase flow[J]. Science in China, Series B, 1990, 33(5): 523-534.

[54] YONG DENG and MOOSON KWAUK. Levitation of discrete particles in oscillating liquids [J]. Chem. Eng. Sci. 1990, 45(2): 483-490.

[55] FAN OUYANG, YUANXIANG WU, GUO CHANGXU and MOOSON KWAUK. Fluidization under external forces (I) Magnetized fluidization[J]. J. Chem. Ind. & Eng. (China), 1990, 5(2): 206-222.

[56] HONGZHONG LI, YASHEN XIA, YUANKI TUNG and MOOSON KWAUK. Micro-visualization of two-phase structure in a fast fluidized bed [C] // BASU P, HORIO M, HASATANI M (Editors). Circulating Fluidized Bed Technology III, 1990: 183-188

[57] MANJUN SHAO and MOOSON KWAUK. Particle mixing and segregation in a moving fluidized bed in gravity and magnetic field [J]. J. Chem. Ind. & Eng. (China), 1991, 6(1): 109-117.

[58] JINGHAI LI, LOTHAR REH, and MOOSON KWAUK. Application of the principle of energy minimization to the fluid dynamics of circulating fluidized beds [C] //3rd International Conference on Circulating Fluidized Beds, Nagoya, Japan, 1990, Proceedings: 105-111.

[59] HONGZHONG LI and MOOSON KWAUK. Hydrodynamics of the V-valve [J]. Trans. IChemE, 1991, 69(Part A): 355-360.

[60] MUSUN GUO (MOOSON KWAUK), YOUCHU LI, SHUJUAN LIU, et al. Bubbleless gas-solid contacting [J]. Progress in Natural Science, 1991, 1(5): 393-397.

[61] MOOSON KWAUK. Chemical engineering in China [J]. Swiss Chem

13, 1991: Nr.4, 33-44; 1993: 1-S.

[62] HONGZHONG LI, YASHEN XIA, YUANKI TUNG and MOOSON KWAUK. Micro-visualization of clusters in a fast fluidized bed [J]. Powder Technology 1991, 66(3): 231-235.

[63] 李洪钟, 李静海, 郭慕孙. 颗粒多相反应 [J]. 中国科学院院刊, 1991（4）: 292-296.

[64] JINGHAI LI, LOTHAR REH, YUANKI TUNG, and MOOSON KWAUK. Multi-aspect behavior in different fluidization regimes [C] //4th China-Japan Symposium on Fluidization, Beijing, China, 1991, Proceedings: 11-20.

[65] CHUANGEN ZHENG, YUANKI TUNG, YASHEN XIA, BING HUA and MOOSON KWAUK. Voidage redistribution by ring internals in fast fluidization [C] //4th China- Japan Symposium on Fluidization, Beijing, China, 1991, Proceedings: 168-177.

[66] JINGHAI LI, MOOSON KWAUK and LOTHAR REH. Role of energy minimization in gas/solid fluidization [C] //7th International Fluidization Conference, 1992, Proceedings: 83-91.

[67] JINGHAI LI, MOOSON KWAUK and LOTHAR REH. Energy-minimization multi-scale model for circulating fluidized bed [J]. Science in China, 1992(11)B, 1127-1136.

[68] MOOSON KWAUK, XINGHUA MA, FAN OUYANG, YUANXING WU, et al. Magnetofluidized G/L/S systems [J]. Chem. Eng. Sci. 1992, 47(13-14): 3467-3474.

[69] CHUANGGEN ZHRNG, YUANKI TUNG, HONGZHONG LI and MOOSON KWAUK. Characteristics of fast fluidized beds with internals [C] //7th International Fluidization Conference, Australia, 1992, Proceedings: 275-283.

[70] 李静海, 郭慕孙. 气固垂直并流上行两相流不均匀性机理的进一步研究 [J]. 化工学报, 1993, 44（1）: 49-58.

[71] D LIU, M KWAUK, H LI and C ZHENG. Preliminary investigation on

an integral circulating fluidized bed [C] //4th International Conference on Circulating Fluidized Beds, Hidden Valley, U.S.A., 1993, Proceedings: 642—647.

[72] HONGZHONG LI, MOOSON KWAUK, et al. Pneumatically controlled continuous solids pressure feeder (in Chinese) [C] //6th National Fluidization Conference, Wuhan, 1993, Proceedings: 554—558.

[73] MOOSON KWAUK. Bubbleless fluidization [C] //1st International Particle Technology Forum, Denver, U.S.A., 1994, Proceedings: 492—581.

[74] A CHEN, W WU, J LI and M KWAUK. Particle aggregation in particle fluid two phase flow [C] //5th China Japan Symposium on Fluidization, Nagoya, Japan, 1994, Proceedings: 254—261.

[75] MOOSON KWAUK. POWDER ASSESSMENT [M]. Advances in Chemical Engineering Vol. 20, 1994, Chapter 6: 239—266

[76] JINGHAI LI, LIXIONG WEN, GUIHUA QIAN, HEPING CUI and MOOSON KWAUK. Structure heterogeneity, regime multiplicity and nonlinear behavior particle—fluid systems [J]. Chem. Eng. Sci., 1996, 51(11): 2693—2698.

[77] MOOSON KWAUK and JINGHAI LI. Fluidization regimes [J]. Powder Technology 1996, 87(3): 193—202.

[78] DEJIN LIU, MOOSON KWAUK and HONGZHONG LI. Aggregative and particulate fluidization two extremes of a continuous spectrum [J]. Chem. Eng. Sci., 1996, 51(17): 4045—4063.

[79] MOOSON KWAUK. Comment [J]. Chem. Eng. Sci., 1996, 51(24): iii—iv.

[80] HONGZHONG LI and MOOSON KWAUK. Critical pneumatic moving bed transport and pneumatically controlled peristaltic feeder [J]. Hydrotransport 13, Johannesburg, South Africa, 1996, BHR Group Conf. Ser. Publ: 357—366.

[81] WEIKANG YUAN and MOOSON KWAUK. Reactor engineering: Science, technology and art [J]. Asian Pacific Chemical Reaction

Engineering Forum, Beijing. Ind. Eng. Chem. Res., 1996, 36: 2910-2914.

[82] ZHAOLIN WANG, MOOSON KWAUK and HONGZHONG LI. Fluidization of fine-particle agglomerates [C] //Fluidization'97, Science and Technology, CJF-6, 1997: 7-12.

[83] MOOSON KWAUK (eds. ARASTOOPOUR H). Exploring the multi-phase nature of fluidization [C]. AIChE Ann. Meet., Los Angeles, 1997; Fluidization and fluid particle systems: 3-10.

[84] ZHANGLIN WANG, MOOSON KWAUK and HONGZHONG LI. Fluidization of fine-particle [J]. Chem. Eng. Sci., 1998, 53(3): 377-395.

[85] MOOSON KWAUK. Particuology in China [J]. Powder Technology, 1998, 100(1): 3-5

[86] MOOSON KWAUK and JINGHAI LI. Preface [J]. Chem. Eng. Sci. 1999, 54(22): 5355

[87] JINGHAI LI and MOOSON KWAUK. An approach to quantify chemical processes—Multi-scale methodology (in Chinese) [J]. Natural Science Progress, 1999, 9(12): 1073-1078.

[88] MOOSON KWAUK. Geometric mobiles: From conceptualization of motion in space to rational design [J]. Leonardo (Journal of International Society of Arts, Sciences and Technology), 1999, 32(4): 293-298.

[89] H CUI, J LI, M KWAUK, et al. Dynamic behaviors of heterogeneous flow structure in gas-solid fluidization [J]. Powder Technology, 2000, 112(1-2): 7-23.

[90] J LI, M KWAUK and L REH. Transdisciplinarity in scaling-up chemical reactors——Problem practice and prospect [C]. CHISA 2000.

[91] 郭慕孙, 李静海. 三传一反多尺度 [J]. 自然科学进展, 2000, 10 (12): 1078-1082.

[92] MOOSON KWAUK, JINGHAI LI and DEJIN LIU. Particulate and aggregative fluidization——50 Years in retrospect [J]. Powder Technology, 2000, 111(1-2): 3-18.

[93] 郭慕孙. 过程工程 [J]. 过程工程学报, 2001, 1 (1): 2-7.

[94] MOOSON KWAUK and JINGHAI LI. The multi-scale attribute of transport and reaction systems [J]. Progress in Natural Science, 2001, 11(2): 81-85.

[95] MOOSON KWAUK. Holistic polyhedrons, a new concept of making mobile members [J]. Leonardo (Journal of International Society of Arts, Sciences and Technology), 2001, 34(4): 365-368.

[96] JINGHAI LI and MOOSON KWAUK. Multiscale nature of complex fluid-particle systems [J]. Ind. Eng. Chem. Res., 2001, 40(20): 4227-4237.

[97] MINGYAN LIU, JINGHAI LI and MOOSON KWAUK. Application of the energy-minimization multi-scale method to gas-liquid-solid fluidized beds [J]. Chem. Eng. Sci., 2001, 56(24): 6805-6812.

[98] MOOSON KWAUK, JINGHAI LI and WENCHING YANG. Fluidization X [M], 2001, Preface.

[99] MOOSON KWAUK, JINGHAI LI. Scale and structure in chemical engineering [J]. Chemical Engineering Research and Design, 2002, 80(7): 699-700.

[100] 郭慕孙. 科学管理硕士 [J]. 中国科学院院刊，2002, 17（2）：134

[101] 郭慕孙. 想像出创新 [J]. 中国科学院院刊 2002, 17（6）：444-445.

[102] PO LOCK YUE, WEIKANG YUAN, MOOSON KWAUK. Foreword [J]. Chem. Eng. Sci., 2003, 58(3-6): 519

[103] JINGHAI LI, MOOSON KWAUK. Exploring complex systems in chemical engineering——The multi-scale methodology [J]. Chem. Eng. Sci., 2003, 58(3-6): 521-535.

[104] JINGHAI LI, MOOSON KWAUK. Preface [J]. Powder Technology, 2003, 137(1-2): 1

[105] MOOSON KWAUK. Emerging particle science and technology in China [J]. Powder Technology, 2003, 137(1-2): 2-28.

[106] HONGZHONG LI, XUESONG LU and MOOSON KWAUK. Particulatization of gas-solids fluidization [J]. Powder Technology, 2003, 137(1-2): 54-62.

[107] MOOSON KWAUK. Beyond transport phenomena and reaction

engineering[J]. Chem. Eng. Sci., 2004, 59(8-9): 1613-1616.

[108] JINGHAI LI and MOOSON KWAUK. Preface complex systems and multi-scale methodology[J]. Chem. Eng. Sci., 2004, 59(8-9): 1611-1612.

[109] MOOSON KWAUK. Extending the knowledge base of chemical engineering[J]. China Particuology, 2005, 3(3): 151-164.

[110] MANJIUN SHAO and MOOSON KWAUK. Oxidation of TiAl, Ni and Fe in a dynamic environmental SEM[J]. China Particuology, 2004, 2(1): 31-36.

[111] LI J, GE W, ZHANG J and KWAUK M. Multi-scale conpromiss and multi-level correlation complex systems[J]. Trans IchemE part A, Chemical Engineering Research and Design, 2005, 83(A6): 574-582.

[112] KA M. NG, JINGHAI LI, MOOSON KWAUK. Process engineering research in China: A multiscale, market-driven approach[J]. AIChE Journal, 2005, 51(10): 2620-2627.

[113] HENGZHI CHEN, HONGZHONG LI, MOOSON KWAUK. Two-phase structure in a high-density downer[J]. Powder Technology, 2005, 158(1-3): 115-123.

[114] 郭慕孙. 颗粒流体复杂系统的多尺度模拟[M]. 北京：科学出版社，2005：序言.

[115] SHIQIU GAO, QINGASHAN ZHU, QICHENG SUN, JINGHAI LI and MOOSON KWAUK. Recent development in powder technology——An Asian perspective[C]//WCPT-5, AIChE Annual Meeting, U.S.A, 2006, Proceedings.

[116] 郭慕孙. 化学工程的多层次结构[J]. 中国科学B辑，2006，36（5）：361-366.

[117] MOOSON KWAUK. Editors: Summary, Special issue: Frontier of chemical engineering——Multi-scale bridge between reductionism and holism[J]. Chem. Eng. Sci., 2007, 62(13): 3287-3294.

[118] MOOSON KWAUK. The hierarchical structure of chemical engineering

[J]. Sci. China Ser. B, Chemistry, 2007, 50(1): 1-6.

[119] 郭慕孙，杨纪珂. 过程工程研究[J]. 过程工程学报，2008，8（4）：625-632.

[120] WEI GE, WEI WANG, NING YANG, JINGHAI LI and MOOSON KWAUK et al. Meso-scale oriented simulation towards virtual process engineering (VPE)-The EMMS Paradigm[M]. Chem. Eng. Sci. 2011, 66(19): 4426-4458.

[121] JINGHAI LI, WEI GE and MOOSON KWAUK. Meso-scale phenomena from compromise——A Common challenge, not only for chemical engineering 2009 arXiv0912.5407.

[122] MOOSON KWAUK. Obituary: Arthur M. squires[J]. Particuology, 2012, 10(4): 522.

[123] MOOSON KWAUK. From multiscale modeling to meso-science[M]. Springer, 2013: Forword.

著作与编著

[124] 郭慕孙. 流态化技术在冶金中之应用[M]. 北京：科学出版社. 1958.

[125] 郭慕孙，庄一安. 流态化垂直系统中均匀球体和流体的运动[M]. 北京：科学出版社，1963.

[126] 郭慕孙. 流态化浸取和洗涤[M]. 北京：科学出版社，1979.

[127] 郭慕孙. 第20篇：颗粒及颗粒系统，第21篇：流态化[M]. 郭慕孙主编，化学工程手册（下卷）. 1版，1989. 2版，1996. 北京，化学工业出版.

[128] KWAUK M. Fluidizationidealized and bubbleless with applications[M]. Beijing: Science Press; New York: Ellis Horwood Ltd., 1992; Reprint 2009(-Youchu Li.)

[129] MOOSON KWAUK. Particulate fluidization: An overview[M].

JAMES WEI et al (Editors). Advances in chemical engineering Academic Press, U.S.A., 1992 Vol. 17: 207-360.

[130] JINGHAI LI, MOOSON KWAUK. Particle-fluid two-phase flow: The energy-minimization multi-scale method [M]. Metallurgical industry press, 1994.

[131] MOOSON KWAUK. Fast fluidization [M]. JAMES WEI et al (Editors). Advances in chemical engineering Vol. 20, Academic Press, U.S.A., 1994.

[132] MOOSON KWAUK, DAIZO KUNMII (Editors). Fluidization science and technology [C]. China-Japan Symposium on Fluidization, Hangzhou, China, Proceedings, 1982.

[133] MOOSON KWAUK, DAIZO KUNMII (Editors). Fluidization science and technology [C] Second China-Japan Symposium on Fluidization, Kunming, China, Proceedings. Beijing: Science Press, New York: Elsevier, Amsterdam, 1985.

[134] MOOSON KWAUK and DAIZO KUNMII (Editors). Third China-Japan Symposium on Fluidization, Proceedings, 1988.

[135] MOOSON KWAUK and MASANOBU HASATANI (Editors). Fluidization Science and Technology. Fourth China-Japan Symposium on Fluidization, Proceedings. Beijing: Science Press, 1991.

[136] GENJI JIMBO, JOHN KEITH BEDDOW and MOOSON KWAUK (Editors). Particuology '88, Proceedings Trilateral Symposium on Particuology, 1988.

[137] MOOSON KWAUK and JINGHAI LI (Editors). Circulating fluidized bed technology V. Beijing: Science Press, 1997.

[138] 郭慕孙. 几何动艺（中、英文）[M]. 北京，化学工业出版社，1998；科学出版社再版，2008.

[139] MOOSON KWAUK and JINGHAI LI (Editors). Circulating fluidized beds (CFB) — Past, present and future [J]. Chem. Eng. Sci. Symposium, 1999, 54(22).

[140] MOOSON KWAUK. Bubbleless fluidization [M]. YANG W C (Editors). Fluidization, solids handling and processing. Noyes Publications, Westwood, N.J., U.S.A., 1999. Chapter 8: 492−581.

[141] SHAOZHONG QIN and MOOSON KWAUK. Fiber optics [M]. SOO S L. Instrumentation for fluid−particle flow. Noyes Publications, Park Ridge, N.J., U.S.A., 1999. Chapter 4: 112−161.

[142] MOOSON KWAUK, JINGHAI LI and WENCHING YANG (Editors). Fluidization X [M]. United Engineering Foundation Inc., 2001.

[143] MOOSON KWAUK, et al. Contributions of chemistry to sustainability in China [M]. TOLBA M K(Editors). Encyclopedia of life support systems (EOLSS). Oxford: Solss Publishers, 2001.

[144] 李洪钟,郭慕孙. 非流态化气固两相流——理论及应用 [M]. 北京：北京大学出版社,2002.

[145] 李洪钟,郭慕孙. 气固流态化的散式化 [M]. 北京：化学工业出版社,2002.

[146] 郭慕孙主编. Particuology,北京：科学出版社,2003.

[147] 郭慕孙,李洪钟主编. 流态化手册 [M]. 北京：化学工业出版社,2008.

[148] 郭慕孙. 怎样写好科技英语论文 [M]. 北京：科学出版社,2009.

[149] 郭慕孙. 思索 实践 创新——我的一些专著、论文和手稿 [M]. 北京：科学出版社,2010.

[150] 郭慕孙顾问,李洪钟主编. 过程工程：物质·能源·智慧 [M]. 北京：科学出版社,2010.

[151] JINGHAI LI, WEI GE, WEI WANG, NING YANG, XINHUA LIU, LIMIN WANG, XIANFENG HE, XIAN WANG, JUNWU WANG and , MOOSON KWAUK. From multiscale modeling to meso−science [M]. Springer 2013.

附录五　缅怀郭慕孙先生

- A TRIBUTE TO PROFESSOR MOOSON KWAUK

　　　　　　　　　　　李静海　韦潜光　黎念之　范良士
- 音容笑貌犹在　学术风骨永存　　　　　　　　　　李静海
- 小麻团　见深情　　　　　　　　　　　　　　　　周德进
- 郭慕孙先生教我如何做人做事做学问
　　——祝贺郭慕孙先生90华诞　　　　　　　　　李洪钟
- 郭慕孙先生为人师表的学者风范永存　　　　　　　谢裕生
- 追忆郭先生　　　　　　　　　　　　　　　　　　朱庆山
- 追思郭慕孙先生
　　　　　刘淑娟　郭　铨　李佑楚　宋宝珍　罗保林　王永安
　　　　　黄长雄　邵曼君　夏麟培　陈丙瑜　甘耀焜　姚建中
- 郭慕孙先生带我参加国际会议　　　　　　　　　　刘大陆
- 忆创新启蒙恩师郭慕孙先生　　　　　　　　　　　宋宝珍
- 回忆一次随郭先生出差的经历　　　　　　　　　　姚建中
- 怀念郭慕孙先生　　　　　　　　　　　　　　　　赵兰英
- 难忘的记忆　　　　　　　　　　　　　　　　　　艾　菁
- 于细微处感受郭慕孙先生的人格魅力　　　　　　　刘　伟

A TRIBUTE TO PROFESSOR MOOSON KWAUK

李静海　韦潜光　黎念之　范良士

第 14 届国际流态化会议于 2013 年 5 月 26 日在荷兰召开，为纪念郭慕孙院士，应会议主席邀请，由李静海及郭慕孙院士生前友好韦潜光教授（Department of Chemical Engineering, Princeton University）、黎念之教授（Chemical Technology, Inc.）、范良士教授（The Ohio State University），共同撰写此文，并发表在该会议的论文集中，全文影印如下（Edited by Kuipers J A M, Mudde R F, van Ommen J R and Deen N G: *Proceedings of the Fluidization* XIV, ECI, xxi–xxv）。

A TRIBUTE TO PROFESSOR MOOSON KWAUK

Prof. Mooson Kwauk, our dear friend and colleague, passed away due to illness on November 20, 2012 in Beijing at the age of 92. His image remains indelibly impressed upon our memory and we often feel he were still busy working at home as usual. As Mooson's friends for several decades, we witnessed his unwaveringly high standards of excellence and his great passion for research. We consider him a fearless climber who would never stop the endless journey to the summit of Mount Science. We all feel a strong sense of loss of his passing away and a deep grief as thousands of words well up in our hearts. We can hardly begin to delineate his lifelong achievements, contributions and influence to society as a great scientist and educator. His cutting-edge research insight, endless pursuit of knowledge, persistent upkeep with the latest intellectual trends and, most impressively, his forever friendly disposition established a distinguished model for youth to follow.

Mooson was born in Hanyang, Hubei Province, China, on June 24, 1920, and grew up in Shanghai. He graduated from the University of Shanghai with a degree in chemistry in 1943 and studied for his Master's degree at Princeton University from 1945 to 1946 under the late Prof. Richard H. Wilhelm. At Princeton, Mooson showed exemplary research capability, authoring the classical paper, "Fluidization of Solids Particles" (Chem. Eng. Prog., vol. 44, 1948, p.201.), in which aggregative fluidization and particulate fluidization were distinguished for the first time. After leaving Princeton, he joined Hydrocarbon Research in New York to work on process development for coal gasification, air separation, gas purification and gaseous reduction of iron ores. During a 4-year interlude of the employment by the Coca-Cola Export Corp., he built the first bottling plant in India, received the Chesterman Award in 1950 and led the Export Corp. Lab in New York City. Mooson later continued his career at Hydrocarbon Research and returned to China with his family in 1956.

Upon his return to China, Mooson helped to found the Institute of Chemical Metallurgy (ICM) (later renamed the Institute of Process Engineering in 2001 on the basis of his concept of "process engineering") in the Chinese Academy of Sciences (CAS), where he remained until his retirement. He set up China's first fluidization research laboratory in ICM and pioneered his country's fluidization research. In his early career, Mooson endeavored to unify all types of gas-solid operations and established the theory of Generalized Fluidization. Mooson also cooperated with industry in scaling up fluidized sulfate roasting of cupriferous iron ores, two-phase fluidized roasting of laterite, and other processes, which stimulated the application of fluidization in China. For these activities, the government awarded him the title Excellent Scientific Researcher, a high honor.

In 1966 Mooson's research was interrupted due to the onset of the Cultural Revolution from which he and his family suffered greatly. Yet in spite of losing the right to conduct laboratory studies during this chaotic period, he continued to analyze experimental data, write notes and plan for future research from home, developing the concept of bubbleless gas–solid contacting and various other ideas. When research at ICM was partially restored in 1972, Mooson began testing his bubbleless contacting concept by studying heat transfer in dilute phase, multi-stages shallow fluidized beds and fast fluidization. At this pivotal time, Mooson was appointed as the director of ICM with a mission to reestablish and reinvigorate research within the Institute. He was later elected a Member of the Chinese Academy of Sciences.

Under Mooson's leadership, ICM began a new era focusing on fundamental and innovative research and development in response to the needs of industry. New research areas were initiated, including biochemical engineering, particle technology, metallurgical physical chemistry, and multi-phase reaction engineering. Such changes won the support of the United Nations Development Program in 1984, leading to the establishment of the Multi-Phase Reaction (MPR) Lab in 1986, which was upgraded to the State Key Lab of Multi-Phase Complex Systems in 2006. Mooson guided the Lab through research of meso-scale problems like particle clustering in gas-solid flow and engineering problems like coal topping. Even after retirement as the Institute Director in 1986, Mooson never ceased his leadership and guidance to the Lab. He continued as the Emeritus Director of both ICM and the MPR Lab and made great efforts to promote scientific exchanges and to spearhead new disciplines. Beyond organizing many national and international conferences, he founded the Chinese Society of

Particuology and served in leadership roles for the Chemical Industry and Engineering Society of China (CIESC). Mooson's lifetime of scientific achievements are recognized by many honors, such as the International Fluidization Award of Achievement at FLUIDIZATION VI, Banff in 1989; three National Natural Science Awards; he was honored as one of the fifty eminent chemical engineers of the "Foundation Age" by the American Institute of Chemical Engineering in 2008, and elected as foreign member of the Swiss Academy of Engineering Science. His contributions to the field are described in books like FLUIDIZATION: Idealized and Bubbleless (Science Press, Beijing; Ellis Horwood, U.K.), Particle-Fluid Two-Phase Flow-Energy-Minimization Multi-Scale Method (Metallurgical Industry Press, Beijing, 1994), From Multiscale modeling to Mesoscience (Springer, 2013), and four other books in Chinese. His research approaches are remembered as the guidance of R&D that he laid down for the MPR laboratory: "emphasizing accumulation (of knowledge), seeking excellence, exploring frontiers, and targeting needs." Mooson's achievements were largely due to his being open-minded, great enthusiasm, and consistent support of new ideas.

Perhaps the most long-lasting of Mooson's academic legacy is his impact on future generations of scholars to whom he dedicated long hours—as he always wanted—developing their writing skills. One is filled with great admiration upon browsing the articles that Mooson revised. His graduate students sent him poorly organized papers, and received after his careful and repeated revisions a well-thought out edited version with logic clearly supported by figures and tables. When he thought there were too many revisions for students to recognize, he would type and print the revised article for them; his high expectations towards his students can be felt between the lines. In addition to supporting young scholars by initiating the Young Scientist Award in Particuology with his own savings, he designed a science writing course in English to help graduate students write their papers using good English. His teachings in this course have been edited and published in the book How to Write Science Papers in English (Science Press, 2009).

Mooson's commitment to the exploration of new ideas and to the advancement of his discipline is evident by his diligence as the Editor (Beijing) of Chemical Engineering Science (Pergamon) and Editor-in-Chief of Particuology, a journal he launched in 2003 at the age of 83, each for more than a decade. He put forth tremendous effort preparing worthy papers for his readers. As a rule, he always pre-edited manuscripts several times in consultation with the authors before sending them out for review, some of which were revised more than 10 times! He guided his colleagues in the Editorial Office of Particuology to check every equation and citation for accuracy and accessibility on Internet. In an interview in 2011, he said, "In all my life I never presented second-class products. The journal I run would never present inferior papers to my readers." Through his tremendous efforts, Particuology has become a well-known international journal with high scientific quality.

There are many stories of his everyday life, which have a quiet but very powerful way to move and influence those around him. He also had an endearing habit of entering a room shaking hands and having small chats with everyone. He had the gift to make everyone feel that he regarded them important. Mooson always remembered what was said in the small chats even many years later. He never ceased learning something new and always maintained his curiosity in learning new things from his friends. Apart from writing skills, a most important lesson Mooson's students and colleagues learned from him was his meticulous attention to details and his matter-of-fact attitude as a scientist. Colleagues who attended scientific activities with him witnessed this in his note-making., He would clearly and carefully record and archive the key points made by a speaker and summarize the content without exception. This kind of diligence is rarely seen! When we lost certain materials, we would invariably find an original copy at Mooson's place.

Many of us in the chemical engineering community learned the true meaning of being a scientist from Mooson, whether inspired by his adept ability to draw complicated diagrams with computers in the 1980s—when computers had not yet become a familiar everyday research tool in China—or by his logicical way of doing everything, including his hobbies. Mooson's mind never slowed down from meaningful research and outreach activities that made science available to the public. For instance, his bilingual book, Geometric Mobiles (Science Press, 2008), promotes public understanding of the connection between artistic inspiration and scientific analysis. And even a few hours before he passed away, he was engaged in the work of promoting public understanding of science. Mooson's commitment to science will be esteemed by the younger generations. His image will never fade from our memories and we will miss him forever!

We would like also to pay tribute to Huichun Gui, Mooson's beloved wife, now 93. Huichun contributed significantly to Mooson's accomplishments, in particular, always encouraging him to carry out world-class research under very difficult conditions and circumstances. Together, Mooson and Huichun were a model couple, supporting each other in a colorful and interesting life, contributing to society jointly and winning the respect of everyone who came to know them.

The world has lost a great man of science. We have lost a revered friend and mentor. Mooson's family has lost a devoted father and loving husband. Mooson is survived by Huichun, three children, and six grandchildren. Our hearts go out to them. We send them our best wishes.

Jinghai Li, James Wei, Norman Li and Liang-Shih Fan

音容笑貌犹在　学术风骨永存
——怀念郭慕孙先生[*]

李静海

郭慕孙先生突然离去，尽管事实就在眼前，但一直不愿相信这是真的。送走先生的几天里，脑海中时时浮现出先生的音容笑貌，总感觉他仍然在家里忙碌着。先生离去前两天我去看望他，并没有感觉到丝毫的异常，他依旧同往常一样叮嘱两件事：一是推动介尺度科学，不要因暂时的困难而放弃；二是把"*PARTICUOlOGY*"刊物办好。万万没有想到，这竟是先生的临终嘱托。

师从先生 30 年来，他不变的神情，不变的严谨，永不知疲倦地工作，让人觉得这是永恒的，从不会终结，永远会如此。

先生离去后，我好后悔那天与他聊的时间太短，他一定还有很多话没有讲完，比如：太阳能如何用于化工过程的加热，如何改变当前一些工程项目基础工作不够扎实的局面，中国期刊如何走向世界，EMMS（Energy-Minimization Multi-Scale）方法如何进一步扩展其应用等等。

1983 年夏，我在哈尔滨工业大学做硕士论文期间，学校安排我们做一项暑期调研，走访国内几个从事流态化的单位，拜访中国科学院化工冶金研究所郭慕孙先生当然是我们的首选，那是我第一次见到郭先生，至今

---

[*] 原文发表在中国科学院院刊，2013 年第 38 卷，第 1 期，第 111-114 页，有修改。

已有30年了。30年来，一开始感受到的是先生的严谨；以后习惯了，熟悉了，又感受到先生在严格要求中带有的慈祥；然后了解深入了，感受到先生对待科学的那份执着的追求；逐渐又感受到先生具体指导以外给予的无形的精神力量。无论遇到什么事情，成绩也好，困难也好，听听他的意见，心情就可以坦然。如今先生走了，除了难以言状的悲痛之外，还有一种强烈的失落感。与先生在一起的30年情景历历在目，千言万语在喉，却难述先生的成就、贡献、学术风骨和大家风范。

对于郭先生的学术成就，在他90岁生日时，我有幸与他的朋友普林斯顿大学的 James Wei 和 *Chemical Engineering Science*（*CES*）的主编 Alexis T Bell 为他编辑一本专刊，在前言中，我们总结了先生的学术成就和贡献（Li and Wei, 2011, Chemical Engineering Science, Vol.66, 4270-4271），已为国际学术界所共知。此时此刻，我想把他的学术风骨和大家风范归纳几点，呈现给大家，尽管这是很多同行共知的，但或许是纪念郭先生最好的方式。

敏锐的学术思想

早在20世纪80年代，当全世界都在关注鼓泡流态化的背景下，郭先生独辟蹊径，把化工冶金所的流态化研究定位在"无气泡气固接触"，并逐步把目光聚焦到快速流化床中的"颗粒聚团"，认为要解决气固传递问题，聚团是关键。他与李佑楚等人建立了基于聚团的快速床模型，进而又安排我研究聚团的成因。当时国际学术界对聚团的存在持否定态度，先生则引导化工冶金所的气固流态化研究聚焦到"聚团"这一有争议的问题，体现了先生敏锐的学术洞察力。正是在这一思想指导下，我们从聚团现象入手建立了描述气固流态化非均匀结构的物理和数学模型，并逐步扩展到不同的体系形成系统的方法，建立了 EMMS 计算模式，在工业中得到广泛应用，并逐步寻找共性规律，从而引发了"介尺度科学"的研究。

另一例子也是在80年代，郭先生提出了分级利用煤炭资源"拔头"的概念。他认为把煤炭直接用于燃烧是一种浪费，应该像利用石油一样，先把高价值"轻"组分通过加热，把油和气提取出来分级利用，这就是他所形容的"拔头"。在 80 年代提出这一煤炭利用的思想是极具前瞻性的。近几年,煤的分级利用逐步成为学术界的共识,尽管困难重重,但却是无法回避的现实,充分反映了郭先生的前瞻战略思想。

还有一个例子是郭先生倡导的微观反应动力学的研究。80 年代,他就提出要用环境扫描电镜研究表面反应的动态结构,虽然这一研究是针对当时认识到的矿物加工中的"失流"现象提出的,但却具有普遍意义。表面反应中反应／传递的影响是当前材料和化工研究的前沿问题,也是"介尺度科学"中材料层次的介尺度问题。30 年前的问题,如今仍是前沿,由此可见先生的前瞻眼光。

在郭先生的学术词典中,是没有"跟踪"这一词汇的,他强调的是"独创"、"第一"和"特色"。先生为实验室的题词"注重积累　追求卓越　瞄准前沿　服务需求"体现了他一贯的学术思想,我们应当深入领会先生倡导这些思想的深刻内涵。

罕见的严谨认真

查阅先生的档案,翻开先生改过的文章,任何人都会为之赞叹。他为研究生修改的文章,送去时那些零散的内容和图表,经过先生字斟句酌密密麻麻的修改后,返回时已成为一篇字句规范、图表清晰、逻辑严密的流畅文稿。有时因改动太多,他担心学生看不清楚,便会把修改后的文稿自己打印出来返回给学生,字里行间体现出先生严谨认真、对学生高度负责的态度。每每翻阅这些材料,对自己都是一种深刻的教育。对比先生,我们为学生做得太少了。先生离开后,重温这些宝贵的资料,不由得落泪,思念中敬佩之情更加强烈。

1986 年至 1997 年,先生应聘担任国际期刊 Chem. Eng. Sci. 的编委,在这期间他处理过无数的稿件,每一篇文章都经过他反复认真修改,直至达到他认为的水准,才送给审稿人审查。经他修改的稿件,有的达 11 稿之多,在国际学术界,在期刊编委中,这种情况绝无仅有。郭先生就是这样,除了学术成就之外,用自己严谨的学术风范和长年累月一点一滴艰辛的劳动，赢得了国际学术界的广泛赞誉和尊重。

凡是与郭先生一起参加过学术活动的同志，都会看到先生认真做笔记的情形。无论谁做报告，其要点、内容都记载得清清楚楚，从不含糊，并严格归档，直到他去世，无一例外。这并非是每个人都能做到的！有时我们有些材料找不到了，只要去郭先生那里，就一定会找到当时的原始材料。

纯粹的学术风骨

学术界应当有学术界的规则，科学家应该有科学家的风骨，这是郭先生一生坚持的信念。先生在这方面表现出来的气节，让我们年青一代由衷的敬佩，也由此受到教育。我之所以用学术"风骨"，要反映的是所有与学术相关的问题，都纯粹要用学术原则处理，绝不搞任何违规的事情，从不例外。在我与先生30年的交往中，我看到先生用自己的实际行动践行了以下原则：

1. 奖励和荣誉从来不去争取。他认为一个人的成就和贡献应当是被大家认可的结果，而不是自己索取的。他获得过多种荣誉，比如，他被美国化学工程师协会评选为"化学工程百年开创时代"50位杰出化工科学家，事前他自己毫无知晓，而是事后由他的母校普林斯顿大学告知的。

2. 所有评审（被评或评别人）的唯一标准是学术。拉关系、走后门这样的事，在他一生中是没有的。他在申请项目时，从来不会找人帮忙，唯一做的是自己下功夫准备材料，一丝不苟，精益求精；评别人的项目时，仔细审阅材料，做出独立的判断，从不搞人情票。即使为别人写推荐信，也是实事求是、从不夸张。

3. 宽容别人的质疑。对待学术质疑的态度，也表现出一个大科学家的风范。如果你要开展前瞻性的研究，求新求真，你必然会受到质疑。先生面对质疑的态度是宽容的，无论他人出发点如何，总是从纯学术的角度，多找自己的不足，用释疑来化解质疑，这一直是先生坚持的风范。我们开展的 EMMS 研究，一开始有赞誉，也有批评和质疑。特别是当个别文章受到质疑时，我们青年人就急于澄清和反驳，但先生的一句话使我至今记忆犹新。他说"别人想理解我们长期形成的结论实在不易，没必要着急反驳，把自己的工作做扎实了，这些质疑自然就消失了。"多么宽容的大家风范！2004 年，随着 EMMS 的证明，这些质疑自然消失，我才体会到先生当时这句话的深刻含意。对待别人质疑时那种宽容的心态，质疑别人工作时那种平和且有建设性的方式，是一个科学家应当具备的良好素质。

永无止境的科学追求

在学术界，90 岁以后还做具体工作的人是不多的，可郭先生在这不多的人中又很特别。他离去前两天，我去看他时，他很高兴地告诉我："今年（2012）我又改过 100 篇文章了"，我当时并没有感到吃惊，因为他一生就是这样，一直不知疲倦地工作，就在去世那天下午，还在做科普工作。平时他每天都是在计算机前工作到深夜，修改文章、查找资料、构思前沿。最近我们写了一本英文书，对其中的一些词汇，他在网上反复查阅比较，又翻阅了不同的辞典，力争找到最合理的表述。每 5 年一次的实验室评估，每次评估材料从初稿和定稿，老先生都要对格式和内容做十分详尽的修改和编排。他总是跟大家讲，决不能出二流产品。

最近几年，我们有意减少先生的负担，有些事就不让他费心了。但这并没有减少先生的劳动，他总会找一些有意义的事情去做。比如，他写了一本中英文对照的《几何动艺》作为科普教材；为研究生开设英文写作课，手把手教青年人修改论文，并把教学过程中积累的经验，编辑成《怎样写好科技英文论文》一书正式出版。青年人向他学到的不仅是写作能力，更重要的是先生严谨求实的科学精神。2003 年，83 岁的郭先生又创办了 *PARTICUOlOGY* 英文刊物，亲任主编。近十年来，该刊发表的每一篇文章，都经过他逐字逐句认真地修改，并要求编辑部对每一公式和引文文献一一进行确认，这在学术刊物中是少有的。创刊仅五载，2008 年就进入 SCI（Scientific Citation Index），现已居于同类刊物的前列，这凝聚了郭先生大量的心血。

由于先生一直像青年人一样勤奋地工作，在我的感觉中，从来没有觉得他已是年过 90 岁的老人，直到最近几年，我才意识到要减少他的负担，提醒先生要承认自己确实年纪大了，生活方式要有所变化，他的夫人桂老师也在旁边劝说,但他总是说:"我已经做的比以前少多了,还可以做一些事情。"而反过来,他老是叮嘱我们要劳逸结合。每当回想起在他家门口告别时他说这些话的情景,我都无法控制自己的感情。

与时俱进的时代精神

郭先生学术上的成就,与他开放的思维和与时俱进的时代精神是密不可分。直到晚年,他还总是时时关注最新的动态,不断产生新的思想火花。青年时代,他试图统一所有形式的气固操作,建立了"广义流态化"理论,这至今仍是大家努力奋斗的目标。早在50年代末,他就提出"过程工程"的概念,试图统一所有物质的加工操作过程,建立统一的学科。50年后,这成为2001年化工冶金所更名为"过程工程研究所"的重要依据,至今我仍清楚地记得当时先生和我去中编办解释什么是"过程工程"的情形。先生对新生事物总是充满热情地给予支持,他的心永远是年轻的!

郭先生80年代就用计算机写书,我们很多青年学生都为他娴熟的计算机使用技巧而惊叹,很多功能也是先生传授给我们的。他用计算机绘制的一些复杂的图形,连青年人有时都办不到。翻开1996年我们组织第5届国际循环流态化会议的程序册,每一个符号都是先生亲自排定的,我们不仅看到了他的排版技巧,更感受到了他付出的艰辛劳动。

郭先生的这些特质和风范,并不需要用华丽的语言去描述,只要用一些日常生活和工作中的例子就能让人感动并受到教育,这就是大家风范。在平常的交往中,无数人受到教育和感染,自然而然地体会到科学文化的内涵,这些是无法用语言形容的。

郭先生虽已逝去,但他的音容笑貌犹在眼前。先生的学术风范永远为我们所敬仰,我们会永远怀念他!

致谢:本文写作过程中,得到艾菁、赵兰英、葛蔚、王维、杨宁、韩永生、王军武、黄文来、何险峰、刘新华、王小伟、王利民、王健、李成祥、陈飞国、任瑛、孟凡勇、李飞等同事的帮助,并提出建议,在此一并致谢。

小麻团　见深情

周德进

笔者在中国科学院院士局工作 3 年多，期间有幸与多位学术卓越、品格高尚的老先生们有过一些接触，每每点滴的接触留下的却是深刻的印象。

2010 年 4 月 13 日，化学部常委会和化学部资深院士联谊会在江苏扬州大学召开联合会议，研讨《国家中长期教育改革和发展纲要》，郭慕孙先生偕夫人桂慧君先生一起参加了会议。会议早餐安排在驻地一楼不大的一个自助餐厅进行，郭先生和桂先生应该是起得比较早的，自然两位老人吃早饭也是比较早的。当时我到院士局工作不久，特别想尽快让先生们认识我，也就不情愿地早早起床吃早饭，因为与其他老先生还不很熟悉，自助餐厅也不大，不管郭先生和桂先生愿意不愿意，第一天的早餐我只好给他们两位老人做"灯泡"了。头一回给两位老人当"灯泡"，就记录下两位老人简短而深情的一幕。

那天早晨，我到餐厅的时候，桂先生快吃好了。扬州的早餐肯定是有小麻团的，作为江苏人的我自然是爱吃的，就拿了至少 2 个。挨着郭先生坐下后，看见桂先生盘子里也有一个小麻团，我就对桂先生说，扬州的小麻团非常有名，好吃。桂先生随后就吃了小麻团，也说好吃。郭先生没有拿小麻团，她还给郭先生进行了推荐。

桂先生先吃好了早饭，在一旁等郭先生。一会儿，郭先生也吃完了盘子里的食物，慢慢起来再去取一点食物，这次郭先生只拿了2个小麻团，他座下后，先夹一个小麻团放在桂先生盘子里。桂先生说，我吃饱了，于是郭先生就把已经放在桂先生盘子里的小麻团又夹回自己的盘子。大约2、3秒后，桂先生说，我还想吃一个，边说边拿起筷子到郭先生盘子里夹小麻团，但是郭先生说，不给你。桂先生用快子夹了两下，因郭先生用筷子挡着而没成功。于是，桂先生像小孩子似的笑了笑而作罢。如此，就害得平常吃饭如风卷残云的我，只好像绅士一样慢慢吃，陪着郭先生慢慢把2个小麻团吃完。

　　两位老人相互关爱、不浪费粮食、相互体谅对方已经吃饱而宁愿自己吃撑的深情，至今仍然历历在目。

郭慕孙先生教我如何做人做事做学问

——祝贺郭慕孙先生90华诞

李洪钟

　　1976年"文化大革命"运动结束，我国进入了改革开放的新时代。1978年我国恢复了研究生招生考试，我当时37岁，还没有超过40岁的截止报名年龄，在父母和爱人的支持与鼓励下，我积极准备，认真复习，好在"文化大革命"中我没有放弃学习，复习并不困难。我报名参加了我国文革后的首届研究生入学资格考试，经过初试和复试，最终被中国科学院化工冶金研究所录取，成为中国科学技术大学北京研究生院的研究生，师从郭慕孙院士，从此开始了我的一段研究生生活。

　　在导师郭慕孙院士的指导下，通过硕士论文和博士论文工作的磨炼，我的独立从事研究工作的能力有了明显提升，我的硕士和博士论文工作分别发表在国际著名化学工程期刊 *Chem. Eng. Res. & Des.* 和 *Chem. Eng. Sci.* 上。更重要的是经过导师多年的言传身教，使我懂得了如何做一个合格的科学工作者（参见图1）。

　　我和我的导师郭慕孙先生第一次相见是1973年"文化大革命"期间在太原召开的全国流态化技术经验交流会上。当时他主持会议，我在会议上做了题为"负压差立管移动料柱之气体流动及料封的研究"的学术报告。在会议前，我托人到北京将我的报告稿交给郭先生审阅，先生对稿子进行了认真的审阅，并提出一系列修改建议，这件修改建议稿我一直保存着

（参见图2），上面郭先生写的清秀的钢笔字和徒手画的规整的流程图给我留下深刻的印象。我在分析移动床中的气体流动时，提出了颗粒流动产生带气，压力差产生渗气，而气体流率为两者之代数和的机理性解释。郭先生认为我

图1　1981年郭先生（前排右一）亲自到中国科学院研究生院参加我（前排右二）和几位同学的硕士毕业典礼

的分析太过麻烦。他说只需引入气固相对速度的概念即可，这样就可将思路由狭义推向广义。先生的话使我茅塞顿开，犹如我是在用算术解题，先生则是用代数解题，敬仰之心，油然而生。

郭先生对我影响最为深刻的有如下三点：

第一是他的追求卓越、不断创新的科学精神。他常提醒我们，搞科学研究切忌重复别人的东西，要吃第一口馒头。当国际流态化学术界许多人热衷于研究气泡时，他认为我们的目标应该是消灭气泡，于是他另辟蹊径开展无气泡气固接触的研究，终于获得国家自然科学奖和国际流态化成就奖。我在导师的指导和启发下，坚持不重复别人的研究工作，开展了移动床动力学理论、快速流态化、纳微颗粒流态化和气固流态化的散式化的理论与实验研究，研究成果得到了国内外

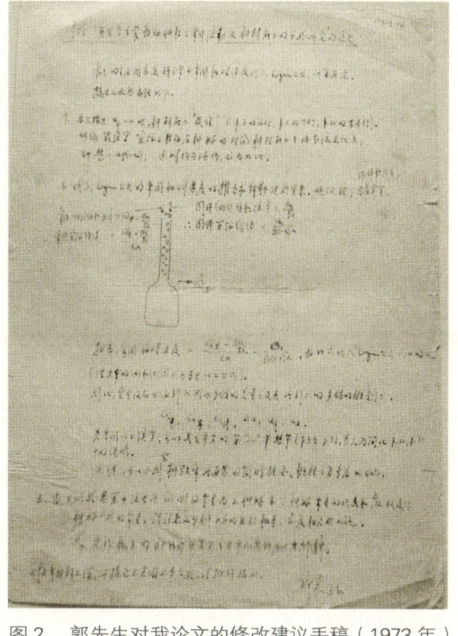

图2　郭先生对我论文的修改建议手稿（1973年）

附录五　缅怀郭慕孙先生　　**269**

学术界的关注与好评。例如，20世纪80年代，无气泡的快速流化床成为国内外研究的热点，郭慕孙先生根据快速床在高气速下床中仍然有较高压降和浓相存在的现象，认为床内形成了颗粒的浓相聚集体，即聚团，提出了聚团与稀相共存的快速流化床动力学模型，但引起了部分学术界人士的质疑，他们认为在如此高的气速下，颗粒早已进入稀相输送状态，不可能有颗粒聚团存在。郭先生为此指导我的课题组专门进行实验验证。我们精心设计了微型摄像

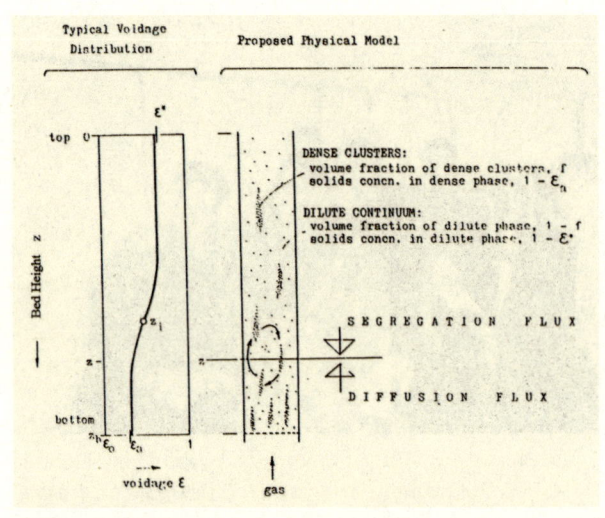

图3　1980年郭慕孙首先提出的快速床聚团模型示意

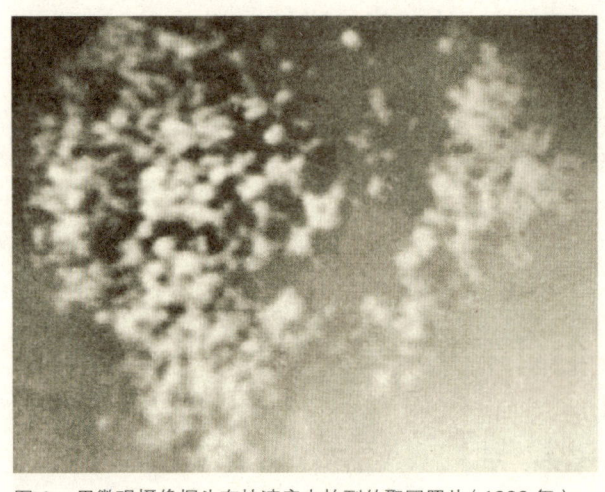

图4　用微观摄像探头在快速床中拍到的聚团照片（1990年）

探头，伸入快速流化床中闪光摄像，拍摄到了许多聚团和单颗粒稀相共存的照片，有力地证实了聚团的存在。这一结果在国际学术会议和国际学术期刊发表后，引起国际学术界的极大关注，并被大量引用，从此消除了学术界关于聚团是否存在的质疑，进而转向聚团形成机理的研究。

第二是他的严谨认真、精益求精的科学态度。郭先生的英文水平在学术界是有口皆碑的。我的许多英文稿写好后请他修改时，他常对我说的一句话是"你满意不满意，你认为满意了再给我"，所以交稿前我总是尽我

所能，先达到自己满意。他修改过的稿子上面总是用铅笔字写得密密麻麻，但字迹清秀整齐（参见图5）。我和他合写的论文总要几易其稿，有的修改到第7稿、第8稿才投出去。他常告诫我们写好的稿子一定要做到自己满意后再送出去。这样做后，我的许多论文发表在国际著名的化工和颗粒的学术期刊上，并被他人大量引用。2000年，80岁高龄的郭先生决定编写中国首部《流态化手册》，请我做他的助手。该部巨著由3篇21章组成，他亲自拟定各篇章节的详细目录，亲自写信邀请国内外64位知名学者参与撰稿，亲自撰稿和审稿，亲自参与设计手册的封面。这项工作在时任所长李静海院士的鼎力支持下顺利展开，经过8年的持续努力，这本316万字的巨著终于在2008年由化学工业出版社出版，郭先生为此付出了巨大心血。他在序言中写道："我已年迈，对许多该干之事，深感心有余而力不足，未能详细检查和校对，必有不少错误，望读者见谅，有待再版时修正和改进"。他的严谨认真态度可见一斑。《流态化手册》于2011年荣获中国新闻出版最高奖——第二届中国出版政府奖图书奖。

　　第三是他的教书育人，无私奉献科学情操。我在攻读博士期间，计算机还不发达，论文还是先用手写，然后用打字机打印出来。记得我的博士论文初稿的手抄本，经过我认真书写，检查无误后，交给郭先生审阅。几天后，当郭先生将修改后的博士论文稿交给我时，使我大为震惊，郭先生将我的论文稿拆散了重新编排，重新装订，还加了硬皮封面，封面上用彩笔工整地写上博士论文的标题（参见图6）。打开一看，所有的图和表已重新排列与组合，在文字部分批注了许多密密麻麻但清晰可辨的清秀的铅笔字，较长的批语

图5　郭先生对我英文稿的批改记录

图6　郭慕孙将我的博士论文重新编排和装订　　图7　郭慕孙对我博士论文的批语

则写在专门的纸张上，粘贴在论文里（参见图7）。这篇郭先生修改过的论文手稿让我十分感动，我至今将它珍藏在身边，一直激励我向郭先生学习，像他那样对待我的学生。

郭先生长年坚持主动为研究生和科研人员开英语科技写作课，他面对面、手把手地教年轻人如何写英语论文，已传为佳话。他把发给他的各种奖金分文不取而是作为基金，请我管理，全部用来补助生活困难的学生。他喜欢邀请学生到他家做客，谈论学业和家常，增进师生感情（参见图8）。他将自

图8　1981年，学生和同事在郭慕孙家聚会（左一：李洪钟，右一：郭慕孙）

已获得的何梁何利科技奖的奖金用来设立"中国青年颗粒学奖",奖励优秀年轻的颗粒学工作者,获得广泛赞誉。每次救济灾区人民的活动,他总是带头捐钱捐物。最近,我的一位博士生投往 Chem. Eng. J. 的论文被编辑提出改善英文写作质量,我们去请教郭先生,已 90 岁高龄的郭先生非常认真地对论文进行了修改,并亲自面对面对学生指导。郭先生对我说,我们一定要帮助学生发表好他的英文处女作,这对他今后的科学人生很重要。郭先生 90 高龄,但他十分热爱科学,仍在不断地思考科学问题,他曾多次和我讨论关于如何利用太阳能冶金的问题、关于用污水处理塔取代污水处理池以便节约用地的问题、关于化学工程学科未来发展的问题等(参见图 9),他还希望于我合作再写一本关于过程工程的专著,在原著《过程工程——物质·能源·智慧》的基础上进一步拓展与丰富过程工程学的科学内涵。

图 9 郭先生和我在一起讨论问题(2008 年)

郭先生的科学风范和高尚品德非常值得我们后辈学习!

郭慕孙先生为人师表的学者风范永存

谢裕生

今年是郭慕孙先生与世长辞三周年，我怀着感恩和崇敬的心情深深怀念这位恩师和前辈。郭先生的音容笑貌总在我的脑海里浮现，他的言谈话语仿佛仍在我耳边回响，他的谆谆教诲至今还记忆犹新，往事一幕幕展现在我的眼前。他既是一位受人尊敬的严师和学者，又是一位和蔼慈祥的长者和前辈。40多年来，我亲眼目睹了这位德高望重科学家为人师表的学者风范。

我清楚地记得，1975年11月，郭先生访问名古屋大学，带回鞭巖先生的著作《冶金反应工程学》，其内容与叶渚沛先生倡导的"应用化工原理强化冶金过程"的学术思想相一致。于是在郭先生的指导下，蔡志鹏同志带领我立即将该著作译成中文。由于版权等原因，经蔡志鹏等克服种种困难，才于1981年由科学出版社出版，作为大学冶金学的教科书之一。为了进一步了解前沿学科发展和培训骨干，1979年和1981年郭慕孙所长曾两次邀请鞭巖先生访问中国，在我所讲演"冶金反应工程学"，吸引了在京大学、科研院所的冶金科技工作者前来听讲。郭先生为"冶金反应工程学"的学术思想和研究方法在中国广为传播做出了贡献。

1979年4月，经当时化冶所第二研究室主任王大光和党支部书记车秀珍的极力举荐，由郭慕孙所长正式写推荐信，我幸运地作为改革开放后的第一批访问学者,被公派到名古屋大学鞭巖教授研究室进修"冶金反应工程学"两年,郭慕孙先生和鞭巖先生两位恩师把我领入了"冶金反应工程学"的研究领域,使我终身受益。

1981年学成回国以后,我一直跟随着郭先生,学习做人、做事、做学问,是郭先生鼓励我单独成立课题组,推荐我在《化工学报》上发表论文和申请国家自然科学基金,支持我进行高炉、转炉、流态化、钢铁冶炼新流程等方面的数学模拟研究。当时,郭先生还亲自主持成立了一个软科学研究小组,成员有许志宏、马积棠、姚建中和我。题目是"粉矿入炉,熔融还原"。我们每个月都要向他汇报概念设计和流程计算等研究进展,后来该项研究还申请到中国科学院的重大项目支持。郭先生鼓励创新、培养新人的精神深深感动了我。

1982年,郭慕孙先生、杨贵林先生与日本东京大学国井大藏教授、北海道大学小林晴夫教授等学者共同倡议,在中国举办第一届中日流态化会议(CJF-1)。20世纪80年代初,"文化大革命"结束后,国家百废待兴,在国内召开国际学术会议困难重重。不仅没有经费,就连通讯手段也极为落后,没有FAX,没有E-mail,就连国际长途电话也只能到长安街的电报大楼去发。因此,郭先生让我作为他与日本东京大学国井大藏教授间的联系人,以通信的方式商量会议的相关事宜和具体安排。他认为,开好国际学术会议的关键是高水平的学术论文。为此,他充分发挥其在流态化和化工界的学术带头人的影响力,亲自写信给各科研院所的学者征稿。在当时的历史条件下,为了开好CJF-1,郭先生不但亲自逐一审稿,修改论文,进行论文集编辑,而且亲自为会议设计了会标CJF-1和会旗,一直延续使用到第十届。郭先生要求中日流态化会议论文集要以书的形式出版,有书号,要精装,在国内外书店均可买到,以利于推动流态化的传播与发展。在协助他举办中日流态化会议、中日美颗粒学会议和筹建中国颗粒学会的过程中,郭先生儒雅的学者风采,特别是他精益求精、追求卓越的作风令人折服。

自1956—1986年,郭先生一直亲自担任流态化研究室主任。他率领研究室的同事们,经过30多年坚持不懈的努力,进行了学科、队伍和实验室的建设，为流态化发展和应用做出了重大贡献，培养了人才，并为创立多相反应开放研究实验室创造了条件，奠定了基础。1986年，在郭先生的精心组织领导下，从流态化研究室和全所抽调了一批年轻科研人员，申请成立了中国科学院多相反应开放研究实验室（MPR），郭慕孙先生被中国科学院任命为实验室主任兼学术委员会主任，他亲自带领我和董元吉两位副主任的课题组、技术骨干及研究生们，攻坚克难，按照中国科学院开放、流动、联合、高水平的要求，以液固和气固两个、液固和气固两个以上相间的非催化反应的固相加工为主要研究对象，以形成完整的颗粒多相反应理论体系为目标，致力于颗粒多相反应的研究。郭先生的弟子们在国外深造相继回国后，研究室有了较大的发展。1991年和2000年，我和李静海先后任多相反应开放研究实验室主任，郭先生因年龄原因任名誉主任，我们继续在郭先生的指导下进行颗粒多相反应的创新研究，进一步加强了学科、队伍和实验室建设，取得了一批具有国际水平的科研成果，培养了一支队伍。在科技部、基金委组织的历次开放室评估中，郭先生对我们准备的评估材料总是逐一认真审阅，连标点符号有误都不放过。在参与筹备、建立和管理多相反应开放研究实验室的历程中，经常聆听他的教诲。他严谨治学、悉心育人的学者风范给大家留下了极其深刻的印象。

　　1986年以后，郭先生曾有一段时间在美国担任客座教授并著书立说。但他仍然非常关注我所的建设和发展，亲自指导多相反应开放研究实验室的工作。当时，由于通讯条件的限制，只能通信联系，他给我的每一封长信都写得那么认真，指导得那么具体，其内容既有对学科前沿的战略思考，又有对研究所学科方向任务的期望；既有对MPR研究的布局，又有对联合国开发计划署（UNDP）、MPR项目经费申请的指导；既有对管理工作的指教，又有对优秀年轻人才的推荐。这些信件我一直珍藏至今，每当读到这些信件，就感到格外亲切、感慨万分。

　　由于郭先生1981年争取到UNDP对"提取冶金过程中化学反应工程"的资助项目执行情况被UNDP评为优秀，1987年，遵照郭先生从美国来信的指示，我和董元吉又申请到UNDP召开亚太地区化学反应工程学术会议的经费资助。我立即骑自行车到西单电报大楼打国际长途向他汇报这一喜讯，并希望他能从美国回来主持会议，他欣然接受了我们的请求，回国主持召开了亚太地区化学反应工程学术会议。美国、日本、韩国、新加坡、巴基斯坦、斯里兰卡等国的专家应邀出席，有100多位国内外专家学者出席了会议，在学术界扩大了影响，郭先生赢得了UNDP的赞誉。

郭先生呕心沥血，经过20年锲而不舍的努力，他亲自创建、领导和精心指导的多相反应开放研究实验室，于2006年获准升级为多相复杂系统国家重点实验室，他提出了"注重积累、追求卓越、瞄准前沿、服务需求"的创新要求，已"成为我国化学工程应用基础研究方面一个有利于新思想萌生和青年人成长的场所"，为跨入创新发展奠定了基础。

从1986年起，郭先生任名誉所长。1986年7月—1999年，本人有幸先后担任副所长、所长兼任多相反应开放研究实验室副主任、主任，使我有更多的机会聆听他的教诲，得到他的指教和帮助。他对研究所的工作总是有求必应，对"所长任期目标责任书"、"所简介"和"研究所分类定位申请书"等重要文件都认真提出指导性的修改意见，使其提升到一个新高度。我永远忘不了他在处理研究所一些复杂事务方面所给予的指导和帮助；也忘不了1991年外界要吞并化冶所时郭先生的坚强后盾作用；更忘不了在有幸担任所领导14年的岁月里，得益于他治所理念的言传身教。

2012年10月28日，我和往年一样，从我学生的公司借了一辆宝马轿车，接郭先生夫妇去无名居餐厅参加原流态化室和多相室的老同志聚会。在郭先生家，我和他们交谈了一个多小时，他精神矍铄、十分高兴。在与大家共进午餐时，他亲切地询问大家退休后的生活、工作、学习和健康，午餐后还一起合影留念。聚会后，我送他们平安到家。11月19日晚，我突然接到电话，告知郭先生正在海淀医院抢救，我立即赶到医院，只见大夫们正在进行抢救，尽管我们大家都在祈祷，期盼他老人家能转危为安，但不幸的是，11月20日凌晨，他还是离我们而去了。万万没想到10月28日竟然是我和郭先生的最后一次交谈。

郭慕孙先生虽然仙逝，但他的学术思想永存！为人师表的学者风范永存！将永远激励后人！

追忆郭先生

朱庆山

2012年11月20日凌晨郭慕孙先生不幸逝世,初闻此噩耗,竟难以相信,反复确认后,深感悲痛。这几日,回想起在郭先生身边工作的日子,感触良多,谨以此文怀念郭慕孙先生。

我于1990年夏天第一次知道郭先生的名字,那时我从华东化工学院化学工程系即将被保送至中国科学院化工冶金研究所读硕士研究生,由于不了解情况,向我的本科毕业论文导师朱炳辰先生请教,他告诉我化冶所有位化工大家郭慕孙先生,可以申请读他的研究生,于是就选择了郭先生的研究方向。到所后知道那时郭先生已不再招收硕士研究生了,于是跟随李洪钟老师读硕士。硕士期间与郭先生没有直接接触,对郭先生的印象主要来源于两方面。一是从组里的师兄刘得金、王兆霖及邹宾(郭先生的博士研究生)处获得,知道郭先生对学生要求很严,也很高,每次汇报都要求学生讲创新思路、创新想法,看着师兄们在每次汇报前的惶恐样,竟也生了深深的惶恐,再也不敢有成为郭先生的学生的念头了。二是从学术活动中获得,那时国外来讲学的很多,好像是外国的化工学者到中国来基本都要拜访郭先生,还记得有几个日本学者见到郭先生时的恭敬和高兴样;还有就是郭先生的英语,虽然那时不太能听懂,但感觉郭先生的英语讲得比多数外国人都好。总之,硕士阶段对郭先生是敬畏,以致硕士毕业时没敢跟随郭先生读博士。

与郭先生有真正的接触是在 1997 年 7—12 月，那时我在所里从事博士后研究，郭先生和李静海老师是合作导师，从事煤燃烧过程解耦脱硝理论分析工作。由于时间较短，和郭先生一起讨论和开会印象也就几次而已，依稀记得当我将解耦脱硝过程热力学分析报告交给郭先生时，郭先生很高兴，对我表扬了一番，大意是"现在不少人不做热力学分析，过程开发前进行研究热力学分析非常重要，你能对解耦脱硝过程进行热力学分析很好"等等。也还记得有次和郭先生一起参加中国科学院能源委员会会议，好像是讨论煤炭利用某方面的事，印象比较深的是郭先生对国内外煤炭利用各种技术方案了如指掌，记得郭先生讲解 U-Gas 煤气化技术，包括小试哪年在美国什么地方做的、怎么不成功，后来中试哪年在印度什么地方做的、怎么不成功，中国怎么引进等等，如数家珍。当时真是佩服得五体投地，我真不知道怎么能够将时间、地点记得如此清楚。由于我很快就出国了，未能得到郭先生更多的指导，这期间对郭先生是从心底里由衷地佩服。

与郭先生接触比较多的是 2002 年以后的事了，我回国后参与了中国科学院多相反应开放（重点）实验室及多相复杂系统国家重点实验室的管理，有很多的机会聆听郭先生的教诲，感受郭先生的大家风范，我在以下几方面感触尤深：

一是郭先生始终从战略的高度思索化工学科的未来发展，寻找实现化工学科第二个里程碑的突破口。提出了"三传一反 +X"，并一直致力于探求、充实 X。郭先生与李静海院士一起倡导用整体论的方法和还原论的方法结合研究化工体系，并在 *Chem. Eng. Sci.* 上出专刊加以引导。探求反应器内多尺度结构对反应传递的影响规律，结构随反应器尺度变化的演化规律，以期能够建立以结构量化与调控为核心的反应器放大新理论与方法。致力于推动过程工程学科的发展，探求化工、冶金、材料、生物等涉及物质转化过程的共性规律，探求过程工程的共性学识基础。

二是始终关注解决涉及国计民生的重大问题，我刚回国那几年，郭先生一直对实验室内从事流态化研究的人越来越少感到忧心忡忡，郭先生教育我不应盲目跟踪国际热点（我曾在组内安排研究过一段纳米材料），而要结合已有的基础，独立思考，做出有特色的工作。郭先生教育我要致力于解决涉及国计民生的重大问题，经常提到的包括：低品位矿的利用，煤拔头，城市污水的处理，太阳能热利用等，郭先生认为这些领域流化床都可以发挥重要作用，并且对上述每一种应用都画了利用流程图或原理图，希望我能够组织实验室力量进行研究。也正是在郭先生的不断教诲下，我们课题组逐渐从纳米材料、固体氧化物燃料电池等国际热点方向转向了低品位矿产资源高效清洁利用。在郭先生的指导下，并借助于郭先生等老一辈科学家打下的基础，我们在流态化矿物焙烧方向已经取得了较大的进展。也正是在郭先生的倡导下，这几年除了煤拔头继续推进外，实验室还在推进流态化应用于生物残渣处理、低阶煤处理、煤气化等方面。

三是严谨的学风，对郭先生的严谨学风已有不少论述，而给我印象最深的是 2004 年陪同郭先生参加香港科技大学化学工程系成立 10 周年庆典，郭先生作学术报告的事。郭先生对该学术报告做了精心准备，不仅准备了全部片子的文字讲稿，而且不顾旅途劳累，一到下榻的旅馆，就拿着讲稿对着 PPT 和我演练了两遍。我对这件事一直印象非常深刻，以郭先生接近母语的英语水平，本不用准备文字稿，本不用刻意准备演讲，但郭先生还是认认真真写了讲稿，认认真真进行了几遍预讲。郭先生对 *PARTICUOLOGY* 稿件的把关也是众所周知的，*PARTICUOLOGY* 发表的每一篇文章都经过了郭先生亲手修改，通常还不止改一遍。

郭先生身体一直很好，身体基本没有什么大的毛病，我一直认为郭先生应该会很高寿的，对郭先生突然辞世一点心理准备都没有。大约两周以前，郭先生还在电话里与我讨论超细氧化铁粉直接还原问题，并建议我采用内循环流化床解决还原过程的失流问题，我们还约好等我出差回来后去郭先生家与他讨论超细氧化铁粉直接还原及液固流态化浸出问题，没曾想我出差还未成行就惊闻郭先生辞世噩耗，未能与郭先生讨论这些问题竟成终生遗憾！

我一定会铭记先生教诲，化悲痛为力量，将流态化处理低品位矿产资源方向发扬光大。

郭先生永远活在我们心中！

追思郭慕孙先生

刘淑娟　郭　铨　甘耀昆　夏麟培　王永安　李佑楚
陈丙瑜　黄长雄　宋宝珍　邵曼君　姚建中　罗保林

（中国科学院过程工程研究所）

    郭先生虽然离开我们三周年了，但是他的音容笑貌时时浮现在我们的脑海中。我们怀着十分悲痛和感恩的心情追思他生前在学术上的丰功伟绩和对我们的谆谆教导。

    在几十年的科研生涯中，郭先生的"一身正气廉洁治研"、"一身正派清白执研"、"一丝不苟严谨从研"，以高尚的品德和人格、渊博的知识，辛勤耕耘在科研战线上，用他的科学思想和心血浇灌了我们追求知识的欲望；用他崇高的精神培育了我们，激励着我们献身科研事业；他言传身教、诲人不倦，手把手地引领我们迈入科研的殿堂，从化工冶金到过程工程、从流态化扩展到多相复杂系统，硕果累累，为我国的科研事业做出了重大贡献；他悉心育人，为国家培养了一批出色的科研人才，桃李满天下，赢得了党和人民的敬重！我们为有幸在他的亲自指导下从事科研工作而感到荣幸，在此我们向郭先生致以崇高的敬意和深深的谢意！

    郭先生文集《思索　实践　创新》的字里行间集中体现了他思索、实践和创新的科学思想，从中我们深深地体会到郭先生的人生追求和价值理念。我们要认真学习他的高尚品德、永远铭记郭先生的教导，并和过程工程研究所在职的领导和全体同志一起把过程工程研究所建设得更好，以告慰郭先生的在天之灵！

郭慕孙先生带我参加国际会议

刘大陆

1980年8月,在美国Henniker召开第三届国际流态化会议。当时,我还不大懂得怎样去参加国际会议。是郭先生写了论文文摘寄到会务处,会议接受了我们的文章"Pneumatically Controlled Multi-Stage Fluidized Beds"。在选写文稿时,郭先生要求我先写出中文稿,再写成英文稿。写英文稿我感到很困难,郭先生坚持要求我试写成英文稿。最后,还是由郭先生重写定稿的。为了提高我们的英语口语能力,郭先生又同李佩(郭永怀夫人)女士联系,让我和李佑楚(同去参加会议)到中国科学院研究生院英文班学习。会议限定每篇论文不得超过8页,稿纸是大会寄来的,就寄来8页稿纸,要求论文必须打印在寄来的稿纸上。就是说,打字不能打错,不允许打废了一张稿纸。我没学过英文打字机打字,"临时抱佛脚",根本无法完成文稿的打字。最后,还是郭先生请他夫人桂慧君(时任化冶所图书馆馆长)先生帮助我完成的。参加国际会议,要用英语宣讲论文,对我又是一大难题。讲稿经郭先生修改后,我开始一字一句地发音练习、背诵。在发音、重音、语气上不过关。郭先生耐心地帮我纠正,还用盒式录音带把他朗读的全文录下来,交给我试听、练习。离京前,还专门组织了会议,让我和李佑楚进行试讲。

这次是我国科研人员第一次参加国际流态化会议。我也是第一次乘坐飞机，首次出国，心情兴奋、紧张。当我在 Henniker 会议上宣讲论文时，郭先生特地坐在第一排，面对着我，为我壮胆、保驾。

在美国期间，随郭先生访问了 MIT、City College, N.Y.、Princeton Univ. 等大学和 Exxon 研究工程公司位于纽约州 Lindend 的联合实验室以及位于 Florham Park 的工程技术部。

记得我们在访问 MIT 化工系时，由美籍华人系主任 James Wei（韦潜光）一直陪同，晚上，James Wei 设家宴招待郭先生，还特意邀请了吴健雄（Chien-shiung Wu）、袁家骝（Luke Chia-Liu Yuan）夫妇来陪同。吴健雄、袁家骝夫妇自驾车，大家在客厅门口迎接，他们还带来了亲自烧的一盘鱼菜，顿时，大家情绪热烈，拍手致谢。吴健雄、袁家骝夫妇曾受聘普林斯顿大学教授，普林斯顿大学也是郭先生的母校，老校友久别重逢，气氛特别亲切。吴健雄教授1944年就参加了美国"曼哈顿计划"（研制原子弹），被称为"世界物理女王"、"中国居里夫人"，吴健雄、袁家骝夫妇是双双蜚声世界的物理学家，但在生活中却是那样的对人平易、随和，我万分感动。这次访问美国，使我大开眼界，收获颇多。

郭先生把参观行程安排得很紧凑，处处精打细算。会议后的参观活动，就像现在旅游中的"自由行"，食宿需自理。郭先生既是领导，又当"导游"。记得有一天晚上，需住宿在纽约郊区一家二层楼的旅馆，我们提着箱子上楼进到房间，房间里只有两张床，我们有三个人，怎么住？郭先生又到楼下询问，老板说：房间里可以加一张床。一位服务员搬来一张帆布行军床，安放在房中间，我睡在帆布床上过了一夜。这个旅馆，一间房的价格每天 30 美元，加一张床加收 5 美元，我们少住一间房，给国家又节省了 25 美元外汇。

借这次出国机会，郭先生原计划让我和李佑楚到美国 Amoco 石油公司研究中心进修半年。但美国公司保密严格，起初不接受我们。郭先生又托他美国的好朋友 Squires 教授帮助联系，最后，促成了我和李佑楚两人在 Amoco 石油公司研究与发展中心进修两周。郭先生陪同我们从纽约飞到芝加哥，到离芝加哥市 40 多英里外的 Amoco 石油公司研究中心参观、访问，并同研究中心室主任 Hall 博士，课题组长 Schaefer 博士座谈、商讨我们进修事宜。午餐后，郭先生才返回芝加哥。郭先生对年轻人的培养，真是尽心、尽力。

1986年5月，我又随郭先生参加在丹麦Elsinor召开的第五届国际流态化会议。提交论文"Shallow-Fluid-Bed Tubular Heat Exchanger"。郭先生还应邀参与主持会议，并就"当前流态化的发展趋势"作了大会专题发言，引起与会者的兴趣和关注。在宴会上，大会主席丹麦技术大学化工系主任Knud Ostergaard教授特意偕夫人向郭先生祝酒表示谢意。这次会议，我和郭先生同住在一个房间，他对我很关心，每天晚上都要问问有什么收获，还建议我到某个分会场去听讲。第三届到第五届国际流态化期间，他在流态化领域的学术思想和研究成果，得到国内外同行的认可和尊重。天津大学化工系主任胡仲庭教授也参加这次会议，在一次闲谈中，他对我说：老刘，郭先生总带着你们出国参加会议，多好哦。感到大家都很羡慕我们能在郭先生指导下工作。人们都说"大树下面好乘凉"，郭先生就是中国流态化领域中的

1980年郭慕孙在美国Amoco石油公司同研究中心室主任（左二）课题组长（中）座谈，商量安排刘大陆、李佑楚的进修课题

1986年第五届国际流态化会议宴会上，大会主席Knud Ostergard教授偕夫人向郭慕孙祝酒致谢

一棵大树。

　　郭先生送给我一本他写的《几何动艺》，在书的第一页还有他亲笔签名。这是一部科学的艺术创作，我很珍惜这本书，也喜爱他制作的几何动艺模型，多次到他家里学习、观摩、欣赏。我退休后同郭先生交流最多的是关于几何动艺的话题，他制作了新的模型就打电话叫我去他家里观看，还送给我制作模型的铝片材料。至今，我也用心地学习制作了28件"几何动艺"模型，悬挂在我家客厅屋顶上。

　　微风吹进客厅，我静静地坐在沙发上，仰望着变幻莫测游动着的几何动艺模型，隐隐约约地，我看见了郭先生，他慈祥地对我微笑……

忆创新启蒙恩师郭慕孙先生

宋宝珍

1965年,我刚从中国科学技术大学毕业分配到中国科学院过程工程研究所(当时名为中国科学院化工冶金研究所)工作,对前途满怀憧憬又对未来科研工作充满热情,我有幸分配到了当时以郭慕孙先生为室主任的流态化研究室。第一项工作就在他的第一个硕士研究生夏麟培的课题组从事"铁矿石磁化焙烧反应动力学"的科研工作。因此有更多的机会能够亲聆郭先生的教导。他告诫我们:从事科学研究首先要选好课题,进行国内(包括所内已有的研究)外文献的查新,选定研究方向,然后制定或设计研究方案——明确要探索什么问题,用什么技术路线和研究手段解决问题才可以达到目的。郭先生不仅作学术报告,还经常亲临实验室,对我们的科研工作给予了许多具体指导,他聪慧缜密的思维、作风严谨的科学精神使我深切体会到科学研究工作中特有的广阔天地,并培育了我对于科学研究探索的高度热情。他的教诲让我终身受益。

20世纪70年代初期,由郭慕孙先生和陈家镛先生领导的从阿尔巴尼亚红土矿中提取镍钴的研究课题中,我在夏麟培、郭铨、刘淑娟等师长的课题组进行了提取镍钴实验的科研工作,进而赴上海冶炼厂进行工业试验,参加了反应工程参数的测定和对实际流程进行了物料平衡、热量平衡等计算,郭先生特别强调工程项目不仅要在科学上可行,更强调经济成本的核算。我从他身上系统的学到了从研究室的小试研究到工业试验生产的科学研究思路。

郭先生在给我们讲述如何进行科学研究的课题时特别指出，科学研究是一项探索科学规律的工作，有许多规律是尚未十分清楚的问题。因此不仅要了解、学习前人的知识和经验，在科研工作中更要有自己的见解和思路，要自己去探索、实践和总结，才能有所新创造，发现前人尚未解决的科学规律。郭先生的精辟教诲，是对我们进行科研工作要有创新思想的启蒙。从此，在科研工作中，我学习他人之长，设计新的方案、技术和工艺，这也是我在以后的研究工作中能够取得一点成绩的思想基础。

郭先生重视研究成果的转化，在流态化法制备超细磁性粉体的工作中，首先是他和物理研究所的领导讨论，确定采用流态化技术应用于生产磁粉，并给予了许多指导。当我们的科研成果在广州磁性材料化工厂完成了产业化工作，于1986年由中国科学院、化工部组织项目鉴定时，郭先生亲临现场指导。20世纪90年代初期，郭先生又兴致勃勃带领团队亲临用流态化技术建成的洛阳磁粉工业生产现场进行指导，高兴的肯定了我们的工作，并提出了宝贵的指导意见。从实验室的研究到工业生产实践的研究成果，我写成的论文"A New Process for Producing γ-Fe$_2$O$_3$ Magnetic Recording Powder in Fluidized-Bed Reactors"，经过郭先生的精心修改，1994年我在日本名古屋举行的第五届中日流态化会议上得到"国际流态化成就奖"获得者、世界著名的流态化专家国井大藏教授的赞扬，他说："你们的流态化法制磁粉工作比日本的做得好"，赞扬的话约有5分钟，我觉得，这是对郭先生的高度赞扬，更是对我们的

鞭策和鼓励。在此基础上扩展的"复印机磁粉–墨粉的研制和国产化"项目，我作为第一获奖人在 1997 年获国家科技进步奖二等奖。研制成功的彩色激光打印粉和耐久性防伪彩色激光打印粉，分别建成国内第一个生产厂，产品销往国内外，2009 年获中国石油和化学工业协会科技进步奖一等奖，对于我们取得的成绩，郭先生非常高兴，他说这些工作是多相反应与颗粒学的研究方向。

郭先生始终如一对于我们的工作给予支持和帮助。对于我们进行的甲壳素研究课题就给予了极大的支持和关注，对于用"微波流态化技术提取优质壳聚糖"的课题，郭先生很注重挖掘我们研究的思路。他关切地问道：你怎么会想到用微波流态化技术来从事这项研究？本项目得到国家 863 项目的支持，获得国家发明专利，2004 年获北京市科学技术奖二等奖。当研制成功第一个健康产品生命动力（现更名为海利惟康几丁聚糖）时，他说："我来吃产品，你来做试验。"郭先生的言行，令我十分感动，也是对我工作的极大信任！

在此后的研究工作中，他还给我提供了国外的五种产品说明书并买了产品送给我做样品，指点我研发新产品，其中修复骨关节提高骨密度的海珍宝产品（现更名为氨糖硫酸软骨素葛根胶囊）也是在郭先生的指点下研发成功的。

我们这些成果的取得与郭先生的指导密不可分，也是甘耀焜、郭铨老师等团队同事辛勤努力的结晶，是过程工程研究所的领导和相关部门支持的结果和荣誉。

在郭先生生命的后期一直带病坚持工作，他因缺氧而头晕，每天早晚要各吸一次氧，但他仍然坚持给学生和颗粒学报改稿，我每次去他家时，他都关切的问及磁粉和健康产品的进展，他做到了生命不息，科研不止！他成果累累，还培养了一批人才，为我国的科学事业做出了重大贡献。

郭先生严谨的科研大师风范、悉心育人和为人师表的品德，我都未尽笔端，对他的崇敬之心难以言表。我为能曾在他的亲自指导下从事科研工作而感到荣幸。郭先生虽然离开我们三年了，但他的音容笑貌时时浮现在我的脑海中。我怀着十分悲痛和感恩的心情追思他生前对我们的谆谆教导，我要学习和继承他的创新思想，做好研究和传承工作，将郭先生的科研思想和精神发扬光大！

回忆一次随郭先生出差的经历

姚建中

1976年7月中旬,湖北省科委给化工冶金所来函,邀请我所郭慕孙先生前去湖北参加应城石膏制硫酸中试项目研讨会。那时,湖北省发展化工产业的重要原料硫酸因制酸原料黄铁矿资源缺乏而供应不足。湖北省应城有着丰富的石膏储量,优质纤维石膏储量居亚洲之首,产量占全国五分之四,其所含二水硫酸钙量大于百分之九十五,可以作为制硫酸的原料。国内一些科研单位,根据这一资源特点,研究开发了用石膏煅烧产生二氧化硫然后制硫酸的工艺路线。1973年国家科委专门立项,在湖北应城磷肥厂建立了以流态化石膏焙烧炉为核心技术的中试装置。石膏制硫酸工艺技术难度大,焙烧温度高达1200℃,要严格控制反应气氛并保证足够的反应时间。经过试验现场的工程技术人员和工人师傅几年的努力,以柴油和重油为燃料的流化床石膏分解技术实现了连续稳定运转,所产硫酸可供磷肥厂使用,联产的石灰可用作水泥原料,但产生的炉气中SO_2浓度较低且不太稳定,给制硫酸工段带来困难,为了给年产3万吨硫酸的工业试验装置设计提供依据,国家科委委托湖北省科委组织了中试项目的研讨会。

郭慕孙先生是我国流态化学科的奠基人、流态化技术应用的开拓者,领导和实施了多项国内矿产资源综合利用的项目,因此湖北省科委对于邀请郭先生出席研讨会非常积极和重视。在当时化冶所领导的安排下,我随同郭先生去了湖北。

湖北的夏天时而烈日炎炎，时而大雨滂沱，天气闷热潮湿。到达应城后，当地政府知道郭先生是全国政协委员、知名专家，将我们接排安到一处古色古香的院落住宿。据说这里是前清县官的内宅，比较凉快，前院就是县衙门的大堂。晚饭后又请郭先生到礼堂看演出，座位前排居中，节目也不错。但郭先生对舞台上的演出心不在焉，坐了一会儿，他对我说，明天就要开讨论会，试验的实际情况我们还不了解，听说中试厂离县城不远，不如我们现在就去现场看看。于是我们起身走出礼堂，询问门口的工作人员去试验厂的道路。当地群众对试验所依托的磷肥厂十分清楚，给我们指点了方向，望着远处灯光闪烁的厂房，走在高低不平的土路上，大约半个小时就到了厂门口。厂里值班的技术员听说是郭先生来了，十分惊讶。一身布衣的郭先生态度谦和地请他给我们介绍厂里情况，技术员很热情地带着我们到各个工段去参观并讲述操作状况。中试装置的流态化焙烧炉有十几米高，外围大约有 2 米，站在操作平台上能感觉到炉子的震动。郭先生想到炉子上部看看，技术员说上几层平台的楼梯又陡又窄，不太安全。在郭先生坚持下我们还是爬到了炉子上层，从窥孔里看到炉内通红的物料湍动，又仔细观察了炉顶巨型辐射换热器及管道的布置。这时候厂里接到电话，问郭先生是否在试验现场。原来，会议接待人员到礼堂没有看到郭先生，正着急地四处寻找，知道我们在厂里后就派车接我们回县城了。回到住所已是晚上九点多了，郭先生并没有休息，拿出笔记本、木质计算尺和他随身带来的热力学和流程计算资料，根据试验现场的一些操作参数进行计算。

第二天上午召开了石膏制硫酸工艺中试情况汇报研讨会，在听取了试验现场技术组的工作介绍后开始讨论。郭先生根据流程计算和实验情况，分析了一些实验数据，肯定了现场研究结果和技术人员为提高炉气中 SO_2 浓度所采取的技术措施，比如：二水石膏干燥脱水、助燃空气与高温炉气换热、原料配比焦粉等。同时又指出进一步扩大后可能出现的问题和改进措施，如辐射换热器的放大和布置、强化气固稀相换热等。参会的省科委副主任对郭先生在这么短的时间内就能用如此具体的数据详细分析试验情况十分钦佩，对郭先生的中肯意见表示由衷的感谢。

　　研讨会结束后，省科委又请郭先生到老河口、孝感等地，对省内几个重点企业考察指导。坐汽车回到武汉后，科委即派人去买返回北京的火车票，当时买火车票非常困难，卧铺票要等几天才能搞到，郭先生急着要回北京，说有坐票就行，于是第二天下午我们就坐硬席回北京。从武汉到北京火车要开一天一夜，我比较年轻还能对付，而郭先生已年近花甲，加上"文化大革命"时期又受过"折腾"，坐在拥挤的车厢里，又闷又热，人显得特别苍老。快到午夜，我劝说郭先生是否去争取补一张卧铺，他说自己能够坚持，不要去麻烦了。我看郭先生这几天因旅途颠簸，工作劳累，脸色十分难看，就去找了列车长，说与我同行的一位中国科学院老科学家是全国政协委员，身体不好，能否帮忙补一张卧铺票。那位列车长倒是通情达理，过了一会儿竟然给我们搞到了一张硬卧票，就这样度过了漫长的一天回到了北京。回到北京的当天夜里就发生了震惊世界的唐山大地震，但剧烈的震动和震后的暴雨，并没有冲淡震前几天出差给我留下的深刻记忆。郭先生关心国家科技事业发展的热情，严谨、求真的科学态度，严于律己的生活作风，为我们后辈树立了榜样，激励我们为祖国科学事业的发展努力工作。

深切缅怀郭先生

赵兰英

2013年2月27日是郭先生辞世的第100天，我陪同桂老师前往老山骨灰堂去拜祭郭先生。当见到郭先生的骨灰盒时，桂老师和我情不自禁地泪流满面。在回来的路上，人人都无语，但心中却充满了对郭先生无尽的思念。回忆与郭先生接触的点点滴滴，特别是他的严谨治学的科学态度和人格魅力，广为世人敬佩；他一生兢兢业业在科学的田野里耕耘，收获了丰厚的伟绩，也培养出了众多杰出的学生。他将毕生的精力都贡献给了科学事业，然而他却从不去争个人的名利。下面我回忆几件往事：

在我整理他的资料中，他严谨的写作文风处处可见。不论是参加会议所作的记录，还是他讲课的手稿，或是他写的出国汇报，在每一页的右上角都注明了时间、地点，有醒目的标题和副标题，层次分明，让阅者一目了然。在1985年我刚来化冶所科技处时，由于工作需要经常接触郭先生，我看他总是随身携带着一个小本子放在衣兜中，记录偶遇别人谈及的工作上的事宜，并希望他能予以及时回复的林林总总，无论多忙，他都会按要求及时的逐一回复，从不延误。制定的外事计划都仔细的审查，20世纪80年代，科研经费不足，国家外汇短缺，出国参加国际会议是不容易的，鉴于此况，要求同一个国际会议，原则上只派一人参加。郭先生是知名学者，凭借自己的实力，他尽可能去争取大会组委会的资助，并将省下来的外汇供其他同志参加。他总是强调让年轻人出国参加国际会议，给他们去见世面、锻炼的机会，郭先生时刻都在想着培养年轻人，处处表现了一位大科学家的风范。

因工作关系，我与中国科学院国际合作局的一位同志交谈时提到郭先生，话语中感到他对郭先生的敬佩，他说，他曾与郭先生一起参加过一个出国访问的项目，就在他们出访结束回国的飞机上，郭先生竟完成了这次出访的工作报告，他对郭先生的这种高效率的工作态度赞叹不已。我曾看过郭先生的部分工作日志，每天的工作都安排得满满的，他是一个永远忙碌、孜孜不倦工作的人，他把毕生的精力都贡献给了科学事业。

"物尽其用"是郭先生的理念，在整理他的资料档案时，这一点处处可见，无论是他的手稿，还是他已发出的信件而作为存档的拷贝件，都是打印在一些废纸的背面。经他所编排的版面，能用一页纸安排的素材决不用第二张纸，这已是他的习惯，他说："这样做不仅能节省纸张，而且也便于别人阅读。"与郭先生相比，我没有这种节省资源的观念，相形之下深感惭愧。

郭先生的美德处处都能体现出来，他经常打电话让我去他家，说有些国外信要发出，把信件交给我时，总是说明哪些信是公函，哪封是私信，同时又给我现金以作为发私信的邮资。而我想简便省事，就对郭先生说，反正私信也没有几元钱，我还是放在一起去报销算啦，但郭先生说不可以这样做，坚持要自付邮资。以后我每次遇到此种情况，很自然地按郭先生的吩咐去办理。

如今郭先生已离开了我们，他的优秀品德给我们留下了无形的精神财富，激励我们每个人要以郭先生为榜样，做事、做人、做学问，郭先生将永远活在我的心中。

难忘的记忆

艾 菁

2012年11月20日,这是一个让我难以接受、悲痛万分的日子,尚未修改完成的《郭慕孙传记》还未来得及请先生本人过目,他就匆匆地走了,然而他的音容笑貌犹在眼前。仿佛我们还在痴迷地聆听着先生讲解他一生所执着追求的流态化科研工作的历历往事,仿佛先生还在认真地给研究生讲解英语科技论文的写作技巧;仿佛我还在与先生讨论怎样修改对国家科技、教育、能源等领域的建议……

初次对话

那还是1990年我出国参加国际学术会议之前去复印室复印讲稿,正巧碰见郭先生,他看到我手中的稿子,热情地问我参加什么会议,准备得怎样了。那是我第一次与郭先生对话。虽然我当时已进所十几年,也多次在会上听过郭先生的讲话,还在1987年郭先生主持的"提取冶金中的化学反应工程"(CREEM)国际会议上宣读了论文,但因不在一个研究室,所以从未与郭先生直接交流过。当时的感觉就是大专家与我这个年轻的普通科研人员的距离一下子拉近了许多,我也慢慢从拘谨到无拘无束地谈起我所做的工作,郭先生认真地听着,不时地微笑着点点头,那场景至今记忆犹新。

办英语班

2000年我已被研究所调任主管研究生教育。年届八旬的郭先生非常重视人才的培养，他发现不少研究生科技论文英文撰写能力较差，严重影响了他们的国际交流。他主动找到我，要求给研究生讲科技英文写作的相关知识。我非常高兴，经与先生几次沟通，很快就办起了英语写作讲习班，每班10人左右，每期8—10次课，以学生的论文为教材。我要求学生的论文必须自己反复推敲，并经自己的导师修改后再交给郭先生，以减轻先生的负担，因为已近80高龄的郭先生实在太忙了，他既要写书，又担任国际期刊等多个期刊的编委，还要经常参加国内外很多学术活动。我真怕先生的身体吃不消，但他总是说："我年纪大了，一些事做不了了，但这件事我还可以做。"

郭先生在学术上严谨认真，对学生要求十分严格，每篇文章都留下了他密密麻麻修改的痕迹，甚至对误用的标点符号都不放过。他总是先请学生到家里"单兵教练"，然后再到课堂上针对学生论文的错误及出现的共性问题做细致的讲解，并启发大家交流讨论。他语重心长地对大家说："要写出一篇优秀的英文科技论文，首先要有创新的研究成果，其次要求文章的内容能传递信息和思想，同时语言表述是否准确、精练、流畅、结构是否严谨，逻辑是否清晰，也是论文能否被国内外核心期刊接受的重要因素，这就要求大家在撰写和不断修改的过程中提高写作水平。"郭先生毕竟上了年纪，腰不太好，不能久坐或站立，但他仍坚持为研究生开课，从不懈怠。就这样直至2009年，89岁高龄的郭先生配合所教育办，共为研究生举办了8期科技英语写作班。学生们深感获益匪浅，他们不仅学到了在学位课上学不到的科技英文写作技巧，更重要的是感受到了老一辈科学家诚信、严谨、认真做人做事做学问的科研道德和科学精神。

在我主持教育工作期间，我每次都和学生共同分享这难得的学习机会，感受郭先生的精致教学。回想当初我参加国际会议的文章，如果能得到郭先生的亲自指导，一定也会增色不少。

"保先"教育

2005年所党委聘任我负责全所"保持共产党员先进性教育"工作。85岁高龄、有着25年党龄的郭先生，始终对党的事业充满信心，他曾深情地说，"除了继续努力外，相信在共产党的领导下，凡是有利于人民的事，早晚是能办成的。"他以身作则，认真学习，积极思考，勇于开展批评与自我批评。

使我最为感动的是，这样一位年近九旬，仍工作繁忙、国际知名的大科学家，在保持共产党员先进性教育学习四年之后，又郑重地交给我一本他撰写并自己装订整齐的"宏观瞻望随笔"。并说："全国性的保先学习已过，但我们该随时保持'保先'的精神。"他与研究所实际相结合，在凝练学科方向、人才培养教育、科学普及等方面"出了一些主意，写了一些材料，作为这次学习的产出"，如："关于实施自主创新战略的几点建议"、"瞻望过程工程的知识基础"、"能源／资源／智力"、"化冶所积累的知识财富"、"可推广的流态化技术"、"发挥过程工程研究所在国外学习和定居人员的知识和联络作用"等。

他爱党爱国，严于律己，对他人则满腔热情，他曾把获得的何梁何利奖金10万元港币全部捐献给中国颗粒学会，设立了颗粒学青年奖；他还把自己的奖金、稿费作为党费交给所里，或补贴给学生，或交给妻子桂慧君，用于自闭症和弱智儿童的社会福利事业。他在汶川大地震后，率先将捐款交到所党委，并积极响应中组部号召交纳特殊党费，而后又通过汇款给中华慈善总会，支援灾区学校重建，并根据自己所熟知的流态化技术，写了"抗震救灾建议"，建议"瓦砾中的可燃物质可经选择分类后造气，供建设者食堂使用，循环流态化燃烧特别适合木质废料的燃烧或气化。"此外，在向雨雪冰冻受灾地区、西部贫困地区、西南旱灾区及玉树地震灾区捐款捐物时，他不仅捐款，还买来新的棉衣棉被捐给灾区。

他牢记共产党员的职责，时时处处起先锋模范作用，以实际行动永葆共产党员的先进性。所党委书记动情地评价郭先生："这样一位德高望重、国际知名的科学家，不顾年高体弱，潜心学习、认真思考、深刻剖析，其情其景，感人至深！"

建言献策

自2006年起，所里让我负责老科协的工作，所以经常与郭先生交流。已进入耄耋之年的郭先生虽已退居二线，但仍以饱满的热情和活跃的、创造性的思维，关心着研究所和多相反应开放实验室，他的工作日程依然排得满满的。他不仅对流态化研究情有独钟，对国家的发展和科技事业的进步同样执着追求。他曾为国家的能源利用、科技管理队伍建设、人才培养和教育等方面多次提出很有创意的建议，为各级领导所采纳。如："科技以人为本"、"建立自主创新全民全龄的智力开发体系"、"扩大奋斗目标，设立国家行业奖"、"资源/能源节约型的小康社会"、"21世纪我国该更好用煤"、"留给子孙更多的能源和资源"、"想象出创新"、"农民致富——过程工程能做些什么"、"发展为老年人服务的产业"等。其中，"建立自主创新全民全龄的智力开发体系"刊登在《科学新闻》上，并被北京市委办公厅《北京信息》和《科技工作者建议》登载，还被评为北京市科协2006年优秀建议奖三等奖。

2011年已91岁高龄的郭先生，觉得自己还能为国家的科学事业做一些力所能及的事情，心中感到无比幸福和满足。以他对科技创新和教育事业的执着追求，又撰写了"关于缩短学制，建立全民全龄的智力开发及终身学习制度的建议"。

近年来，郭先生提出的不少建议都先交给我，非常谦虚地让我帮他改，使我有幸与先生共同研讨完成了一些建议，上报中国科学院老科协及北京市科协。使我开阔了视野，学习了更多的知识，特别是先生那勤于思考、探索，追求永无止境的创新和严谨认真的科学精神，深深感染着我，激励着我也要向先生那样勤奋忘我、锲而不舍地学习和工作。

采集工程

2010年，中国科学技术协会牵头启动了"老科学家学术成长资料采集工程"项目，年届90高龄的郭先生入选首批采集对象，我又被研究所确定为郭先生资料采集小组成员，与赵兰英、刘伟共同承担起资料采集和报告撰写的重任，从而使我有了更多接触、了解郭先生人格魅力和科学精神的学习机会。我们先后10余次采访郭先生，并搜集了大量相关的资料，除了做好课题组的工作外，还经常加班加点查找资料、撰写研究报告。经过两年的不懈努力，终于完成并向中国科学技术史学会提交了约15万字的研究报告，使项目顺利通过验收。但遗憾的是没能让郭先生看到传记的问世，我深感内疚。

郭先生就是这样持之以恒、一步一个脚印、不知疲倦地辛勤工作，直到去世当天还在为青年人讲科普、改稿子。他把自己的一生毫无保留地献给了祖国的科技事业，为流态化学科和颗粒学的发展做出了卓越贡献，为我们提供了大量宝贵的知识和精神财富。

难忘先生的严谨认真，难忘先生的追求卓越，难忘先生的爱党敬业，更难忘先生的言传身教及对我的关心、帮助和支持，郭先生永远活在我的记忆里。

于细微处感受郭慕孙先生的人格魅力

刘 伟

"所里最近情况怎么样?"这是每次到郭先生家里他都会主动问我的一句话。"我这两天感觉还好,医生开的药挺管用,谢谢你的关心!"这是郭先生在电话那头跟我说的最后一句话。万万没想到电话挂断十几个小时后,我们将分隔两世,再见郭先生则是在八宝山殡仪馆的大礼堂,他睡在白百合铺就的花床上,头发梳得一丝不乱,身着笔挺的西装,在鲜红党旗的映衬下,面容显得如此安详平和。郭先生太累了,需要好好休息,我们不要打扰他,睡梦中他依然继续着终身热爱的科学事业。

在郭先生身边工作将近八年时间,耳濡目染先生平素如何做人、做事、做学问,工作中他是一位严谨治学、追求卓越的大家,生活中他又是一位和蔼可亲、平易近人的长者,一幕幕难忘瞬间好似电影片段在脑中浮现,这段记忆仍是那样鲜活饱满、印象深刻。

2005年和2010年我有幸两次为郭先生筹备寿诞的有关事宜,"不搞庆祝活动而刊印本人的一些写作供后人参考"是他始终如一的心愿。85岁生日时在所内印发的《随笔———一些思维的萌芽》中写道:"我十九岁进大学上化学实验课时,老师要求我们每人要有一本笔记本,记录所有试验现象和数据以及个人的设想,从此我养成了'随想随记'的习惯;我三十六岁回国后,很欣赏我们国家倡导的'一步一个脚印'的工作作风……于是积累了不少手稿留给后人……希望略加整理，汇集成本，供人参考。"90岁生日时正式出版的《思索 实践 创新——我的一些专著、论文和手稿》以"想象出创新"为序，文中指出"对于科技工作者，创新是个渐变和渐进的过程，从所想象的原发概念开始，需要不断修改、调整，甚至更换和坚持不懈的努力。"郭先生语重心长的教诲，时刻提醒广大科技工作者从事研究工作既要坚持创新，又要脚踏实地，他将一辈子践行的理念与研究的成果都毫无保留地以书籍形式与大家分享。

2011年，郭先生与曾任日本三菱化学公司CEO的麻省理工学院希腊裔教授Stephanopoulos保持着密切的电邮往来。两位学者在过程工程研究领域的许多见解十分相近，特别是加快推进过程系统工程著书和教学的观点不谋而合。邮件中，郭先生讲述了自己回国后在过程工程研究方面的经历，对方也阐述了关于过程系统工程的研究理念与独到见解，双方探讨着未来合作的可能性，约定在不远的将来能见上一面，共叙过程工程发展的美好未来。郭先生将开设过程工程课程的事情与所领导进行了沟通，人事教育处也正在加紧筹划组织，他非常关心课程设置、师资安排等方面的问题，其间多次亲自指导并修改筹备方案。当郭先生跟我谈起这个人、这件事时，眼中顿时流露出无比的兴奋与激动，能够感觉到他是多么渴望把过程工程这门课办起来，这是他多年的夙愿，研究所一定会全力把这件事情办好。

虽已步入耄耋之年，但在2009年的中美化工会议、2010年的多尺度结构与系统国际会议、2012年的世界资源论坛等重要国际会议，以及建所50周年庆典、研究所发展战略研讨会等所内重大活动上，与会者都能见到精神矍铄的郭先生，他认真聆听台上的每个报告，不时记下要点、问题、思考，待他发言时，闻者无不钦佩其清晰的思路、敏锐的洞察以及发人深省的内容。青年求学时养成"随想随记"的习惯伴随他一生，在办公室和家中珍藏着各个历史时期的小笔记本，科研工作中、学术会议上、出差出国时听到的、看到的、想到的都工工整整记录在册。见过郭先生笔迹的人都对他那纤细隽秀的字体印象深刻，他告诉我自己从小没练过书法，不擅长用毛笔写大字，可每每收到所内外题词邀请时，他都会潜心在家中苦练两三天，在旁人看来已经很好的作品，他还是觉得不尽如人意，直至写到自己满意为止。在多相反应科研楼一层和过程大厦南门入口处还有郭先生几年前为多相实验室题写的"注重积累　追求卓越　瞄准前沿　服务需求"16个大字，字里行间透露出他对研究所科研工作的希冀与期望。

郭先生曾笑言自己做了一辈子编辑，认为编辑也有创新的内涵。鲜为人知的是，早在上海沪江大学求学时，他就因为出色的英文写作水平而得到老师赏识，大学期间就担任过校刊 *Shanghai Spectator* 的主编。母亲周石南曾将他编辑的所有校刊整理珍存，但动荡年代中不幸被毁于一旦，每当想到这些，他都倍感惋惜。20世纪八九十年代，郭先生不仅长期担任国内《化工进展》《有色金属》《钢铁》等核心期刊的编委，同时还出任国际化工著名期刊 *Chemical Engineering Science* 的地区编辑长达11年，文稿中的逻辑问题、用词不当、标点错误等都逃不过他的"法眼"，反复修改几稿甚至十几稿都不足为奇，对编辑工作精益求精的态度赢得了国内外同行的广泛赞誉。为了推动颗粒学的国际交流，在郭先生的推动下，*PARTICUOLOGY*（颗粒学报）于2003年创刊，起初有人建议采取中文与英文论文各半的模式，考虑到让国内外学者更好地交流学术观点，他选择采用了全英文的模式，并不顾83岁的高龄毅然承担起学报主编的重任。在家中经常一坐几个小时在电脑前修改稿件，这已经成为郭先生这些年来工作的主要内容，他说自己是个闲不住的人，就在长眠前的几小时还与学报编辑部联系索要稿件。每次到他家，我们交谈最多的地点不是客厅，而是书房，打招呼时经常是来不及回头，看到他聚精会神辛勤工作的样子，我心中充满了敬佩与疼惜。桂先生和我常常督促他起来走一走，不要久坐于屏幕前，那样对颈椎、腰椎和关节都不好。天气好的时候，老两口经常到小区中心花园散散步、晒晒太阳，算是工作之余的休闲健身方式。

郭先生拥有一颗年轻的心，他喜欢跟朝气蓬勃的年轻人在一起，无论是指导中学生制作几何动艺作品，抑或是辅导研究生科技英语写作，从他身上迸发出一股使不完的力量，能为青少年综合素质的提升贡献绵薄之力是他的愿望。从科研岗位退下后，郭先生开始了对几何动艺的探索，在客厅和卧室的天花板上挂满了巧夺天工、灵动绰约的"魔摆"，每件都蕴含着巧妙的构思和丰富的内涵，废物利用、变废为宝是这些作品的又一亮点。"郭慕孙几何动艺实验室"落户北京二中后，他亲自在家中为同学们上了第一课，讲述了基本理念和创作思想，"道"科学思想、"术"科学方法和"验"科学实践。注意到研究生科技英文论文写作能力的欠缺，郭先生在研究所共开设了八期科技英语写作讲习班，实行小班上课，每班10人，对学员进行一对一的辅导。我多次遇到研究生带着论文上门求教，郭先生耐心细致地从头到尾将每处修改意见讲解得很透彻，经过这种互动模式修改后的文章质量显著提升，研究生能够更好地掌握科技英文论文写作的方法与技巧，郭先生的良苦用心可见一斑。

尽管年事已高，除了高血压等老年常见病外，郭先生总体的健康状况比较好，已有十多年没住过医院，平时定期去协和医院取药，与主治医生详细交流一下身体近况。头晕是近几年一直困扰他的病症，反复检查也没能最终确诊，医生怀疑是单侧美尼尔综合征，常常是吸几口氧气才能稍微舒缓一些。今年7月参加院士体检时，各科室的医生普遍认为老先生九十多岁的高龄能保持这样的健康状况已经相当不错了。家中如果有暂时用不到的药物，他都会转交医生，无偿帮助对此有需求的人，希望发挥药物的最大功用。郭先生前段时间双脚起泡肿痛，述说病情时他把裤腿儿撩开，抬起浮肿的脚踝给我瞧，看到隆起的脚面和成片的水泡，我心里非常难受，即便是在身体这样不适的情况下，他仍要坐在电脑前坚持工作。经过医生精心诊治，双脚肿痛的毛病终见好转。但不想2012年11月14日（星期三）上午是我最后一次面对面与郭先生交谈，得知他颈椎、腰椎和腿痛后，我劝他抓紧时间看医生，不能再自己治疗强忍病痛了，他随即与医院预约了星期五的门诊，我为他安排了车辆。星期一早晨打电话询问病情时，他还跟我说用药后感觉有所好转，这是我们之间最后的对话，更是一个意想不到的诀别，记忆从此刻戛然而止。

为郭先生撰写生平是我们义不容辞的责任，将他毕生的学术贡献凝练成短短几千字，每个字都承载着相当重的分量。因此，从头到尾我们都要字斟句酌、反复推敲，广泛征求各方意见建议，三天时间里先后修改了十几稿，本着对历史负责、对郭先生负责的态度连夜完成了4000字的生平。

当捧起刚刚刊印出来的生平时，我无法抑制内心的极度悲恸，又一次泪如雨下，无语凝噎。

这段日子经常跟同事一道去探望桂先生，像往常一样陪老人家谈心聊天，唯一不同的是旁边少了郭先生熟悉的身影。回想不久前，我们三人曾在不经意间提起所谓的"美洲玛雅人 2012 年世界末日的预言"，当时两位老人释然一笑，他们对生死已没有多少恐惧，但郭先生这样突然的离别还是让大家一时间难以接受。在客厅里，抚摸着郭先生常坐的那把圈椅，仿佛还能感觉到他留存于此的温度；在书房中，凝望着他常用的那台电脑，仿佛还能听到他敲击键盘的声音。此时此刻，我多想还有机会在他身边侧耳聆听教诲，多想还有机会为他多做一点事情，多想还有机会让他再问问我所里的近况……

回忆是一种实在的拥有，这段记忆是我人生的财富，越难忘、越珍贵！

参考文献

[1] 方一兵，潜伟. 汉阳铁厂与中国早期铁路建设——兼论中国钢铁工业化早期的若干特征[J]. 中国科技史杂志，2005，26（4）：312-322.

[2] 郭慕孙. 几何动艺（中英双语）[M]. 北京：化学工业出版社，1998.

[3] 郭慕孙. 颗粒学和自主创新[J]. 中国科学院过程工程研究所动态，2010（6）：39.

[4] RICHARD H WILHEM, MOOSON KWAUK. Fluidization of solid particles [J]. Chem. Eng. Prog., 1948, 44(3): 201-218.

[5] MOOSON KWAUK. A system for counting variables in separation processes [J]. A.I.Ch.E. Journal, 1956, 2(2): 240-248.

[6] MOOSON KWAUK. Ternary separation operations under condition of nonideality [J]. Scientia Sinica, 1962, 11(4): 549-574.

[7] 郭慕孙. 流态化技术强化金属的提取[J]. 科学通报，1959（5）：141-144.

[8] MOOSON KWAUK. Generalized fluidization, I. Steady-state motion [J]. Scientia Sinica, 1963, 12(4): 587-612.

[9] MOOSON KWAUK. Generalized fluidization, II Accelerative motion with steady profiles[J]. Scientia Sinica, 1964, 13(9): 1477-1492.

[10] 郭慕孙，戴殿卫. 流态化冶金中的稀相传递过程[J]. 金属学报，1964，7（3）：263-280.

［11］郭慕孙. 思索 实践 创新——我的一些专著、论文和手稿［M］. 北京：科学出版社，2010.

［12］郭慕孙. 颗粒化学流体力学［C］// 全国流态化会议报告选集. 北京：科学出版社，1964.

［13］郭慕孙. 全国流态化会议学术小组总结［C］// 全国流态化会议报告选集. 北京：科学出版社，1964.

［14］郭慕孙，庄一安. 流态化垂直系统中均匀球体和流体的运动［M］. 北京：科学出版社，1963.

［15］MOOSON KWAUK. Particulate fluidization in chemical metallurgy［J］. Scientia Sinica, 1973, 16(3): 407-428.

［16］郭德宏. 中国共产党图史（下卷）［M］. 太原：山西教育出版社，2012.

［17］李佑楚，陈丙瑜，王凤鸣，等. 快速流态化的流动［J］. 化工学报，1979，30（2）：143-152.

［18］LI Y, CHEN B, WANG F, WANG Y and MOOSON KWAUK. Rapid fluidization［J］. Internal. Chem. Eng., 1981, 21(4): 670-678.

［19］YOUCHU LI , MOOSON KWAUK. The dynamics of fast fluidization［C］. Third International Fluidization Conference, 1980 proceedings: 537-544.

［20］ASAYUKI HORIO. Hydrodynamics of circulating fluidization——Present status and research needs［C］// PRABIR BASU, MASAYUKI HORIO, MASANOBU HASATANI, Circulating fluidized bed technology III, Pergamon Press, 1991: 3-14.

［21］多文礼，郭慕孙. 不同磁场中的液固流态化行为［J］. 化工冶金，1986（2）：144-146.

［22］郭慕孙. 流态化浸取和洗涤［M］. 北京：科学出版社，1979.

［23］MOOSON KWAUK. Fluidization idealized and bubbleless, with applications［M］. 北京：科学出版社，1992.

［24］郭慕孙，李佑楚，刘淑娟，等. 流态化研究的新进展——无气泡气固接触［J］. 中国科学院院刊，1990（2）：134-136.

［25］JINGHAI LI, MOOSON KWAUK. Particle-fluid two-phase flow: The energy-minimization multi-scale method［M］. Beijing: Metallurgical Industry Press, 1994.

[26] 郭慕孙. 化学工程手册[M]. 北京：化学工业出版社，1996.

[27] MOOSON KWAUK. Fluidization, soilds handling and processing[M]. WENQING WANG (Editor). Noyes Publication, USA, 1999.

[28] MOOSON KWAUK and JINGHAI LI (Editors). Circulating fluidized beds (CFB)——Past, present and future[J]. Chem. Eng. Sci.[J]. 1999, 54(22).

[29] 李洪钟，郭慕孙. 气固流态化的散式化[M]. 北京：化学工业出版社，2002.

[30] 李洪钟，郭慕孙. 非流态化气固两相流——理论及应用[M]. 北京：北京大学出版社，2002.

[31] 姚建中，郭慕孙. 煤炭拔头提取液体燃料新工艺[J]. 化学进展，1995，7（3）：205-208.

[32] 郭慕孙. 煤拔头工艺[C]//中国科学院第九次院士大会报告汇编. 北京：科学出版社，1998.

[33] 李佑楚，郭慕孙. 煤的快速流态化燃烧[J]. 化工冶金，1981（4）：87-94.

[34] 郭慕孙. 流态化手册[M]. 北京：科学出版社，2008.

[35] 李静海，郭慕孙. 过程工程量化的科学途径——多尺度法[J]. 自然科学进展，1999，9（12）：1073-1078.

[36] 郭慕孙，李静海. 三传一反多尺度[J]. 自然科学进展，2000，10（12）：1078-1082.

[37] 郭慕孙. 化学工程的多层次结构[J]. 中国科学（B辑 化学），2006，36（5）：361-366.

[38] 郭慕孙. 几何动艺[M]. 北京：科学出版社，2008.

[39] 郭慕孙，王仁伟. 怎样写好科技英文论文[M]. 北京：科学出版社，2009.

[40] 郭慕孙，李洪钟. 过程工程：物质·能源·智慧[M]. 北京：科学出版社，2010.

[41] KUIPERS J A M, MUDDE R F, VAN OMMEN J R and DEEN N G (Editors). Fluidization XIV[M]. Holland. 2013.

[42] 李静海. 英容笑貌犹在 学术风骨永存[J]. 中国科学院院刊，2013（1）：111-114.

[43] 郭慕孙，杨纪坷. 过程工程研究[J]. 过程工程学报，2008（4）.

[44] 郭慕孙. 过程工程的科技构成和展望[J]. 科学中国人，2002（12）.

[45] 郭慕孙. 颗粒学的挑战[J]. 中国科技翻译，2009（1）.

[46] 中国科学院新闻办公室. 科海丹心——"60年中华科学情"网络征文优秀作品选[M]. 北京：科学出版社，2009.

[47] 郭慕孙. 贯彻落实自主创新建立全民全龄的智力开发体系[J]. 科学新闻，2006(20).

[48] 中国颗粒学会. 颗粒学学科发展报告[M]. 北京：中国科学技术出版社，2010.

[49] 郭慕孙. 流态化技术在冶金中之应用[M]. 北京：科学出版社. 1958.

[50] SEADER J D. Equilibrium-stage separation operations in chemical engineering [M]. New York: John Wiley & Sons, 1981.

[51] RICHARDSON J F, HARKER J H, BACKHURST J R. Coulson and Richardson's chemical engineering [M]. Particle technology and separation processes Vol. 2. Butterwort-Heinemann, 1955.

后 记

  2014年4月，由中国科学院学部化学部常委会推荐，经学部咨询与科普教育工作委员会批准，正式启动《郭慕孙传》的撰写工作。2014年4月23日、2015年3月25日和5月19日，李静海曾先后三次召集李洪钟、谢裕生、赵兰英、艾菁、刘伟开会，研讨《郭慕孙传》的编写工作。按照李静海提出的撰写提纲、思路和要求，经过反复讨论，决定按时间顺序分为九章和五个附录的框架进行撰写，突出反映郭慕孙一生的主要科学成就、贡献和科学精神以及国内外的学术影响，串起来成为科研生涯传记。在中国科协"老科学家学术成长资料采集工程"采集大量资料和形成的研究报告的基础上，由谢裕生组织艾菁、刘伟和赵兰英分工负责进行《郭慕孙传》初稿的撰写工作，2015年6月底，完成了《郭慕孙传》初稿的撰写。在谢裕生与撰稿人一起逐章反复修改的基础上，经李洪钟补充修改，由李静海逐章进行审阅修改后，形成了《郭慕孙传》素材稿。

  2015年7月8日，李静海和谢裕生召开了第四次编写组会议，邀请刘淑娟、李佑楚、张和忠、罗保林几位老同志及编写组成员参加，征求意见，并分工负责修改相应章节；7月31日，李静海和谢裕生召开了第五次编写组会议，邀请原流态化研究室的老同志刘淑娟、李佑楚、张和忠、郭铨、甘耀昆、夏麟培、刘大陆、王永安、黄长雄、宋宝珍、姚建中、马兴华、朱庆山和葛蔚及之前参与编写工作的同志参会，征集补充修改意见；听取了欧阳藩、陈丙瑜、邵曼君的意见和建议。在汇集、吸纳大家补充修改意见的基础上，谢裕生组织撰稿人反复修改，四易其稿，由赵兰英录入参会人员的补充修改内容、插入照片和脚注、核对资料，并重新排版，形成了完整的《郭慕孙传》新稿。李静海和谢裕生对每一次形成的文稿都逐章进行了修改、补充和编审，最后定稿。《郭慕孙传》书稿的撰写工作终于完成了。

在本书出版之际，首先要感谢中国科学院学部和中国科协"老科学家学术成长资料采集工程"的大力支持；感谢过程工程研究所和多相复杂系统国家重点实验室给予人力、物力、财力的鼎力相助；感谢张藜研究员和李红编辑的热情帮助和支持；感谢桂慧君先生的支持、帮助和所提供的宝贵资料；感谢韦潜光、黎念之、范良士等友人情真意切的缅怀文章；感谢郭曰方先生真知灼见的指导意见；感谢宋文立研究员、王启梅同志提供的资料和照片。同时，还要感谢陈建华同志利用业余时间翻译有关参考文献并提出修改建议；感谢王维、王小伟、何险峰、孟凡勇、鲁波娜、陈飞国、王利民、张云、黄文来、巴敬莉、马赟、吕瑞花等同志在工作中所给予的帮助；感谢《颗粒学报》编辑部的协助。

由于经验不足、水平有限，难免存在错误和欠妥之处，恳请读者批评指正。

2015 年 9 月 22 日